《韦卓民全集》编委会

湖北省学术著作出版专项资金资助项目

韋卓民全集

第八卷

康德哲学研究

韦卓民 著

王世鹏 陈丽 等整理

華中師範大學出版社

图书在版编目(CIP)数据

韦卓民全集·第八卷/韦卓民著;王世鹏 陈丽等整理.—武汉:华中师范大学出版社,2016.7
ISBN 978-7-5622-7225-0

Ⅰ.①韦… Ⅱ.①韦… ②王… Ⅲ.①韦卓民(1888—1976)—全集 Ⅳ.①C52

中国版本图书馆 CIP 数据核字(2015)第 315663 号

韦卓民全集·第八卷

责任编辑:董中锋 **责任校对**:罗 艺
编辑室:学术出版中心 **电话**:027—67863220
出版发行:华中师范大学出版社 **社址**:湖北省武汉市珞喻路 152 号
电话:027—67863426/3280(发行) 027—67861321(邮购)
传真:027—67863291
网址:http://www.ccnupress.com **电子信箱**:press@mail.ccnu.edu.cn
印刷:湖北恒泰印务有限公司 **督印**:王兴平
字数:293 千字 **封面设计**:甘 英
开本:710mm×1000mm 1/16 **印张**:20.5
版次:2016 年 7 月第 1 版 **印次**:2016 年 7 月第 1 次印刷
定价:68.00 元

欢迎上网查询、购书

总 序

历经20年以上两代华师相关学者曹方久、高新民诸教授的辛勤搜集、整理、校订、编辑,《韦卓民全集》终于出版问世。这是华中师范大学出版社的又一壮举,也是这位前辈大家给我们留下的一笔丰厚学术文化遗产。

韦卓民先生不仅是一位卓越的大学校长,还是一位学贯中西、博古通今的杰出学者,其重要业绩在于中西文化之沟通。他毕业于华大前身文华大学,并曾先后就读于哈佛、伦敦、牛津、柏林等世界著名大学。他以毕生精力营造中西文化交流的桥梁。正如年轻一代学者王宏维所描述的那样:"集翻译、研究、教学于一体,熔'三大批判'于一炉,风雨如磐,运动迭起。精译、深耕、勤教,始终无怨无悔。"1915年,韦先生以英文撰写《孟子之政治思想》,取得文华大学文学硕士学位,可以看作是其学术生涯的发端。随后陆续发表的《佛教净土宗以信得救的教义及其与基督教之比较》(1920)、《孔门伦理》(1929,博士论文)、《中国文化之精神》(1947)等论著,则是这一事业的继续发展。上个世纪50年代中期以后,他身处逆境,而沟通中西文化致力更勤,译著笔耕始终未辍,如《康德哲学介绍》(1956)、《亚里士多德逻辑》(1957)、《培根与其〈新工具〉》(1956)、《康德哲学浅说》(1972)、《黑格尔〈小逻辑〉讲稿》(年代不详)等。这些学术业绩多侧重于介绍西方传统文化的精华,特别是对亚里士多德、培根、康德、黑格尔等人哲学名著的翻译、阐释与导读。早在1928年他就说过:"有机体须从其环境吸收并同化一些要素,而且只有在吸收及同化的过程不断的情况下,才可能有生命。'综合'一词是很重要的。它意指我们须对我们要综合的文化有完整的分析,比较其优缺点,然后造成一个有机体的整体,以保存两种文化的优点。我们必须这样做,而且必须以母体系统为新结构的间架。这是精神创新的工作……又是多么伟大的工作。"(《东西文化之综合问题》,据台北韦卓民纪念馆译文)这些话陈义甚高。他是这样说的,也是这样做的,而且是以自己的全部生命投入这项伟大工作。或许可以说,不理解这一点就不懂得真正的韦卓民。

诚然,韦卓民是一个虔诚的基督徒,但他信仰而非偏执,更没有流于浅薄的迷信。其根本原因就在于他是一个真正的哲学家,在精神世界更着重于理性的超越,既超越世俗,也超越宗教。正如香港年轻一代学者陈广培所曾指出:韦卓民眼中的基督教与中国社会文化的关系,“隐含着‘他者’的伦理视野”,其终极探究乃是整个宇宙与人类文明的存在与变化。但他并非沉溺于幻想,而是立足现实,关切现实,理解现实。所以他在基督教对华传播问题上,极力主张必须根植于中华文化土壤。用我自己的话来表述,就是“主归中华应该先于中华归主”。作为基督徒,他当然希望“将远东拥有世界最悠久历史的这个国家的优良文化,带到主的神坛前,作为对主的奉献”。因此,他自己坦然承认:“我毕生研究,都在导致去发现怎样使中国文化基督教化。”但他毕竟又是一个经过长期科学训练的现代哲学家,他对基督教的信仰,虔诚而非迷信,从不认为任何经典就是绝对真理,而多数传教士与基督徒信奉与传播的也不一定就是真正的教义真谛。所以,他摒弃西方中心主义,特别是许多欧美差会在华传播基督教过程中所拘守的专断与偏执。我认为,他在学术上致力更多的还是对西方近代哲学名著的译介与诠释。即使是在神学方面,也是反复强调并致力于基督教的中国化,即根植于中华文化。

韦卓民一生最为辉煌的时期是1945—1947年。抗战胜利后,华中大学返回昙华林,重整家园,百废待兴,并且雄心勃勃制订十年发展计划。在此期间,他曾应邀赴美讲学,先是作为鲁斯世界基督教讲座教授(The Henry W. Luce Visiting Professorship of World Christianity),发表题为“让基督教在中国土地上生长”(Rooting the Christian Church in Chinese Soil)的系统演讲。随后,又应Hewell基金会邀请,在Andoer-Newton以及波士顿的圣公会多次演讲,主题是“中国文化之精神”(The Spirit of Chinese Culture)。这些系列演讲,均于1947年在美国结集出版。

这次讲学,规格甚高,声誉颇隆。韦卓民以前在耶鲁大学的老同事,曾任美国历史学会与美国教会史学会会长的赖德烈教授(Kenneth Scott Latourette),为其演讲文集撰写序言,高度评价说:“韦博士了解中国文化的精神,有同情而深度的睿智,同时他又是一位基督徒,在向英语世界里,阐述中国文化之深处，实在罕与其比。”赖德烈1910—1917年曾在中国雅礼学院任教，是上个世纪30—40年代美国中国史与教会史研究的领军人物，他对韦卓民的评价绝非礼仪性的客套，而是由衷的倾服。韦卓民虽然专攻西方哲学，但其中国文化根底甚深，长期教授逻辑学、代数与几何、政治学、哲学、神学等课程，早已具备中西跨文化研究(他自己称为“综合”)的坚实基础，即使对欧洲早期汉学大家也不盲目崇信。韦卓民曾指出：“由于不够严谨地解释中国文字中若干名词，或是无意地把若干我们自己的意见掺杂到中国哲学宗教文献之中，我们假中国文化之名，表达我们自己的思想。……如此我们犯了理解上的谬误，翻译上的谬误，这尤其是在引用上最恶劣的谬误，因为在翻译原著时，你等于有效地告诉读者，这是原作者的意思。……最著名的汉学家，往往是最大的罪人。但是谁肯带头来批评呢?”他只有自己带头来批判，并且指名道姓地以这些“饱学之士”为例，如“19世纪的Legge(理雅各)与Ross(罗约翰)，20世纪的Bruce(卜道成)和Rawlinson(乐灵生)”。他有意不提当时仍然在世的某些“饱学之士”的名字，算是给他们留点面子。

韦卓民在对外文化交流过程中显示出可贵的自觉与自信，他有足够的底气向西方学界挑战，因为他中文底子极好，熟读四书五经；又精通英、德、法、俄、希腊、拉丁等文字，不仅对西方相关经典著作钻研颇深，而且阅读涉猎甚广。例如，英国史学大师汤因比的巨著《历史研究》尚在陆续撰写出版之中，他就在演讲涉及人类文明兴衰时多次引用其论述，而当时中国史学界研究汤因比者还寥若晨星。韦卓民对西方“饱学之士”的批评，并非局限于经典中个别词语翻译的考订纠误。他特别强调：“我要指出的，不只是语言文字而已。整个的文化背景，必须也要加以考虑，诸如思想形式、思想规则、研究方法、哲学、宗教、艺术及社会结构等。”(以上引文均据老校友沈宝寰译文)因此，这种批评就不是口舌之争，更不是意气之争，而是力图实现层次更高而收效更为深远的东西文化高层交流。韦卓民的演讲不仅面对美国，而且面对世界；不仅面对基督徒，而且面对全人类。

韦卓民虽然是基督徒，但也是教育家与哲学家，他投入精力与思考更多的毕竟还是学校教育与哲学研究。教育使他进入世俗，哲学使他超越宗教;他追求美好的理想,但始终立足于现实,立足于中国的土地,厕身于中国的人民。因此,不像那些专业的神学家与偏执的布道者,他公开而真诚地履行现实社会的公民承担。抗战爆发后,他不断以英文撰写时评文章,向全世界介绍中国人民团结抗击日本疯狂侵略的真实情况,勇敢地表明反对法西斯主义的政治立场,比如 1938 年 6 月在美国《耶鲁评论》(Yale Reviews)上发表《抗战初期中国的若干问题》(Questions about China),1940 年于重庆发表的长篇英文通讯稿《抗战时期中国的教育》(Education in Wartime China),1941 年春发表于《基督王国》(Christendom)杂志的《中国战争对中国文化的影响》(Cultural Effects of the Present War in China),1941 年 3 月在中国广播电台发表的广播词《学者在战争中的任务》(The Role of Scholars in the War)等。特别是这篇向美国人民发表的广播词,再次重申:"在中国所发生的战争,只是极权与民主间大战的先锋。过去一年半来的事实,证实了我的看法,中国正在作战,而且决心继续作战,直至正义和世界道德得到维护为止。"作为一所西迁云南大理的大学之校长,他还自豪地向世界宣布:"透过坚持不懈的努力,中国的高等教育,不仅在战时得以维持,而且在一些重要方面还获得了显著进步,特别是许多研究所和高等学府向大后方落后地区的转移,产生了很好的影响,使得过惯了沿海各地生活的师生们,有机会熟识内地的生活。这种情形本身就是一种具有深远意义的教育,文化得以广泛散布,现代思想得以传播,水准较低的学校,在和进步的省份迁来的大学接触后,也因此提高了程度和效能,其结果将是战后会出现一个更教育化的中国。"在这些平实而又恳挚的话语中,我们可以看到一个真正的爱国者,一个终生奉献教育的老校长,一个胸怀世界的卓越中国公民。

但是抗战结束以后,人们还没有从胜利的喜悦中醒悟过来,国民党反动派就发动了史无前例的大规模内战,而政府腐败与战祸绵延,迅速使广大民众再次陷入痛苦深渊。韦卓民与成千上万善良的知识精英一样,逐步放弃了对于国民党政府的幻想,同情民主运动,保护进步学生,并且毅然拒绝国民政府迁校台湾的指令。他与华中大学广大师生一起,迎接了新中国的诞生,并且接受人民政府的命令,断绝与外国差会的联系,把学校由私立改为公立,以后又顺应全国性院系调整,与中华大学、中原大学等校合并，改制建立华中师范学院。他确实自觉地努力适应新社会，新政府也确曾给予重视并委以领导建校的重任。但是由于朝鲜战争爆发，美国成为敌国，而中国选择“一面倒”的亲苏外交政策。在抗美援朝热潮中，教会大学被定位为“美帝侵华文化堡垒”，其校长也相应被定格为“帝国主义文化侵略代理人”。在肃清“亲美”、“崇美”、“恐美”思想运动的高潮中，韦卓民成为理所当然且火力集中的靶子，并且从此离开学校领导岗位，成为一般教师。1957 年他被错划为“右派”以后，在政治上更受歧视，“十年动乱”期间亦为当然的批斗对象，直至 1976 年以后才经过平反恢复名誉。但好景确实不长，不过两年，这一代学术宗师就溘然与世长辞。

应该承认，韦卓民 1949 年以后这将近 30 年之久的漫长岁月确实是一个悲剧，但悲剧并非个人原因造成。根据我个人亲自接触与文献检索两方面的了解，过去无论如何屈辱痛苦，俨然成为众矢之的，他都能以平和的心态、超脱的胸怀，似乎顺应而又有内在定力地坦然应对。他天性幽默，语言风趣。记得“文革”时期，他作为“批斗对象”每天都要挤公交车从昙华林到南湖校本部“集中学习”。吃中饭排长队时，有人好心提醒他的铝制饭盒已被挤扁，他微笑轻声回应：“人都扁了，何况饭盒?”这就是真实的韦卓民，一位伟大的哲学家、教育家。在那种是非颠倒、蒙冤受屈的岁月，仍然保持着学者的尊严与人格魅力，甚至在集中学习的“牛棚”里仍然照常写作不辍。

俱往矣，过往的岁月，已逝的往事！大江东去，浪淘尽千古风流人物。刘知几云：披沙拣金，时有获宝。评文如此，评人亦然，只要是真金，迟早总会闪耀炫目光芒。出版社领导嘱我作序，哲学与神学浅薄如我，何必贻佛头著粪之讥。但曾忝任后辈校长，毕竟有所相知，于公于私，义不容辞。感慨万端，直抒胸臆而已。不当之处，尚祈多界贤达不吝批评教正。

章开沅

乙未初冬 年方九十

于南湖实斋

韦卓民引领我们走向康德
——代出版前言

在中国,伟大哲学家康德的著作和思想正在被越来越多的人所熟悉、所掌握,他那博大精深的思想在中华民族精神进程中的魅力已逐步展现。

韦卓民先生对康德哲学在中国的传播起到了巨大的作用,他在康德哲学“东渐”过程中的关键性地位是不可磨灭的。

20 世纪甫始,梁启超发表《近世第一大哲康德之学说》一文,首次向中国人系统地介绍了康德。

“五四”新文化运动前后,张颐先生率先将康德和黑格尔的哲学带进了中国大学的课堂,张铭鼎等许多老一辈的学者致力于康德哲学的介绍和传播,在文化理论界掀起了一个热潮。

20 世纪 30 年代以后,国内陆续翻译出版了康德的一些原著,它们是:《纯粹理性批判》(胡仁源译,1931 年,商务印书馆)、《实践理性批判》(张铭鼎译,1936 年,商务印书馆)、《道德形而上学探本》(唐钺译,1937 年,商务印书馆)。与此同时,也出现了一些有价值的研究专著和论文,如郑昕先生的《康德学述》(1946 年,商务印书馆)。

从“五四”到中华人民共和国成立前,尽管康德哲学得到了一定传播,但正如贺麟先生所评论的:成效不大,深度不够,范围狭小,“以致最后谈康德的仅有学术界为数极少的几个人”①。这种情况之所以产生,恐怕与学术界对康德哲学原著的系统翻译和介绍工作做得不够有莫大关系。

20 世纪 60 年代,这种情况得到了很大改善。康德的三大批判中译本陆续出版:《纯粹理性批判》(蓝公武译,1960 年)、《实践理性批判》(关文运译,1960 年)、《判断力批判》(宗白华、韦卓民译,1964 年)。中国人终于可以用中文一窥康德批判哲学体系的全豹了。接着,商务印书馆又出

① 贺麟:《康德、黑格尔哲学在中国的传播》,见《贺麟选集》,吉林人民出版社,2005 年,第 461 页。

版了三本解释康德原著的译作。即是韦卓民先生翻译的《康德〈纯粹理性批判〉解义》([英]斯密著,1964年)、《康德哲学著作选译》([加拿大]华特生编选,1963年)和《康德哲学讲解》([加拿大]华特生著,1963年)。

《纯粹理性批判》是批判哲学的根基,是康德的扛鼎之作。尘封20多年的蓝译《纯粹理性批判》的问世,对想学习康德而又无条件直接阅读原文的莘莘学子,就像久旱后之甘露①,它成了哲学系学生和哲学研究者案头必备之书。读懂康德,特别是他的《纯粹理性批判》,是十分艰难之事。入门需要引领,康蒲·斯密的《康德〈纯粹理性批判〉解义》,像他英译的康德原著一样,是一本国际公认的权威著作,近一个世纪以来,广泛流传,经久不衰。这一著作汉译本的出版,对康德哲学的传播,无疑又是一场及时雨。试问,有志于研究康德的学者,有几位没有读过这本《解义》的呢? 这本书当时"内部"出版,印数很少,可谓洛阳纸贵,得之者将它作为珍品收藏。直到20世纪90年代,有的学校因难觅此书,为教学需要,不得不内部翻印,可见它的价值和作用。

同期出版的其他两本华特生讲解康德的译作,也是对学习、研究康德极具参考价值的读物。《康德哲学原著选读》(原书1888年出版)编选了"三大批判"和《道德形而上学基础》四本原著中的若干章节。作者认为这些包括了康德系统思想的一切要点,对初学康德哲学的人很有帮助,可以为进一步研究康德哲学作好充分准备。这本书曾作为加拿大的大学教材,美国的大学也采用过。《康德哲学讲解》(原书1908年出版)是作者用前书作为基本教材向大学生讲的讲稿,积20年的教学经验整理而成。作者认为把这两本书结合起来向学生传授康德哲学,是"比较成功的一种试验结果"。韦卓民教授也正是用过华特生的教本和经验讲授康德哲学的。

以《解义》为标志的上述三本讲解康德哲学的著作,对促进康德哲学的教学、研究的重要意义,是显而易见的。它们的翻译出版,在康德哲学东渐史中,如果不能说"不亚于",那也是"仅次于"康德原著翻译出版的一件大事。在短短的两三年内,韦卓民先生向世人贡献了包括《判断力批判》(下册)在内的四本有关康德的译作,这在当时无人能出其右,可以说,

① 20世纪30年代出版的胡仁源的译本是公认读不懂的。

解放后国内引进康德哲学最早、最多、最有力者，实应首属韦卓民先生。这些事实已然可以确定：在康德哲学在中国传播的第三个阶段[①]中，韦先生起到了发端奠基的重要历史作用。

但韦卓民先生所从事的康德哲学的传播、研究工作远远不止于此，人们以前知道得太少了。

韦卓民先生是一位学贯中西、融汇古今的大学者。他在中外哲学史、逻辑、教育和宗教神学等领域中均有很深的造诣与丰硕的建树。在西方哲学史领域，韦先生着重研究了四个人，即亚里士多德、培根、康德和黑格尔。关于这四位哲人，他均有遗著留下，但花时间最长、耗精力最多的乃是康德。在他留下近百部(篇)达七八百万字的中英文遗稿中，关于康德哲学的竟占了二分之一左右。这些足以证明，20 世纪中期，国内关于康德哲学的传播和研究，韦先生确实是首屈一指的。

韦先生之所以花大力从事康德哲学的传播和研究，是因为，他把康德看作西方哲学思想发展中承前启后的最关键人物。他认为，研究西方近代哲学中的人不管谈什么哲学问题，都必须追踪到康德。在他讲授康德、黑格尔哲学时，讲到康德，不时会流露出一种激情，这是他讲黑格尔时所没有的。他曾向王元化先生讲过，他对康德的评价远远超过黑格尔。当然，在那极“左”的年代里，他在称颂康德的同时也不得不从政治角度斥责过康德几句，这是可以理解的。

韦先生在 1957 年突遭厄运后，从居住几十年的校长楼移居一间斗室，工资陡降，生活条件急剧变差，但他从容对待，一心扑到对康德等人的研究上，到“文革”前，数年内以惊人的速度译出有关康德的专著竟达 10 部，300 余万字(同一时期，韦先生还撰写和翻译了 4 本关于黑格尔哲学和逻辑学等方面的著作达 100 万字左右)。这个时期，是中国最需要理性和人性的时期，也是他在康德的研究中成就最多的时期，也许这并不是偶然的。商务印书馆慕其名向他约稿，由于“文革”爆发，只出版了 4 部，这可以说是学界的一大损失。此后 10 年，这位耄耋老人在蹲牛棚、下农村、

---

① 贺麟先生在《康德、黑格尔哲学在中国的传播》中把康德、黑格尔哲学在中国的传播分为三个时期：早期为从变法运动到五四运动，中期为从五四运动到全国解放，后期为中华人民共和国成立之后到现在。

挨批斗、受凌辱等更为恶劣的境遇中仍念念不忘康德、黑格尔,笔耕不辍。在那令知识分子濒于崩溃绝望的岁月,他鼓励难友说:“要有信心,做学问不能停下来!”像其他中国学者一样,韦卓民先生也以自己的人格谱写了康德、黑格尔东渐史上悲壮的一幕。

我们看到,韦先生关于康德研究的遗著中,绝大部分是译著,是康德的原著和对原著解读的著作。他认为,要真正认识康德哲学一定要读原著,特别是他的“三大批判”,这是康德哲学思想的精髓。韦先生曾著文专门分析“三大批判”的前提、基础和背景,提出了独到的见解。他认为“三大批判”中的《纯粹理性批判》是重中之重,代表了康德在哲学史上的地位。五六十年代,他在“康德哲学讲座”上,主要讲的是《纯粹理性批判》。他着重分析了该书的主题思想“验前综合判断怎样成为可能的?”这一课题的理论来源、内容实质和解决途径。正是因为想要帮助国内学子更好、更深入地学习这部名著,才知难而进,重新翻译这本最难读的书,以克服当时已有译本中的缺陷。在此前后,他还翻译了两位英国学者讲解《纯粹理性批判》的两本专著(即《康德〈纯粹理性批判〉解义》和《康德的经验形而上学》);特别在“文革”前夕,又翻译了康德为《纯粹理性批判》所撰的简写本《一切未来形而上学导论》。这些都说明了他对这一名著的异常重视。

但是韦先生并不是单纯为翻译而翻译,而是把研究寓于翻译之中,翻译的过程也就是他的研究过程。当年他讲康德、黑格尔哲学时,对一些重要概念、词语,总是反复地从结构、词根讲到语义,从英文、德文追溯到拉丁文,给人的感觉似乎有点“咬文嚼字”、“烦琐考证”,但只要用心体会,就会领略到其中的奥妙和深刻。

下面仅举两例:

例一,“a priori”一词,国内一般都译为“先天”,韦先生认为是错误的,因为“a priori”在拉丁文中并无“与生俱来”之意,康德用这个词更无此意。韦先生在译此词时,先译为“先验”,后一再琢磨,觉得也不妥当。因为在康德著作里多年来已用“先验”来译德文的“transzendental”,如果再用它来译“a priori”,就混淆不清了。于是他反复推敲,最后决定创造一个崭新的词语“验前”来译“a priori”。从字面上看,二者似无甚区别,实际上意思却大不相同,“验前”更符合康德的原意。韦先生在“文革”中还专为此写过一篇文稿。韦先生的这一翻译，目前已得到许多学者的认同。例如中国人民大学的钟宇人教授在来信中写道："康德所用'a priori'一词，蓝译本译为'先天的'，影响很大，其实是不确切的。韦先生根据原拉丁文与对康德用意的深入研究，创译为'验前的'，很符合康德所说'绝对不依赖于经验的'原意。"

例二，《纯粹理性批判》第二版序言中康德有一句名言：Ich musste also das Wissen aufheben，um zum Glauben Platz zu bekommen。20 世纪的五六十年代，国内都把它译成"我否定知识，以便给信仰扫清地盘"，并据此认定康德是个反对科学知识的信仰主义者。韦先生说，这根本不是康德的原意，是英译者错误地把"aufheben"译为"deny"，国内有人据英文而译为"否定"，是跟着别人犯错误。因此韦先生根据对德文"aufheben"与"Glaube"词义的考察，及对康德思想主旨的理解，把这句话译为"我要扬弃知识，以便替信念留有余地"。近年来，随着对康德哲学研究的深入，学术界对把"aufheben"译为"扬弃"，把"Glaube"译为"信念"尚有不同的意见。但若留意到当年韦先生这样译，至少表达了康德既未否定知识，又给信仰扫清地盘的意蕴，从而为康德在中国的"错案"平了反，也就不难体会他的苦心了。

对康德哲学中的概念、术语，乃至重要句子，像这样苦心推敲、决不含糊的例子还有很多很多。正如韦先生说的，他在翻译时"以信为主"，用尽心思忠实于原著，不能为了追求"达"、"雅"而损伤原著本意。为了更忠实于原著，他始终不断地修订自己的译文，刻苦钻研、精益求精，正如他所说的，做学问一定要有一种"主见不可无，成见不可有"的独立与创新精神。这种精神在当今弥漫着浮躁、浮夸气氛的学术界，尤其值得提倡，值得推崇。

韦卓民先生在康德哲学研究领域卓有成效的工作，辉煌的成就，是他一生事业的重要组成部分。韦卓民先生乃是为了一个宏伟的工程而奋斗终生的。这个工程就是营造一座宽广而坚实的融通中西文化的桥梁。早在 70 年前，他已明确了这一奋斗目标。1928 年他在伦敦所作的一篇演讲中声称，融合异质文化是各民族文化发展的规律，而在当时的我国，"融合中西文化则是中国走向现代化而必需的、富有挑战性的工作"。他还旗帜鲜明地申明:在吸收西方文化时,我们反对妄自尊大的"保守派",也要反对崇洋媚外的"洋化派"。如果说,解放前他在融合中西文化方面所做的工作主要是通过在国内办教会大学、宣讲基督教神学和在国外讲解与介绍中国传统优秀文化的话,那么,解放后他就把主要精力放在西方哲学史的译介上来了。原来,他研究、译介康德哲学正是站在这个高度来进行的!他常说:我们要在学习西方哲学时做到取长补短,以便更好地发展中国的哲学。他在上世纪50年代就曾多次说过:在欧洲,有些小国都翻译、出版了柏拉图、亚里士多德、康德、黑格尔等哲学大师的"全集",而我们至今还没有一套,这同我们这个文明古国的地位是极不相称的。他立志要弥补这一缺陷。本来他已具备优越的主观条件,既"通晓古今",又"学贯中西",仅外语就精通英、德、法、俄、拉丁文等七八种。可他并不满足,仍自谦说"差距很大"。其实,他是在鼓励我们努力奠定扎实的功底,以铺设他理想中的"桥梁"。他还认为,在介绍西方文化、西方哲学时,要避免把西方的观念"解说成中国的观念",过分追求中国化、通俗化,以致把人家的文化变质变味。我们体会他的意思是,在学习康德这样的西方哲学时,一定要力争学到原汁原味的康德思想;要努力体验领会德国语言的特征及其文化背景;设法逐渐领会康德的思维方式从而弄懂其实质,真正做到沟通中西,优势互补。

在这方面,韦先生开了先河,做了榜样,引领我们走近了康德,也引领我们走上了民族文化复兴的宽广大道。

唐有伯　曹方久

2006年6月24日

目 录

第一部分　关于康德哲学的六次演讲

第一讲　概论康德哲学

一、康德和他的生平与时代

恩格斯在《自然辩证法》里面称为“有才能”的康德，是德国古典哲学的始祖。

恩格斯在他《大陆上社会改革的进展》这一篇文章里曾说道：“在法国发生政治革命(指十八世纪说的)同时，德国发生了哲学革命。这个革命是由康德开始的。他推翻了前世纪末欧洲各大学所采用的陈旧的莱布尼茨的形而上学体系。”

在康德生活的时代，德国还是一个经济上和政治上十分落后的国家，封建的生产关系在国内依然占据统治地位。这种情况和早就由于资产阶级革命和工业革命而成为当时最大的资本主义强国的英国、法国比较起来，是瞠乎其后的。

大家知道，发生于德国而扩大成为国际有名的“30 年战争”是爆发于 1618 年而结束于 1648 年的所谓《卫斯特法里亚和约》(Westphalia Peace)，这一场 30 年的战争，表面上是天主教旧教和革新的基督教之间的宗教战争，其实骨子里它是一场经济上的和政治上的争战。在和约签订之后，从前名存实亡的神圣罗马帝国完全瓦解了，在它的废墟上只是在维也纳执政者名义上领导下的一群日耳曼侯邦而已。德国还没有形成一个统一的国家。我们能找到的不过是许多在形式上彼此独立的并保留着反动的君主专制制度的小国，而康德的祖国普鲁士是其中的一个。在这些独立的小国里，土地还是地主占有着，农奴制还存留着不少的残余。这种落后的情形束缚住资本主义的发展，妨碍了全国范围内资产阶级的统一。蒸汽机的推广，在英国、法国和其他国家的发展中已经起了巨大的作用，而在德国只是引起了手工业生产的破坏。1648 年《卫斯特法里亚和约》是德国强邻法国的胜利，是法国国力向外膨胀的机会，而首当其冲的就是这四分五裂、内战频仍的德国。这就越发使德国封建制度内部资本主义成分的发展更加迟缓。所以恩格斯谈到德国历史的这个时期,是说“谁也不觉得好过”的。当时的情况是:“手工业、商业、工业和农业都衰颓到了极点……一切糟糕、不满情绪笼罩全国。没有教育,没有启发群众智慧的工具;没有言论出版自由;没有多少大量的国外贸易;到处都是卑鄙和自私……一切都腐朽了,摇动了,眼见就要崩溃了,甚至不能有好转的希望,因为在民众中没有一种能够扫除这种过时制度的腐朽尸骸的力量。”①因之,当时伏尔泰(Voltaire)曾浩叹地说过:“德国是注定要永远贫穷的一个国家。”康德的生活时代,普鲁士发愤图强是比这种情况好一些,可是我们要记住,它还不是好得很多,这种情况是反映在康德的哲学思想里的。

18 世纪德国的确是开始治好 30 年战争遗留下来的创伤了。尤其普鲁士的人民发愤图强,节约生产,某些新工业发展起来,商业也有了一定的起色。在 17 世纪末,曾有过德国启蒙运动的兴起,可是在这时候才兴起是很晚的了。德国所称的启蒙运动(Aufklärung)本质上就是其他国家的文艺复兴运动(Renaissance)。这运动早在 14 世纪已兴起于意大利,逐渐扩大到法、英等国,而晚在 17 世纪末才来到德国。这也是受经济客观条件所限制,不由主观愿望所决定的。和文艺复兴运动或启蒙运动而来的当然结果,就是工业的发达和自然科学作为工业发达的结果而发展。启蒙运动在德国兴起比较晚,迟在 17 世纪末,所以和康德同时代的伟大文人和思想家是有的。例如诗人莱辛(Lossing,1729—1781)、诗人希勒(Schiller,1759—1805)、诗人歌德(Goethe,1749—1832)都是部分时间和康德同时的。他们的著作是有不朽价值的,在世界文学史上占有重要的地位的。在康德之前曾有过伟大哲学家莱布尼茨(Leibniz,1646—1716),他死在康德出生的前八年,大大地对康德发生过深刻的影响。可是他的思想体系是继承法国笛卡尔(Descartes,1596—1650)和荷兰的斯宾诺莎(Spinoza,1632—1677),是属于前一时期的陈旧形而上学系统,是为康德所批判的。而且就是以思辨哲学来讲,在康德之前杰出的哲学家

① 转引自苏联奥则尔曼的《德国古典哲学是马克思主义的理论来源之一》,上海人民出版社,1956 年版,第 8 页。

也只有莱布尼茨一人而已。至于谈到自然科学，康德以前就寥寥无几人了。我们拿恩格斯在《自然辩证法》一书里所提到的自然科学家来讲吧，在这书里恩格斯的旁征博引是惊人的。他所提名的英、法等国的自然科学家，生活和工作在康德之前的，不胜其数。而在康德之前的德国自然科学家除开普勒（Kepler，1571—1650）之外，仅仅提过克里卜施坦（Klipstein，1747—1808），他是个地质学家和古生物学家，但生于康德出世后23年。康德的第一部《批判》出版时，他只有34岁，从我们手边所有的材料，又无从证明康德曾受过他的影响。可是我们要指出的不是这一点，而是从恩格斯在《自然辩证法》所用的材料来看，在康德以前，德国的自然科学是十分贫乏的；因之恩格斯在《社会主义由空想发展为科学》一文里是说："在康德时代，我们对于自然事物的认识，还是……残缺不全的。"我们从当时德国的经济基础来推测，也应该是这样。这又是明显地反映在康德的哲学思想里边的。文艺复兴运动或启蒙运动，在法国引起了剧烈的政治思潮。法国的伟大思想家如伏尔泰、卢梭（Rousseau，1712—1778）和历史上称为"百科全书"的伟大人物，如拉梅特利（La Mettrie，1709—1757）、狄德罗（Diderot，1713—1784）、霍尔巴赫（Halbach，1723—1789）、霍尔维修（Helvetius，1716—1771）等都是提倡政治的改革，反对宗教的统治，趋向于人文主义，甚至强调唯物主义的。英国17世纪是资产阶级革命的时期，意味着中世纪的结束和近代的开始，推翻封建制度而建立资产阶级自己的统治。在思想战线上早就有了培根（Bacon，1561—1626）和霍布士（Hobbes，1588—1679），继而就有洛克（Locke，1632—1704）这些唯物主义的杰出人物。自然科学上牛顿（Newton，1642—1727）划时代的成就是人所共知的。这一些哲学家和科学家都可以说是文艺复兴开花所结出的果实。我们可不再去提到大家所知道的意大利的达·芬奇（Da Vinci，1452—1519），波兰的哥白尼（Copernicus，1473—1543）等人了。

总而言之，文艺复兴的特点，不仅只是希腊、罗马的古典文化在欧西各国的复兴，引起各国的社会发展，而且特别的是，由于社会的发展把个人引向到政治、经济上对于反封建的斗争。因而在当时封建制度内部形成了新兴资本主义。但是在德国来讲，启蒙运动的影响却不是这样。由于人民内部还没有形成革命斗争的力量，这个运动影响所及，只局限于知识分子当中，而经济落后的资产阶级软弱无能，人民群众觉悟还没有提高，受到启蒙运动影响的知识分子，把注意转向于个人在宗教上、精神上的解放，而把社会和政治的问题置之不理。这无非是思想上对于实际的逃避，是思想不结合当前实际的结果。这个情况在康德的哲学中是突出地反映出来的，可以说是他的哲学思想的主要特征。

在这个时代生活着的康德，其生平的事实是很简单的。他在1724年生于普鲁士王国当时算是大城市的哥尼斯堡(Konisberg)。据1904年的调查，哥尼斯堡人口有18万8千，在学术上没有重要的地位，相当于我们解放前的汉阳吧。可是在18世纪中叶康德哲学思想活跃的时候，哥尼斯堡是东普鲁士最大和繁荣的商业中心，居民虽只五万，但是按民族成分和种族来说是形形色色的，提供给康德不少关于人类学和心理学的研究资料。

康德的父亲是一个做马鞍和马具的手工业者。在当时的情况下，能叫康德去上中学和大学，说明他的家庭经济状况是不十分差的。家庭中的宗教气氛很浓厚。父母都是崇奉称为“虔信派”的基督教徒。这个教会宗派是反抗当时德国正宗教会的路德派的。它认为路德派太过分地倾向于理性主义而变为形式主义，束缚了信仰的自由，失掉了马丁·路德宗教改革的精神，太过尊重教权，流于形式。因之为了排斥偏重理性的流弊，这虔信派鼓励信徒的个人宗教生活，强调宗教应该以感情为主。康德在家庭中，受了他父母这种宗教的熏陶。而在中学的时期，他的校长是叔尔茨(Franz. Albert Schultz)，也是虔信派的信徒，更加深了康德在这方面的思想，对于他后来的哲学思想是影响很大的。

康德16岁便入哥尼斯堡大学，他的大学导师就是他中学的校长叔尔茨。叔尔茨当时在大学任神学的教授。康德的父母本想他学习神学的，但是他志不在此，只选修神学而主要听马丁·克努真(Martin Knutzen)的哲学课。克努真在哲学上是莱布尼茨通过沃尔夫(Christian Wolff)的流派，而在物理上是服膺牛顿的。于是康德的思想基础就在这样的一个时代中为各种客观因素所形成。从他1745年毕业论文可以看出他初期的思想是倾向于自然科学的。这篇论文的题目是《关于活力的正确估计》

(Gedanken von der wahren Schätzung der lebendigen Kräfte),是他受了导师克努真的影响,潜心研究牛顿物理问题的结果,是企图调和于他的前辈笛卡尔运动力属于死的一种和莱布尼茨主张运动力属于活的一种这两者之间的。这也就显示出康德思想的主要方法,处处是要调和矛盾的两面的。

在大学学习了五年之后,康德一直九年是在三个私人家庭中担任家庭教师。这三个家庭有两个是东普鲁士的贵族。可是康德这个时期所教的学生,好几个后来成为普鲁士解放农奴运动的领袖人物。由此也可以看到康德的教学成果和他个人的思想形态的一方面吧。

1755 年,康德 30 岁的时候,回到哥尼斯堡大学,提交博士论文,取得德国大学称为 Privatdozent 的资格。Privatdozent 是德国大学未经过当局正式聘任的教师;经过 15 年之久,他才受任为教授。那是在 1770 年,提交著名的《就教授职论文》的那一年,也是他的哲学思想转变的一年。关于这点,我们在后面是要着重地谈到的。从 1755 年康德 30 岁的时候起,一直到 1797 年他退休的时候为止,经过 42 年长久的岁月,康德自始至终在一所大学里,勤勤恳恳地过着教学的生活,担任过哲学、数学、物理、地理、人类学等多种学科的讲授,同时写成了不少的科学和哲学著作。根据所有的记载,他早年曾在哥尼斯堡王家图书馆担任过图书馆馆员。在他任教授时期,并曾任过校长。但须知欧洲各国的大学校长,德国也不是例外,不是专任的,大都是教授中推选出来,任期很短,而且职务很轻的;不过是教授会主席,不管例常的学校行政的。康德于 1797 年退休时已是年老体衰,虽然还继续着他的著述工作,但在他晚年的著作中没有什么出色的了。他死于 1804 年,享年 80 岁,一生未结过婚,他是以学校和学术为家的。

二、康德的主要著作(以发表的先后为序)

1746 年:《关于活力的正确估计》(Gedanken von der wahren Schätzung der lebendigen Kräfte)。这是论文的主题,其全题是《关于活力的正确估计并且对于莱布尼茨和其力学者们在这争端上所用的证明加以讨论,附加上一些关于一般物体的力的意见》(Gedanken von der wahren Schätzung der lebendigen Kräfte und Beurteilung der Beweise, deren sich herr von Leibniz und andere Mechaniker von dieser streitsuche bedient haben uebst einigen vorhergehenden Betrachtungen, welche die Kraft der Köper überhaupt betreffen)。

1755 年:《火论》(De Igne)。Ignis 是拉丁文的"火";"de igne"是"关于火"的意思。这篇文章是驳斥笛卡尔的火说而采取牛顿的光说的。

1755 年:《形而上学认识的第一原理的新解》(Principiorum princorum cognitionis metaphysicae nova dilucidate)。这篇文章是证明康德开始摆脱莱布尼茨的形而上学学说,而以牛顿的学说来补充它的。

1755 年:《自然史及天体论》(Allgemeine Naturgeschicte und Theorie des Himmels, oder Versuch von der verrfassung und dem mechanischen ursprunge des ganzen weltgebäude nach newtonschen grundsätzen abgehandelt)。前两篇论文是以拉丁文为题的,而这篇是康德匿名用德语为题的。全题可译为《自然通史和诸天论,即按照牛顿的基本原理关于宇宙构造的形成从力学上来说的发生这问题的探讨》。这篇论文以牛顿引力的原理为基础,把牛顿的学说应用于说明天体发生,并说明天体的发生是根据力学的原理的。关于这篇论文的重要性,恩格斯在《自然辩证法》里称它为"划时代的著作",并指出:"康德把旧的僵硬的自然观打开第一个缺口……关于第一推动力的问题被取消了;地球和整个太阳系显现为在时间进程中所形成的某种东西。"①后人把康德在这篇文章里的说法和法国大天文学家和数学家拉普拉斯(P. S. Marquisde Laplace, 1749—1827)的学说并称为康德拉普拉斯星云说。

1756 年:《物理的单子论》(Monodologia physica)是企图调和莱布尼茨的单子论与牛顿的引力说的。以上的几篇文章都是康德关于物理和数学的著作,表现他在大学时期学习中吸收牛顿物理学思想而用来修正莱布尼茨的学说的。足见他是深深受到这两位伟大思想家和科学家的影响的。

在上面已经提过的《形而上学认识的第一原理的新释》一文中,康德

---

① 见恩格斯:《自然辩证法》,人民出版社,1955 年北京版,第 8~9 页。

已表示他脱离莱布尼茨派形而上学的色彩，但还没有确定逻辑和形而上学在思维中的区别，因之还没有把逻辑上的理由和事实上的原因这两个观念区分开来，但是在1762和1766年之间的各种论文中，这个区别就明白地表现出来了。

1762年：《三段论或四格的诡辩》（Die falache Spitzfindigkeit der vier symbolishe logistishen Figaren）。这是批判学究式的逻辑的一篇文章。把认为形式逻辑三段式通常所讲的四格，除M—P，S—M，S—P这第一格外，其余的三格都不能得到正确的判断为其结论的。这是形式逻辑的问题，就是传统的、古老的形式逻辑。在讲到三段论式的四个格时，总是要把第二、三、四这三个格改变为第一格的形式，来证明它们的正确性。这就说明讲形式逻辑的人，一向对于它们结论的可靠性是有问题的。关于这一点，我们在这里不必详细地来说明，我们要指出的就是康德在这篇文章里表示，他对于形式逻辑一般上虽无异词，但是对于它的烦琐和理论上许多的毛病是反抗的。尤其是要指出只靠形式而不问实际上的经验，许多推论是作不出来的。这就表示康德早在1762年就已经倾向于经验论，加强他前一年发表的《新解》一篇文章里所指出"同一律"、"无矛盾律"和"充足理由律"在应用上的重要区别。这对于他后来的思想是起很大的作用的。同一律和无矛盾律是局限于原有观念的范围，是用分析的方法的，不能把思维扩充到这范围之外，而充足理由律是根据新加上的经验，把原有的经验和新的观念结合起来的。它所用的是综合的方法。这种结合怎样成为可能，就是康德的批判哲学的主要问题了。这是我们在后面要详细地谈到的。

1763年：《把负量这个观念导入哲学的探讨》（Versuch den Begrieff der negativen Grössen in die Weltweisheit einzuführen）。所谓"负量"，即"—A"的意思。康德把这个观念和"非A"即"non—A"这观念严格地区分开来。他认为"非A"是逻辑上的否定，与应用于自然科学和心理学中的负量（—A）不同，不能混为一谈。因后者是表示某种性质的缺乏，不能像"非A"能从理论推出来的，而必须经过实际的经验的。这就说明他主张的理由和原因这两个观念的分别，也就显示出休谟（David Hume，1711—1766）的因果论对他思想的影响。他还认为理论的证明和形而上学的证明不是同一回事。许多哲学上的混乱是从这两个观念的混淆而来的。

1763 年:《神的存在——一种证明的唯一可能根据》(Der einzig mögliche Beweisgrund zu einer Demonstration für das Dasein Gottes)。这篇文章和在它之后第二年发表的下述文章是同一旨趣的。

1764 年:《自然神学和道德的根本原理之明晰性的研究》(Untersuchung über die Deutlichkeit der grundsätze der naturlichen Theologie und der Moral)。康德认为不能只从逻辑的定义与命题而成立事物的认识,而必须从所与的,即从经验而来的概念的分析才能成立关于事物的知识的。从这也就看出康德和旧的形而上学绝缘的态度了。这是康德得奖的一篇论文,第一次提出分析判断与综合判断的分别。这两种判断的不同,我们在后面是要说明的。在这里只指出它在康德思想中出现的时代。

1764 年:《美和崇高的感情论》(Beobachtungen über das Gefühl des Schönen und Erhabenen)。这篇文章显示出法国思想家卢梭和英国伦理学家沙夫兹堡(Shaftesbury,1671—1713)的感情主义对康德的影响,而这影响是在康德的《实践理性批判》中,尤其是在《判断力批判》中起着重要的作用的。

1766 年:《通过形而上学的梦来说明视灵者的梦》(Träume eines Geistersehers erläutert durch Träume der Metaphysik)。从标题的字面上来看,这是一篇很奇怪的文章,可是它是具有重要的意义的。康德写这篇文章是有相当实际上的教育意义的。1764 年在哥尼斯堡出现一种奇形怪状的人,身上披着山羊皮,手上拿着基督教的《圣经》,披着头发,赤着脚,带着一个八岁多的小孩,在街上念着不懂的话语,抽出《圣经》的章节来判断吉凶。这种现象博得当时人们的信仰。康德认为这是他讲实践伦理学的一种很好的材料。他认为这称为山羊的预言者完全是一个疯子,他就发表一篇关于精神病的论文。同时还有瑞典堡(Emmanuel von Swedenborg)这个人。他自称是一个视灵者,神通广大,能眼见天堂地狱,可以叫人和阴间的灵通话。康德经过细心考查和研究之后,断定这是骗人的事,非常愤恨。同时他又对旧的形而上学不满,于是把这两个问题合并为一而写了《视灵者的梦》这篇文章，一方面讽刺视灵者，同时又对于伏尔夫一派歪曲了莱布尼茨哲学的形而上学加以驳斥，认为是和视灵者一样荒诞不稽的。

关于康德哲学思想的发展，在这篇论文里已看到二律背驰这个观念的萌芽。他感觉到在试图解答某些思辨的问题时，是会碰见二律背驰这个困难的。但他还没想到何以这一类的问题会在人们的思维中发生的，足见他的批判问题还没有在这时期具体地提出来。他的哲学思想主要还是以实际经验为根据说明在这个时候即1766年这个时候，休谟的因果论还没有把他从"独断论的睡眠中唤醒过来"。在这篇《视灵者的梦》的文章里，他的立场，用他自己的话来说，乃是"我不理解的东西是如何的多，而我不需要理解的东西也是如何之多呵"。这时，他主要的思想是"消极的哲学"。

1768年:《论空间中部位的不同的第一个根据》(Von dem ersten grund des Unterschiedes der Gegenden im Raume)。这是他明晰地采取批判立场以前的最后一部著作。在这部著作中，康德是讨论空间的。他认为空间的确定方向的差别，物体左右面的区别，不是通过逻辑抽象的概念能引申而来，而是世界上一切事物和它们一切关系的感性知觉的普遍基础。作为整体的空间不能从对于个别空间的经验或对于事物空间的特殊关系引申出来，而我们是先有整个空间的观念，然后才能感觉到在空间的这些事物和它们空间的关系的。这个思想在《纯粹理性批判》一书里就成为康德的认识论的主要组成部分之一，这是我们在后边要详细谈到的。

以上这些著作称为康德批判前的著作，在这些著作中我们明显看出康德的思想是怎样很迟缓地逐渐初步地予以确定，但还没有找着主要的线索，还没有纳入一个思想的体系中来。走入新的立足点，一般研究康德哲学的人认为是从1770年开始的。

康德从1755年开始在哥尼斯堡大学担任讲师的职务，经过15年讲师的工作之后，是在1770年才升为教授的。按照欧洲各国几百年来的习惯，一直到我们的今日还是这样，大学教授在正式就职的时候，必须提出一篇学术上的论文，作为公开的讲演，声明他的学术观点和立场。康德在1770年提出的教授就职论文，对于他的哲学思想体系来说，是十分重要的,是他的哲学思想发展过程中划时代的一篇文章。在哲学史上一般称为他的《就职论文》,简单称为《论文》。这篇论文提出之后,康德的哲学思想称为"批判时期"的思想,成为了康德在西洋哲学史上一个突出的思想体系了。这篇论文的题目是《关于感性世界和理性世界形成为原理的论文》(De mundi sensibilis atque intelligibilis forma et principiis desoertotio)。题目和全篇论文都是用拉丁文写出的。拉丁文是欧洲当时学术界所通用的语文,可以说是当时学术界的世界语,而康德在中学与大学时期熟习了古典文,尤其是精通拉丁文。这是我们在研究康德的原著时所要记住的。他不但经常引用拉丁文学中的名言,而且在他的名词使用中,常常是根据词的原意的。例如,physiologie 这个拉丁文的词,我们现在一般是翻译为"生理学",可是康德使用这词时,是按他的原来拉丁文意义,更上推而至它的希腊文的原意,根据希腊文的 phuis 和 logos 这两个词的并合而理解为"自然的科学"。在康德的著作中,这种例子是很多的。这也是我们翻译和注释康德的著作时不可不注意的一点,否则是会闹笑话的。在这篇论文中,最重要的一点是康德对于空间与时间所提出的新见解。他认为空间与时间不是独立存在的东西,也不是客观事物本身具有的属性,而是人们对事物感性认识的条件。在他来说,这样对于时空的见解是极其重要的,是他研究认识能力的第一个成果,而认识能力的研究,从而确定在思想中什么是验前,即在任何经验之前,可以认为是普遍可靠,不以个别出现的人,不以任何的时间地点和特别情况为转移的,这就是哲学"批判"的任务。他称他的哲学为"批判"哲学,是根据这一点的。不认清楚这一点,而肤浅地把"批判"认为是对某种学说或思想的批评,或者认为是抱着批评的眼光来对待一切问题,就会像日本的一位教授桑木严翼,在余又荪翻译的《康德与现代哲学》一书里所犯的错误了(参看该书,商务版第二章,尤其是第 17 页和 29 页)。

进入了他的"批判"时期,康德写成的著作有下列各种,主要是他的"三大批判"。这些著作主要是:

1781 年:《纯粹理性批判》第一版(Kritik der reinen Vernunft, Erste Aufldge)。

1783 年:《任何未来形而上学的导论》(Prolegomena zu einer jeden

Künftigen Metaphysik)(后简称《导论》)。《纯粹理性批判》一书出版后,迦尔惠(Garve)在 Göttingen Geleksten Auziegen 学报上批评康德的哲学是贝克莱思想,康德极为愤怒,写出这篇《导论》来答复他。

1785 年:《道德形而上学基础》(Grundlegung zur Metaphysik der Sitten)(唐钺译为《道德形而上学探本》,商务 1958 年版)。

1787 年:《纯粹理性批判》第二版。

1788 年:《实践理性批判》(Kritik der praktischen Vernunft)商务印书馆有两种译本。

1790 年:《判断力批判》(Kritik der Urteilskraft)。在这部批判中康德讨论审美判断和目的性判断。康德认为人们在这些判断中,通过感情,就能意识到主体和客观对象的一致而且是超出知识的范围,故《判断力批判》是前二批判的综合与提高。

康德晚年的著作还有:

1798 年:《在纯是理性范围内的宗教》(Religion innerhalb der grenger der blossen Vernunft)。

1795 年:《永久的和平》(Zurn ewigen Frieden Ein philosophische Entsohluss)。

1797 年:《权利与道德的形而上学基本原理》(Metaphysische Anfangsgrunde der Rechts und Tugendlehre)。

1798 年:《实用意义上的人类学》(Anthropologie in praktische Hussicht)。

1800 年:《逻辑》(Logik)。

1821 年:《形而上学讲义》(Vorlesungen über Metaphysik)。这是康德死后才出版的。

此外关于康德哲学的研究很重要的一部分材料,还有近人搜集而编成的《康德的书简》(Briefe Kants)、《康德对于〈纯粹理性批判〉一书的回思录》(Reflexionen Kants zur Kritik der reinen Vernunft)和《康德的活页遗著》(Lose Blätter aus Kants nachlass),这三种,都是有助于了解康德的思想活动和他关于各种问题的意见而未列入书刊中的。

关于康德的著作我们只指出这么多了。

三、康德的思想体系

关于这个问题，我们打算只约略地谈谈，作为一种概论。至于他的三个《批判》中所涉及的主要问题，将在后面分别比较详细地介绍。

我们试试从他的著作来概括他的思想。从1746年他22岁时，他的第一部著作发表，而直至1800年，他已是年老力衰的76岁时才发表他的《逻辑》一书为止，这54年长久的岁月之中，康德的思想活动和他所写出的著作，即使是从数量上来说，也是惊人的。大体地说，他初期是努力于自然科学的研究，而其研究的立足点是根据伏尔夫流派的莱布尼茨哲学的。可是很快，他的注意力就转向到认识论的问题上来。在1755年就有他的《新解》一文发表。但同年他又有伟大的《天体论》出现，和紧接着的后一年《物理的单子论》出版。然而六年之后，他又开始研究形式逻辑的问题，表示他是在思想方法论上进行探讨，从1762年到1768年这几年中发表的文章都是有关于方法论和认识论，而逐渐地初步确定了他后来哲学体系中的几个重要观念的。

他在家庭和中学的时期深深地受到了基督教虔信派宗教信仰的熏陶，已经建立了他唯心主义世界观的基础。在大学时期虽是潜心研究过数学和自然科学，尤其是牛顿的学说，但是当时德国的经济发展落后，自然科学还没有大量发展，而且在大学的几年中受到业师克努真这位莱布尼茨伏尔夫唯心主义形而上学忠实信徒哲学思想的影响，康德自己的思想路线就变成摇摆于唯物主义与唯心主义之间，而究竟是唯心主义占着上风的。可是康德以他的治学方法而论，纵然是受到时代与环境的限制，一般说来，还是认真细致的，也不能轻易漠视自然科学所发现的真理而且不得不承认这些真理是客观的，这是他的思想一个方面。而另一方面，莱布尼茨伏尔夫派的唯心主义哲学是唯理论的哲学。只有通过思想的最高逻辑规律，即同一律和毋矛盾律。而毋矛盾律也不过是同一律的变体，那么思维活动的可靠方式只有分析的方式，如说“物体是有延扩性的”这个命题是真的，普遍可靠的，因为在“物体”这个概念里，原来就已包含着“延扩性”这个概念的。但是分析的方法是不能超出原有的概念的。既不能超出原有的概念，就不能获得新的知识，人类知识就永远不能发展，科学的知识就成问题。莱布尼茨固然是提出了充足理由律来补充根据同一律的传统形式逻辑的不足。充足理由律是说有了充足的理由,就能有某一事实。就是说,如果有 A,而 A 是充足的理由,那么就必定有其结果 B,就是说"凡 A 都是 B"。这就超出原有 A 的范围而把它和 B 联系起来,得出"凡 A 是 B"的崭新知识,这是人类知识的扩大,是科学。这显然是因果律的表现。可是主张唯理论的莱布尼茨能同时又主张有这样超出原有知识范围的科学原理? 说是根据因果律吗? 而因果律是从何而来的? 大概在 1762 年不久以前,康德回忆到苏格兰哲学家休谟的《人类理解研究》一书,就从"独断主义的酣睡醒觉起来"。因果律既不能得之于以同一律为基础的传统形式逻辑,又不能得之于经验的重复,因为经验的概括不能保证未来一定要照着既往的形式,所以就不能保证可学知识的普遍可靠性,但是没有知识的普遍可靠性,就没有科学的预测,没有科学的预测,就没有科学,这是康德思想的一个主要问题。他始终没有否定过数学和自然科学中是有普遍可靠的知识的。他的问题乃是:普遍可靠的数学和自然科学(物理)的知识是怎样成为可能的? 他的主要问题不是关于这种知识的存在,不是关于它的客观存在。用他自己的话来说,这种知识存在是他绝不否认的,而他所要研讨的是这种存在的理由(ratio essendi),并且我们怎样认识到这个理由(ratio coguosondi)。康德是一个不可知论者,可是他认为不可知的不是数学和自然科学的东西,而是"自在之物"(Ding-an-sich)。什么是"自在之物",我们将在后面谈到。

正如我们在他 1763 年至 1766 年的几篇论文中所看到,思维的正确必须首先把概念弄清楚。例如不能把负 A 和非 A 混淆起来。不能认为逻辑上必然的东西就是实际上存在的东西,这不是贬低逻辑推理的价值,存在是一定符合逻辑的,但不是凡符合逻辑的都是存在的。逻辑推论的结果可能是空洞无实的,必须依靠经验的实践才能使逻辑的结论得到应有的内容。逻辑的理论能够指导我们的实践而不能代替实践,这是康德哲学的一条重要原理。

但是经验怎样产生普遍可靠的知识? 康德反对后来马克思列宁主义教导我们的反映论。而反动地,主张在其当时还未认识到是错误的唯心主义,说可靠知识是符合主观条件的知识,符合于他所谓"先验"条件的知识。康德的“批判哲学”过分强调人类知识的主观能动性，夸大了这主观能动性，而硬把主观的条件加在客观的事物上面去。他所谓“批判”的方法，就是要确定这种知识的主观条件的方法。这是在他的1770年《就职论文》中已见其端倪而在他1781年出版的《纯粹理性批判》一书中详细地甚至很烦琐地加以阐明的。在这部《批判》中，他认为人类的知识是两种因素的有机结合，一种是必须是感觉而来，另一种是人类的知性在感性受到外界刺激时所发生的。这两种因素是人类知识所不可或缺的。他有一句名言是：“没有感性直观，概念是空洞的。而没有概念，直观是盲目的。”这里所谓的“概念”是知性(一般译Verstand为悟性)的作用，即是使客观而来的直观出现在人们意识中的空间和时间的形式，和使这种感性的直观成为知识一部分的“知性概念”，即所谓范畴。这两者按知性的想定得到结合，才产生知识。这种知识康德称为经验的知识，由于它是从客观而来的，所以是有内容的。而由于他是符合主观的形式的，而这些形式是人所共同的，所以它是普遍可靠的，对于每人来说都是如此的。科学知识属于这种知识。

但是康德认为人类除感性和知性之外，还有理性(Vernunft)，理性是不断推动知性向前发展的，它不满足于经验知识这个有限制的范围，它推动知性使之越出经验的范围以外，来求得知识的绝对完整，它是以无限为其终极的。因凡有限的必有它成为有限的原因，由果而推因，因上又有因，至于无穷，但无穷是不能达到的。因之如果把适合于有限知识的概念使用在无限的上面，势必遇见矛盾，这就是康德的二律背驰所以产生，是《纯粹理性批判》一书第三部分的题材。从理性性质的研讨，康德就过渡到道德实践的问题范围中去了，那就是《实践理性批判》所研究的。

科学知识是抽象的知识。凡科学所谈的都是属于某概念系统内某一类的东西，科学所谈的是“玫瑰花”而不是在我们面前的“这一朵白玫瑰花”这个具体的个别东西。可是人们生活中所要做的事情都是具体的个别事情，因之不是纯粹理性所能说得清楚，必须上诉于实践理性。科学知识是根据因果的必然性的，而人的行动不是必然是如此的。如果是必然如此，就无所谓应该与不应该，而“应该”这个观念是道德的骨髓，没有“应该”，就没有道德的问题发生了。康德认为“应该”，认为道德问题，不属于知性,而是属于理性的范围的。

那么,知性和理性,必然和自由,第一部《批判》和第二部《批判》是不是相互矛盾的呢？康德认为不是的。知性和理性同是人的认识能力,人的行动被必然的因果律机械地控制住,属于自然界,但同时他的行动的道德方面是自由的,主观自主的,否则无所谓在道德上负责。人在种种客观条件限制的范围内自由地抉择他的行动,在这一点上来说,他不属于自然界,而是超出自然界,属于理智的境界的。可是在他抉择了他的行动之后,他的一切行动和行动的后果,又为自然界因果律所控制。这样,人的知性和理性在道德行为上是分工合作的。

不但如此,康德按照当时的机能心理学,把人类的机能三分为知、情、意。知是《纯粹理性批判》所研讨的。意是关于道德行为的,属于《实践理性批判》讨论的范围。他的《判断力批判》就探讨人类情的方面,不只涉及审美的判断,而且在审美的活动中看出人是怎样主观和客观融合为一,人怎样和整个宇宙打成一片,表示着康德神秘主义的世界观,尤其显出他透顶的唯心主义的哲学。

我们在这个介绍中,打算只谈到这些。康德哲学关于其他的问题,如社会政治问题、法律和国家问题等,就不作介绍了。

最后,我还想指出康德哲学在人类思想史中所占的地位。上面已经说过,康德是德国古典哲学的始祖,他在西洋哲学中所产生的影响是极其重要的。他死后一百多年,可以说一直到现在,谈哲学的人们,无论是赞成康德的或者反对他的,都要注意到康德。费希特(Fichte,1762—1814)、谢林(Schelling,1775—1854)、歌德(Goethe,1749—1832)、黑格尔(Hegel,1770—1831)、费尔巴赫(Feuerbach,1829—1880),哪一个不深刻地受到他的影响？尽管他们有些地方是极端反对他的。新康德派哲学在资本主义国家中还有相当大的势力。尽人皆知,马赫是一个康德主义者。最近二三十年至现在我有时还翻开来看的某些科学家所写关于自然科学的书籍,如艾丁敦(Edington)的《物理哲学》(Philosophy of Physics),林西和马根纽的《物理学基础》(Lindsay and Margenau, Foundation of Physics)那一类的书,无一不是康德的思想。想要从辩证唯物主义批判他们,首先还得要从批判康德入手。列宁在《唯物主义和经验批判主义》

一书里是这样为我们树立了一个辉煌的榜样的。

尤其重要的是,德国古典哲学是马克思主义的理论来源之一,谁也不能否认这一点的。诚然,恩格斯曾教导我们说:“但是要从康德那里学习辩证法,却是一个白费气力的和极少报酬的工作。”[①]可是康德关于知识过程的研究,虽然漠视了实践而走了歧途,陷入不能自拔的唯心主义泥沼里面,而他深入细致地钻研分析人类的认识能力和认识过程,是不是还有一点合理的核心可以为我们吸取的呢?他所提出的问题,是否还有可以加以研究,从而对康德的思想加以批判的呢?这就有待于我们的研究了。

① 见恩格斯:《自然辩证法》,人民出版社,1955年北京版,第26页。

第二讲　康德的《纯粹理性批判》之先验感性论

一、《纯粹理性批判》一书的介绍

介绍康德的哲学，主要是介绍他的三部“批判”，即《纯粹理性批判》、《实践理性批判》和《判断力批判》。其中以《纯粹理性批判》为最重要，可是又是最难读的，但是我们又不得不以这本书入手。

这本书难读，因为它所讨论的是比较困难的问题。文中所用的概念不容易捉摸，非常抽象，康德有他自己独特的用法，自己设定的意义，而康德正像他在本书第一版的序文里①所说的那样，他决定不多用实例与说明来述说他的理论，因为他认为“实例与说明，从通俗方面着想，定有需要的”，但他又认为《纯粹理性批判》一书“始终是不是适合一般人的阅读的”，所以他就不多用例证，而使用纯的抽象的语言。间中他虽用上一个例子，而这个例子大都还得要解释的，这就使他的这本书变为“佶屈聱牙”，令人难读了。这是本书难读的原因之一。

其次，康德阐述一个问题的方法是不清楚的。一方面，他写这本书，是经过 11 年的思想发展。在他的思想发展过程中，种种看法不只一次地变动，前后不大一致，不像别人写的关于康德哲学的教科书那样，作者只抓住康德的一个思想，认定这就是他的定论，可是这不是康德的定论，每每是很成问题的。断章取义是读无论什么书所最忌的，尤其读康德的书是这样。我们看到在某一本书中讲到康德对某一个问题是这样说的，我们如果回到康德纯的原著来看，以至核对他原著的德文词句来看，常常又觉得康德似乎不是这样讲的。究竟他是怎样，从某一段某一句又每每看不出来，想不出来，必须参看他所写的其他地方，参看他的其他著作，才能比较了解他所说的是什么。这是康德的书难读的第二种原因。

再次，康德谈到一个问题的时候，他是从各方面来研讨这问题，尽量

① 见康德：《纯粹理性批判》，序文第 18 页。

把别人对这问题的意见一一地提出来，而且替这些意见加以辩护，怕有丝毫对不起这些意见，忽略了他们里面所含有的合理成分，而不是马上拿出他自己的见解来驳斥他们，奠定最后的结论的。换句话说，在康德阐述一个问题的时候，我们感觉到是在百家争鸣。康德自己的主张是什么，必须比较全面地看他的著作才能理解的。而比较全面地看，不是很容易做到的。我们读书，每每偷懒，求终南的捷径，当知研究是一点不能有马虎的，尤其研究康德是不能马虎，必须耐心细致，抓住一两本别人谈康德哲学的书来想理解康德总是隔靴搔痒，因之以讹传讹的说法是在所难免的。我们要记得康德是一位老教授，写《纯粹理性批判》的时候，他是57岁，在大学讲授哲学已经是26年，很难改变他老教授的作风，而当时又没有知识分子思想改造和教学改革运动来帮助他改进他的教学方式和方法。他写作的时候，他还是用讲堂讲课的一套，把读者当作他讲堂上的学生，主要不只是传授知识，还要培养、锻炼学生的哲学思想方法，不是要学生教条主义地接受问题的解答，而是逐渐引导学生去得出自己的结论。这样一来，他的书就难读了。何况在康德写《纯粹理性批判》的时候，他潜心反复思考这个题目，已经是十一二年，在课堂讲这个课程，已是多次，大家都等待着这书的出版，他自己也好像忽然想起自己快要到60岁，时间不多了，而要写出成书的东西多，内心急躁起来，一下子花了四五个月的工夫，就写出了一部856页的《纯粹理性批判》来。我们很可以想象，每天讲课之后，拿出空余的时间来写上大约五页的稿，当然难免是多年笔记和讲稿的堆砌，前后不一致，材料欠整理的地方，在在都是。虽然这书第一次刊出后六年有修正的第二版，但是在这六年之中，康德还照常每周讲15个小时的课，在这六年之中还刊出其他两部重要著作。第二版刊出后，紧接着的第二年，即1788年，又刊出他的《实践理性批判》，再过两年，又刊出的第三部名著《判断力批判》。那么他的《纯粹理性批判》写得是不是难读的呢？哈佛大学一位有名的哲学教授写过这句话："康德是世上奇才之一，但不是为了要人去懂得他的！"说这话的劳斯教授（Pnalenav goouak Rogce 原文不清）的博士论文是关于康德的《纯粹理性批判》的。他说这句感慨话的时候，已经在哈佛大学讲过康德哲学15年了。《纯粹理性批判》的确是一本不容易读的书，想要阅读一遍之后，便能理解它、掌握它，是很难的。它难读的原因，有如上述。但是他又是唯心主义的德国古典哲学的重要书籍，我们不只要理解它、掌握它，从而在马克思的辩证唯物主义立场上批判它，而且还要了解在它里面有没有我们还可吸取的合理成分，这是我们研究康德哲学的任务，我们如果拿着马克思列宁主义唯物辩证法的武器，按照毛主席教导我们怎样读书的方法，完成这个任务是有可能的。

首先，让我们来读读这本书的标题。

这本书的标题，原来的德文是 Kritik der reinen Vernunft 直译应为“纯粹的理性的批判”，标题中“批判”，“纯粹”和“理性”这三个词都是要加以解释的。中译为“批判”德文 Kritik 这个名词，原是法语上的 critique 这个词，是从希腊语的 κριτική这词而来的。作为批评的一种技术来讲是用希腊语 κριτικής 这个词，意思是对于某一个题目的仔细彻底分析，是从作为审查判定的裁判者的 κριτής 这个名词转变为一个形容词的。在用语的过程中由形容词而变为名词，由属于审查判定的而变成审查判定的本身。据康德的注释专家康蒲·斯密的研究，康德所用“批判”（德文 Kritik）这词是从英文来的。我们检查牛津英文大词典，critique 这词是从原来 critick 这个词在 17 至 18 世纪的时期里逐渐变更而成为现在的词形的，原来是指“批评”的技术或“批评”的活动，1856 年英国人 Meiklejohn 英译《纯粹理性批判》的时候是用 critique，德文的 Kritik 的。斯密认为在德文中康德是用这个名词的第一个人。他在他得意的英国诗人薄的（Pape）的诗集中看见这个词的，就“把它从著学的范围扩广到一般哲学的范围”里去，而把这个词这样在广泛的范围上使用是英人荷姆（Heuig Home）1762 年出版的《批评原理》（Elements of criticism）一书所暗示的①。

康德的所谓“纯粹理性批判”是指对于纯粹理性进行批评，含有消极批评纯粹理性，即指出其限度和缺点的意思，但是在书中某些地方，“批判”又常常有积极的意义，即判定纯粹理性的能力与作用，而不是限于它消极结果的研究。有时候，如斯密指出，这个名词，尤其是在“辩证论”里，

① 见斯密：《康德〈纯粹理性批判〉解义》，绰然中译本，商务印书馆，1961 年版，第 44 页。

是指纯粹理性的一种锻炼，使它限制于应有的范围之内。康德使用这词通常是作名词用，很少把它变为“批判的”这个形容词来用。他用形容词时，不是用 Kritisch 而是用“先验”(transcendental)这个词来代替它。可见康德所谓“纯粹理性批判”是指判定纯粹理性的限度，决定它的能力所及，并使之不越出它的范围而起应有的作用的①。

“纯粹”是德文 rein(变格为 reinen)之译。意思是“很确定的。它就是绝对‘在经验之先的’(拉丁文 a priori)。从消极方面讲，它是指着独立于经验的；从积极方面讲，它是指着出于理性自身，以普遍性和必然性为其表征的。所以康德的‘纯粹理性’的意思，就是从其自身，独立于经验，而提供出来，以普遍性和必然性为其表征的先验因素之理性”②。

“纯粹理性的”这短语(德文 der reinen Vernunft)由花亨格尔(德国的康德注释家 Vaihinger)所指出，有三重的歧义：(1)有时它是一个文法上的所有格的变格。批判的研究是以纯粹理性为其对象的。这就是说，所批判的，即判定其作用和用途的限度的，是纯粹理性，因之“批判”是一种方法，“批判”只是关于方法论的。(2)有时康德把批判的研究认为是由纯粹理性所作，而且是通过纯粹理性来作出的这研究的。这就是以批判本身看为纯粹理性的知识的一种体系。(3)还有别的时候，康德又把 der 这个所有代词作为文法上的反身的意思来讲。纯粹理性进行批判，而同时所批判的又是纯粹理性自己，并且是批判的方法或工具。这样说来《纯粹理性批判》是纯粹理性自己所作的批判性检验。“第一种见解好像是标题的原来与主要的意思，第二种见解很早就和第一种见解并列起来而出现在许多段落里面，第三种见解读看为是代表康德对标题的最后解释；整个说来，这是最足以表示《纯粹理性批判》一书的实在内容和范围的，因为这书不仅只是关于方法的一本著述；它又是纯粹理性的知识的一种体系。它声言要以详尽而最后的方式来建立其决定纯粹理性的知识的可能性、条件与限度的诸先验原理。”③

① 见斯密：《康德〈纯粹理性批判〉解义》，绰然中译本，商务印书馆，1961 年版，第 44 页。

② 见斯密：《康德〈纯粹理性批判〉解义》，绰然中译本，商务印书馆，1961 年版，第 44 页。

③ 见斯密：《康德〈纯粹理性批判〉解义》，绰然中译本，商务印书馆，1961 年版，第 45～46 页。

说明了标题之后，我们要看看《纯粹理性批判》一书的主要内容，这内容可列表如下：

一、关于认识因素的分析

(1)感觉论

(2)逻辑

a. 分析论

b. 辩证论

二、关于先验的方法

上面表中的第一大部分，“关于错误因素的分析”是讨论先验方法的运用在经验的范围之内，而第三大部分，“关于先验的方法”占全书只大约五分之一，是说先验方法的用于经验范围以外的。

这是《纯粹理性批判》一书内容的安排，指“分析论”和“辩证论”作为逻辑的手段来讲，而和“感性论”并列为知识的因素，和第二大部分“关于先验的方法”不能导致知识的，截然分开。但是从另一方面来看，“分析论”是关于经验范围以内的知识，而“辩证论”是关于超出经验范围以外理性的运用的。是不是应该把“分析论”和“感性论”同是在经验范围以内的放在一起作为第一大部分，而与“辩证论”区分开来呢？所以我们又可以把《纯粹理性批判》一书内容的安排作为这样看：

一、关于认识因素的分析

(1)分析论

a. 感觉论(感觉)

b. 逻辑(理性)

(2)辩证论

二、关于先验的方法

依据康德的哲学体系，把《纯粹理性批判》一书的内容按上面第二种方法来安排，是比较合理一点，因为在第一大部分，先谈知识的两个主要因素，即感性因素(感性论)和理性因素(逻辑)，这是认识的两个阶段。感性认识和理性认识，都分析出其先验的因素来，所以列为“分析论”这部分。可是人类的理性是有其超出经验范围以外的倾向的，正如康德曾用过一个很富有意义的比喻来说明感性认识和理性认识不可分割的这条原理。他说一只鸽子飞在上空,感觉到必须用两个翼膀来打击空气,才可向上飞腾,而感觉到打击空气的费力,就企图在没有空气的地方来飞腾,殊不知空气没有了,鸽子也飞不成了,翼膀不起作用了。感性是理性的基础,康德认为超出感性认识范围之外来运用理性所得到的知识是没有根据的。他称这种理性的运用是"辩证法",是他用这个名词的特殊意义,是带有批判柏拉图的哲学的意味的,和后来黑格尔用这个名词的意义又完全两样,无共同之处,这是我们必须注意的。

关于《纯粹理性批判》一书内容的分段,我们只谈这一些。

谈了《纯粹理性批判》一书的标题和它的主要内容的分段之后,我们就要问这本书的主要问题是什么?

《纯粹理性批判》一书的主要问题:用康德自己的话来讲,问题是"验前综合的判断怎样成为可能的"。

在这句话里,有几个名词得要首先说明的。

什么叫做综合的判断?"综合"是和"分析"对比而且是矛盾的。——注意,我们这里是谈判断的区分,而不是谈综合与分析的过程——。一个判断要么就是综合的,要么就是分析的。在传统形式逻辑里面,一般是不谈这个分别的,因为传统形式逻辑只谈判断的形式而不谈及判断的内容。如果谈到判断的内容,"综合的"和"分析的"这个分别是很重要的。

"三角形是有三边的","人是动物",这一类的判断是分析的,在"三角形是有三边的"这个判断里,是拿"三边的"这个宾词来述说"三角形"这个主词的。可是"三边的"这个属性原来就是"三角形"的一个本质属性,是包括在主词的概念之内的,我们说"三角形是三边的",无非是把主词所指的对象所原有的一个属性抽取出来,用来述说这对象,因之称这判断为分析判断。很明显,分析判断是不会错的,一定是对的,而且是必然性的。"三角形"既是原来包括有"三边的"这个属性,我们作出"三角形是有三边的"这个判断,那得会错?它必然是对的。这种判断在数学里是最突出的。但是说"三角形是有三边的",对客观事物的知识有什么增加呢?如果确定了三角形是什么?并确定了它一定有三边,才成其为三角形,再说它是有三边的,并没有增加关于所认识的东西的知识,这是很明显,不可置疑的。说"人是动物"也是一样,大多分析判断都是这样的性质:必然的，可靠的。但是对于知识是没有进展的。康德认为形式逻辑的演绎推理大都是这样。分析判断是必然性的，必须等待通过经验就可确定它是正确的。不须等待通过任何经验就可确定它的必然性，所以说它是验前的。就是说，在任何经验之先，就可确定它的正确性的。

“验前的”这个名词，在西方哲学里，从公元开始的前后，当希腊哲学的著作翻译成拉丁文的时候，就用 a priori 这词来表达“在经验之前”的意思。但是在康德的著作中，还有德文的 transzendental 这词，一般中译是“先验的”，得要和这里“经验之前的”区分开来，这分别我们在后面还要谈到，在这里只说，我们提议把“经验之前”的 a priori 译为“验前”，而得出“先验的”作为德文 transzendental 的中译。分析判断是“验前的”判断，这是清楚的。

康德以前，欧洲大陆派的哲学家，主要的如近世的笛卡尔（Descartes，1596—1650），斯宾诺莎（Spinoza，1632—1677）和莱布尼茨（Leibniz，1646—1717），一百多年来推演唯理派哲学，就是采用验前的方法。根据这派哲学的理论，认识过程基本是分析的过程。我们看笛卡尔、斯宾诺莎、莱布尼茨的重要著作都是着重数学的形式，其基本概念是数学的概念，方法是数学的方法。我们试看斯宾诺莎的主要著作即“伦理学”一书，从头至尾是用数学的几何学形式，他的思想路线是几何论证的路线。笛卡尔是分析几何的创始人，莱布尼茨是和英国的牛顿同时，而各自独立地发明微积分的，莱布尼茨还是数理逻辑的先驱者。数学是从定义开始，确定了一些定义，再确定一系列的原始命题，那么科学就一步一步地推演出来，复杂起来，形成一整套体系。在初中学过欧氏几何的人，就可以体会这是什么意思。

可是我们要问：验前的分析知识所从而开始的定义与原始命题从何而来的？笛卡尔的答复是：我们的意识里原来就有这些天赋的先天观念（德文 idées innées 即英文 innate idea）是与生俱来的，只要发展这些天赋的观念，知识就出来了。这种说法，可以说是从古代希腊柏拉图就开始的。柏拉图的认识论岂不是他的有名的回忆说吗？因为时间的限制，我们不要谈得那么远了。分析演绎的方法是许多哲学家爱用的一套法宝，它是很能说服人的。

可是用分析演绎方法的哲学家,每每只谈什么是应该这样。应该的,所以是必须的,必须的是意味着必然的。必然的是有可能根据的。从确定的原始原理,所谓不待证明的公理(axion)推演出来,逻辑上是没有错误的,如果问这些原始原理从何而来,唯理哲学不能说是从经验累积总结出来,因为这样一来,便放开了唯理的基本立场,回到经验上去,不成其为唯理了。从经验总结出来以指导经验的原理这个说法,谈到康德解答怎样能有综合的验前判断这个问题的时候,还得要讨论,在这里暂时就不谈了。

唯理派的致命伤是碰到客观事物而不能从它的原始原理来说明,例如何以糖是甜的? 糖是用一种公式来表达的化学混合物,可是这公式只表达这化学混合物的结构,而没有说明何以我们尝着它是甜的。这是客观的一件铁的事实。碰见这类的事实,常常就像牛顿发现了万有引力一样,他说:“我不许任何假说。”(hgnatheaia uon jiugo 原文不清)牛顿的意思并不是说假说在科学上没有地位,乃是说:他肯定客观的万有引力是一事实,可是没有材料根据来解释它,所以不敢也不能随意作出任何假说。这就是无法从原理推出来的客观事实,是叫唯理论的哲学家很头痛的。

然而人类知识的进展、科学的推进,是这种事实的发现。而唯理派在这种事实面前就完全无能力了。结果,欧洲大陆的唯理派到了博学多能、多才多艺的莱布尼茨,也就陷入神秘主义里去了。这派的哲学家就只得说,宇宙究竟是不能完全以理喻的啊! 只得说,有些东西是“人同此心,心同此理”,唯心主义的唯理哲学陷入了穷途。

康德之前,另一派哲学,在英伦三岛发展,可以说从法兰西斯·培根开始的,是经验论的哲学。这派哲学一般在西方哲学史上是从贝洛克说起,通过贝克莱而演变到休谟的,影响康德思想最深的是休谟。有人说,如薛格洛夫主编的《西洋哲学史简编》所说①,休谟主要著作是他的“人类悟性之研究”②,这是不正确的,因为这书虽然后于休谟的“人性论”,但只是“人性论”第一卷的通俗本,内容虽有增删,但不能代表休谟的思想体系。可是

① 见薛格洛夫:《西洋哲学史简编》,中译本,第170页。

② 见休谟:《人类理解研究》,关文运译本,商务印书馆出版。

直接影响康德思想的，它是1755年译成德文的《人类悟性研究》，而康德知道休谟的《人性论》是间接通过法人卑阿特耶（Beattie）的引文的。所以这本书对他的影响不大，虽然是比《人类悟性研究》在休谟的著作中更为重要。

经验派首先否定了笛卡尔的天赋观念，而认定人类的知识完全是从经验得来，并且把笛卡尔所说的物质性质分为两种：第一性的物质，如占空间区域和第二性的性质，如颜色、声音等。第一性的性质属于物质本质，而第二性的性质是依赖人类意识才有的。物质是第一性的性质的负荷物。贝克莱根据这点就指出了没有什么第一性的性质是离开第二性的性质而能为，所感觉得到的。所以根本就没有第一性性质和第二性性质之分。性质的负荷物既然是人所能感觉到的性质，就不存在，因为根据经验论，“存在是被感觉”（esse est percipi）。这样一来，经验是一切知识的来源，到了贝克莱就把物质说成是一种幻想这样的彻头彻尾的唯心主义了。洛克的哲学是不彻底的唯物论，就是由于他主张二元论，在贝克莱手中就成为主观唯心论。

更进一步，洛克是说，经验所得的都是互不联系的印象，通过意识的活动，把这些互不联系的印象联系起来，才有作为意识对象的东西。桔子是黄的，圆而扁的，软的，香的，甜酸的。黄的色，圆扁的形，软的触觉，香的气味，甜酸的味道，这一切都是印象。我们把这一切联系起来，才有桔子这个观念。可是香、黄、圆、软等是在经验之中，而联系是主观的活动，属于主观的意识，而不属于客观的物。但联系才有物，否则只有印象。印象本身是互不联系的。因之经验得来的只是印象、观念，不是物体。

因果是联系，而联系是主观意识的活动。甲与乙，风吹与草动，这两个印象本身并无联系。风吹是风吹，草动是草动，在经验中出现是毫无联系的。只有意识把它们联系起来成为所谓因果。依休谟的说法，因果完全是主观的，属于意识而不属于事物的。

联系既是主观的而不属于客观事物，那么，综合判断把原来不包含在主词所指的对象中的一种属性作为宾词和主词联系起来是靠不住的，不是必然的。诚然，在经验中它们是碰在一起，但是本身没有必然性的联系。所以，综合判断是推进了知识，因为经验给我们“天鹅是白的”知识，而“白”原来不在“天鹅”这个概念之中。可是，天鹅不一定是白的。经验知识不能超出经验所到的范围，是局限于这个范围的。经验没有什么理由是必然如此的，那么，科学往哪里去了呢？

结果就是唯理派哲学的判断是分析的、验前的，所以是必然的。但不能扩大知识，只在概念中兜圈子。经验派哲学的判断是综合的，能扩大知识，可是不是必然的，是靠不住的。今天在这里经验是这样，明天在那里可能不是这样，不知道是怎样。我们固然一直看见雪是白的，金子是黄的，但是为什么一定会总是这样？我们可能有一套理论说，事物必须要这样，但是有什么保证说客观事物必定照着我们的理论那样呢？换句话说，客观何以是和主观一致的呢？

这就是康德《纯粹理性批判》的主要问题，他这问题的提法是，验前的综合判断是怎样成为可能的？这是科学归纳法的问题。

我们要注意康德问题的提法。他不是问：能不能有验前的综合判断。他从不怀疑这类判断的存在。他是研究过数学和自然科学，而且尤其是热爱自然科学的，关心自然科学的发展的。在科学中不断有必然性的(就是验前的)、能扩大知识的(就是综合的)判断。他并不怀疑这是事实。他提出的问题是：怎样这一类判断能够成为可能。问题的着重点是“怎样”，而不是“能不能”。他是已经肯定了实际上有验前的综合判断，然后才提出怎样能有这种判断这个问题。在《纯粹理性判断》一书第一版的序文里，他肯定地说：数学、物理，这些科学是有其牢固的基础的，这些科学的思想方法是不成问题，行之有效的。但他却要问：这种思想方法有什么必然性的不可辩驳的根据呢？这就是“怎样能”的问题，是认识论的问题。

康德的认识论是以反对休谟的怀疑论为其出发点的。休谟根据洛克的经验论，认为我们被动从外界接受的感觉，这些感觉都是零零碎碎、互不联系的。所谓因与果也是互不联属的，我们只是主观地，由于习惯而把它们联系起来，称之为前因后果①。依休谟的说法，因果关系是主观的产物，原来与客观无关的。

① 见休谟：《人类理解研究》，关文运译本，商务印书馆，第七章第二节。

康德所受的科学教育当然叫他不能接受休谟的这种说法,但是他又不得不承认事物的因果关系是不能在认识过程中作为经验的一种因素分析出来的。然而又不得不承认因果关系这个观念是能叫我们的思想超出原来已有的经验而推测事物未来的发生,正如自然科学那样,那么,问题怎样解决呢? 怎样答复休谟的问题呢?

康德的答复是:当我们认识任何客观事物的时候,譬如认识桔子是黄的或者这雪是白的,所认识的不只有外物所提供的客观成分,同时也有认识能力本身的加入的主观成分。在认识过程中,我们并不是消极地认识、单纯地接受从外界而来的经验。我们总是积极地、主动地把所提供的纯感性材料和我们意识中原有的形式结合起来。譬如说我们认识到"这个是桔子"。在种种纯感性的东西,在我们意识中成为"这个"时,就已经是按照我们认识中的空间与时间的方式,把外来的材料形成为"这个",才到我们的意识中来的。这是认识的感性作用,到我们认识"这个"是"桔子"的时候,是我们的主观意识已经把"这个"新来的材料纳入意识中原有的某一定的模型,作出"这是桔子"的判断,这是意识的知性作用,这两种作用都是按照我们意识中原来具备有的原则,否则经验是不可能的。使任何经验成为可能,是依赖主观的这些原则。在康德看来,经验的成为可能,是从人的天性中引申出来的,这就是康德哲学唯心的最重要原因。

恩格斯在《反杜林论》里批评18世纪的政治经济学时,曾说过:"它是和同时的法国启蒙学派的成就密切地相接的……在他们看来,经济学所发现的……法则……是要从人的天性中引申出来的。"①这话也可以用在康德的认识论上面。康德在18世纪也是受到德国当时的启蒙运动的影响的,而在他认识论的主要关键上表现出来,认识的可靠性是从人的天性中引申出来的。

何以康德不说认识能力的基本原则是从总结过去多次重复的经验得出来的呢? 康德认为这种说法,根本是先后倒置的。问题是,能使任何经验成为可能的原则是从何而来? 你说,从经验总结出来。但是要知道,没

① 见恩格斯:《反杜林论》,生活·读书·新知三联书店,第187页。

有任何经验之先，就要有使经验成为可能的原则，而你说这些原则是从经验总结出来，就是说，先有经验，然后有原则，宁非先后倒置吗？康德说，这些原则，感觉所需要的空间与时间，和在下一讲中所要谈到知性需要的范畴，是验前存在于人的意识之中成为认识的先验因素，不可能从经验得出来的。只有它们是先验的，所以它们才是必然的。从经验抽出来的东西，总是局限于已有的经验的范围，因之对于未来的事物是不可靠的。

依康德的说法，在认识事物过程中，人们意识所原有的先验原则，就是认识的主观成分，这个主观成分是决定经验成为可能的条件。不按照这些主观所决定的条件，外界事物就不能成为我们认识的材料，根本就不能到我们的意识中来，因之，康德说，从外界来的经验是必须遵照主观意识原来规定下来的种种条件的。

可是我们要指出康德并不是说客观事物是主观意识所创造的，他一直是把“事物存在的原因（ratio essendi）”和“认识事物的原因（ratio cognoscendi）”严格地区分开来，毫不混淆的。他虽然没有在任何地方明白地说过，客观世界是在人类意识之先而存在，但是如果我们拿他早年关于星云说的著作来质问他，他不能不承认物质是先于意识的。但是他会说，《纯粹理性批判》的问题不是事物存在的问题，而是认识事物的问题。然而康德毕竟是个二元论者。意识是心，世界是物。心能认识事物，并能理解事物。但是他要确定心之能感知事物、理解事物的必然性之所以为必然。他的问题的提法，早就决定了他对于问题的答案。他认为我们不能用心理学观察人类心理活动、分析心理活动，再从观察、分析中抽出一般的原则那种科学方法。因为他所提的是关于先验的原则，是在任何经验发生之先就已经存在的原则。这是不能从经验抽取出来的。他的问题的提法是叫他必须在还没有任何经验的认识之先，预设下来认识的主观条件，使客观服从主观，使心在认识过程中先之于物，原因就是他作为认识出发点的心物二元论，先肯定心和物是绝对分开的，而就认识来讲，只有心是靠得住的，所以要从可靠的主观作为标准，来确定客观认识的可靠性。虽然他没有明白地说出来心是先于物，可是他认定了，没有主观就不能有认识中的客观，而且客观不服从主观，根本就不能到认识中来。这就是决定康德的哲学是唯心主义的。

上面我们曾把《纯粹理性批判》的主要内容列成一个很简短的表。在表中可以看出，至少表面上，康德是把认识过程分为两个截然不同的阶段，即感性认识和理性（或称知性）认识。他称感性认识为直观，知性认识为概念作用。我们首先得要解释一下这两个名词。

直观是德文 Anschauung 的翻译，Anschauung 这词是很难翻译的。在用英文译德文时，有的康德翻译家，如斯密译它为 intuition，有的，如华尔生（Gonna Watson）和凯尔德（E. Caird）译它为 perception。依英译 intuition 当然译为“直观”，依英译的 perception，则应译为“感觉”。我个人认为“直观”较妥当，因为德文这词的原义，是说一看便知道，有总观的意思，例如德文的“世界观”是 Weltanschauung，不包摄在任何抽象的概念之下的。这截然与概念的作用不同，概念作用是知性的活动。

康德认为，凡客观事物刺激我们的心而成为感性的材料的，必须依靠空间的形式才能得到它的各部分按位置安排的秩序，否则不能成为感觉的对象，而这感觉对象出现于意识之中，又必须有其先后出现的顺序，这就要按照时间的形式。内心的感觉固然是按照时间的形式，但外界的感知又一定要到内心来，所以也必定有它的时间的形式的。因之，内感觉必定有时间的形式，而关于外界事物的感觉，除原有空间的形式外，还要有时间的形式。

那么，空间与时间是什么呢？这是《纯粹理性批判》的“先验感性论”所探讨的两个主要问题。而探讨的也只是这两个问题。

康德认为，空间与时间不是从外界经验抽象出来的属于经验的概念，因为如上所说，在任何经验之先，就必须预先有了空间与时间，经验才成为可能的。空间与时间都是不依附于客观的事物的，因为康德认为我们可以想象一个完全没有任何事物在它里面的空间或时间，可是不能想象空间或时间的不存在。其次，空间与时间都是纯粹的直观，而不是涵盖一类事物的概念，因为空间只有一个，时间也只有一个，所谓各个空间，各个时间，不过是唯一的整个空间或时间的部分而已。最后，康德还指出，空间与时间是独特的，能表象无限的，它们与概念不同，因为概念不能包含无限的东西。

总而言之，在人类的经验过程中，康德肯定人的心是外界大自然的立法者，把我们所认识的世界的形式和世界成为我们认识的世界的种种条件与规律都规定下来。这样一来，我们所知道的就必然是验前可靠的。因为一切都必须遵照我们心所规定的。如果我们戴上一副蓝色眼镜，所看见的全个世界一切都是蓝色的。外界的东西可能不都是蓝色的，但我们看见它们都是蓝色的，因为我们的眼镜是蓝的，而把蓝色一律加在外界东西上面。

那么，按照康德的说法，感觉的空间和时间的形式，是不是如笛卡尔所说，为洛克所曾批判过的天赋观念，与生俱来的，idées innéees 呢？是不是空间与时间一直在有经验之先就存在于人心里面呢？依康德的说法，只能说，我们人类认识的能力本来是这样的性质，在感觉时，一定通过空间与时间的形式，而不是在任何感觉之先，就已经有空间与时间存在于人的意识里面，乃是在感觉的同时，心就发生空间与时间的直观的。空间与时间不是在时间的先后顺序上先于感觉，而是在逻辑的意义上为感觉的先决条件，空间与时间并不能独立于感觉而存在，上面所谓“没有事物的空间与时间”，只是想象中的东西，而不是实际经验上的东西。我们在觉知对象时，连带觉知到空间与时间，可是空间与时间不是觉知的对象中单独存在的对象。我们对空间与时间能够直观（Anschauung），而不能有知觉（Wahrnehmung）。

在读到“先验感觉论”时，我们看到“空间概念的形而上学的阐明”、“时间概念的形而上学的阐明”和“空间概念的先验的阐明”、“时间概念的先验的阐明”等标题。那么，什么叫做“阐明”？“形而上学的阐明”和“先验的阐明”有什么分别呢？

这里康德的所谓“阐明”，就是“定义”的意思，是德文的 Erörterung，拉丁文的 expositio 的中译，康德在谈到空间与时间的意义时，不用“定义”而是用“阐明”的字样，是有他的一定理由的。他在《纯粹理性批判》的“方法论”里[①]说过，“我宁可用阐明这词，而不用定义这词，因为阐明这词是更慎重的一个名词……因为经验上的概念和验前所与的概念都不容许有定义的。剩下来能试用下定义这种心理操作的概念，只有任意制造的

① 见康德：《纯粹理性批判》，第二版，第 757 页。

概念”。因之，对于空间与时间康德是认为不能下什么定义，而只有说明。

“形而上学的阐明”，依康德的用法，是确定空间与时间这两个概念的性质，确定空间与时间是验前的直观的，而“先验的阐明”则说明空间与时间，作为验前的直观看，是能使我们理解验前的综合知识是如何成为可能的。这两种阐明的分别就是这样。

关于“先验感觉论”，我们在这次报告中，只讲这些。

第三讲　康德的《纯粹理性批判》之二
——先验分析论

概述康德关于认识的要素：依康德的说法，认识必先有所与(gelen)和知识相应的对象(gegenstand)，然后心(gemüt)才发生感触(Offigiereu)。在这种场合之中，心的功能的结果，作为直观(Anschauung)，再加上种种经验的材料，就可特别称为感觉(Empfindung)。

直观受了对象的感触而得到表象(Vorstellung)的这种能力，康德称它为感性(Empfindung)，依靠感觉来和对象发生关系的直观，是属于经验的，康德称之为经验的(enchevioch)东西。

由于某一定的对象而成的直观，即直接的认识，必须，如上次报告所说，存在于一定的场所和一定的时间之内，就是说，它是一定有空间性和时间性的。空间与时间是感性认识不可或缺的形式，上次报告是已经约略地说明的，而且说明，康德用他所谓形而上学的阐明(metaphysische Erörterung)，来说明空间与时间的形式必定是纯粹直观的形式，而用所谓先验的阐明(Transzendental Erörterung)来说明数学的综合判断是怎样成为验前的(A priori)即普遍地有效的这条原理。这是上次报告谈到先验感觉论的大概，是《纯粹理性批判》的第一部分，谈认识的感性阶段，即心对于外界认识的初级阶段。

《纯粹理性批判》第二部分谈心对于物的理性认识阶段，比感性认识更高级的一个阶段。在这部分里，康德谈到心怎样构成概念(Begriff)，使通过感性来到认识中的外界所与(daogeaeu)按一定的形式为心所理解而作为思辨的种种对象，而且能在判断(Urteil)中得到关于对象(der gegenstand)统一性的认识。康德称认识的这种能力为Verstand，一般译Verstand为“悟性”，我们采用“知性”这个名词。

《纯粹理性批判》的第三部分谈到Vernunft。Vernunft这词中译为“理性”，Vernunft和Verstand，即理性与知性比较起来，在含义上是更高级的，是把心理的原理概括为更广泛的原理，提高认识的统一性，使其对象达到一个完整的统一体的。这是康德把心的活动分为三个阶段的说法,即感性阶段、知性阶段和理性阶段。

上面已经提过,康德所谓“心”是用 gemüt 这个名词,相当于英文的 mind,心是能够为人们经验得到的,所以是在经验中的,而不同于超出经验范围以外的灵。康德又说到灵,是用 Seele 这个名词,即英文的 soul 的。

可是心(gemüt)又不可和现在心理学中所用的意识混为一谈。康德谈到意识时,是用德文的 Bewußtsein 这个词。意识完全是现象的,而心是能对于自己起作用而产生康德称为内觉(innes sunsi 英文用的 inner sense)这种感觉的,所以又好像心(gemüt)是有其超经验的存在,很难和灵(Seele)分辨出来。康德常常强调用词须要严格、精确,而他自己所用的词又常常叫人不能辨别清楚,这是一个例子。

康德把心的活动大致分为三种:

(1)eikenntnissvenmoger 相当于英文的 intellect(理智)。

(2)das gefulel den Lust und unleeat 相当于英文 pleasure and pain (愉快与痛苦)。

(3)dok Begehwng　auei mogen 相当于英文的 will(意志)。

《纯粹理性批判》、《实践理性批判》和《判断力批判》这三本著作是关于理智、意志和感情的批判,是根据康德官能心理学心理活动的类型分为三类的。因之三种批判就包括了全部心理活动。

理智分为被动方面,即感性和理智的更高级的、积极的、主动的活动,康德称之为智力的认识活动能力,即思维的活动能力,这是理智的主要部分。康德时而用 Verstand 这词,时而用 Vernunft 这词来表达理智。在《纯粹理性批判》一书里,Vernunft 是包括着感性即感受性的先验成分的。可是,严格地说 Verstand 乃是理智三种上层活动之一。理智的三种上层活动分别是知性、判断力和理性。

《纯粹理性批判》称为“先验分析论”这一部分是这部批判的第二部分,又是比较起来最重要的,在篇幅上却只占全书的百分之二十八。它是谈理性认识问题,是要解决心之所以能够把感性的东西联系起来而有其必然性的这个问题的。联系必须通过一定的关系。依康德的说法,理性中的关系,正如感觉的形式(空间与时间)一样,不是从我们实际理解事物的实践过程重复多少次之后总结出来的,因为康德认为在任何理解之先,在任何理解活动之先,就必须有使知性能够理解的一些方法,就是说,必须有先验的方式。康德称这些先验的方式为 Kategorie,通常中译为"范畴"。范畴是把知识的感性材料在理性阶段上联系起来,使之成为有意义的思想的这种形式。理性认识是以感性的所欲为其基础的,没有感性所提供的材料,理性阶段上的认识活动是"无用武之地","巧妇是不能为无米之炊",思想是无内容的,完全是空洞的。但是徒然有感性的材料而没有理性的思维使之按理性的形式联系起来,也是无意义的,康德称之为"盲目的(Blind)"。《纯粹理性批判》德文原文第一版第 51 页①有这段话,说明感性和理性的性质和两者的关系,是值得我们注意的。康德在那里说:"心的接受性我们称之为感性(Sinnlichkeit),或是心受到刺激时,接受表象的能力。另一方面,理性(Verstand)是我们产生表象的能力,是知识的自发性(Spontaneität)。人的本质是这样的:直观(Anschauung)一定是感性的,是我们受到对象刺激的方式。使我们去思想感性直观的对象的乃是理性。感性和理性这两种功能②是不能有所畸重畸轻的。没有感性,就没有对象的给予,没有理性,就没有什么来把所给予的材料加以思维。"紧接着这几句话之后,就是许多人欢喜传诵的康德两句名言:"思想没有内容是空洞的(leer),直观没有概念是盲目的(Blind)"。德文原文是:gedoukn ofvne jnralt sivd leen Aushaaaug ohne Begville diud Blind,我们在这里要格外注意的,是这句话里面的形容词,感性直观的本身只可能是盲目的,无意义的,而不会是空洞的。思想的材料完全靠感性来供给,所以没有感性来供给材料,思想就没有内容,成为空洞的了。理性的思维活动,是把感性提供的材料联系起来,使之成为有意义的,为人所能理解的,所以才称之为知性。这种联系的工作是通过范畴的,范畴就是知性作用的形式。

大家知道"范畴"这个名词原来就是"称谓"的意思,古希腊哲学家已

① 《纯粹理性批判》,第二版第 75 页——译者注。

② 德文 Eigenschaften——依原文是"性质",兹依英译 power 及 faculties 译为"功能"——中译者。

经用过，亚里士多德的“逻辑六篇”中就有一篇称为《范畴篇》。亚里士多德、康德和后来黑格尔用“范畴”这名词都是多多少少意味着“基本的重要类”。现在有人用“范畴”这词就太泛了，是哲学中一件不幸的事，名词的意义固然是不断发展的，但是我们不应该滥用。

古希腊语 katigoiw[katnropew]这词原有在法官面前起诉的意思，在诉讼时，把犯罪的事实归入法律一般的规定下而判定其罪状，就是纳入“范畴”，后来转变为一般叙述的意思，亚里士多德才是使用这词而确定它在逻辑上和哲学上的意义的，并把范畴分类。“范畴”这个译词是借用我们古书，即《尚书》“洪范九畴”这词的，亚里士多德分范畴为八或十类，是根据语言中的分类，而相互间没有什么关联的。康德有十二个范畴，是判断的形式，相互间有一定的联系的。康德“范畴”的意思和亚里士多德的所谓“范畴”是不同的。

《纯粹理性批判》原文第一版“先验分析论”第一卷第一章的范畴分类，有下列的表：

一、按判断的量(Quantität)分为：

普遍的(Allgemeine)，即全称的

特殊的(Besondere)，即特称的

单一的(Einzelne)，即单称的

二、按判断的质(Qualität)分为：

肯定的(Bejahende)

否定的(Verneinende)

无定的(Unendliche)

三、按判断的关系(Relation)分为：

直言的(Kategorische)，即直率的

假言的(Hypothetische)，即加上条件的

选言的(Disjunktive)，即有所选择的

四、按判断的模式(Modalität)分为：

盖然的(Problematische)

实然的(Assertorische)

必然的(Apodiktische)

大凡略知一点形式逻辑的人，都能清楚地看出这个表不过是传统形式逻辑所用的表，康德是沿用这表的。康德在许多地方对于传统的形式逻辑表示不满意而指出它的缺点，从他 1762、1763 年的论文中便能看出，而在别的地方还表现得很清楚。在他研讨他自己的认识论的时候，特别是当他思考人们怎样能作出验前的综合判断的时候，他首先认定“形式逻辑的思维都是根据概念分析的推理”，不能把人类的思想扩大而推进知识的，如果有科学知识的发展的话，必须还得使用综合的原理。这是他批评形式逻辑最主要的一点，是从科学知识的观点出发的。其次，他认为知性的心理活动，都是以判断的形式出现的，传统的形式逻辑，从分析的观点出发，光讲概念，认为把两个概念联结起来而成判断，判断的联系就成推理。康德认为这种看法是不符合客观事实的。我们先有判断，把判断抽象地来分析，才有概念，而且推理不过是判断的根据。既然知性的基本活动都是判断的作出，那么知性活动的先验形式就必须在判断的形式中来发现，因之他就在亚里士多德的判断形式中来寻找知性活动的基本形式，而作出他自己的范畴表，作为知性活动所必须采取的先验形式。可是我们必须注意，康德的范畴虽然表面看来是传统逻辑的 12 种判断的形式，但是其中的含义是不同于传统形式逻辑的判断形式的含义的。在这里，我们会提出一个问题，是研究康德哲学的人大都要提出，而且曾提出过的问题，那就是，在康德采用传统形式判断分类的时候，他有什么理由认为这种按判断的量、按判断的质、按判断的关系、按判断的模式的分类成 12 个范畴，是穷尽了判断的一切形式，而没有遗漏什么呢？康德对这个问题并没有作过任何答复。

康德范畴的提出，完全是他对于休谟的怀疑论的一种答复，又一次显示出休谟对于康德思想的重大影响。休谟是认为我们从外界接受的，无非是一些零碎、互不联属的印象吗？怎能有统一性的知识呢？康德的范畴论对于休谟的答复是说，虽然如此，当然这只是感性的知识素材，这素材由外界对象提供对我们的意识，是要我们按感性的形式接受下来而由知性加以理解，才成为我们有意义的认识对象。他认为范畴就是知性的一些形式，用来给认识对象以其意义的。

康德每一类的范畴分类都是用三分法，如第一类按判断的量，分为普遍的、特殊的、单一的这三种。康德在《判断力批判》一书的“导论”里，说明他采用三分方法的理由。他在那里说：“验前的划分，要就是按毋矛盾律的分析法（凡物不是A就是非A），要就是综合的。从后一种分类法而得到的划分……为了满足一般综合的统一所要求的，就（1）条件；（2）为条件所限定的东西；（3）从受条件所限制的和条件相结合而发生的概念，这三种，因之划分就必须是三分的了。”①

从这4类12种判断的形式，康德就得出与之相应的12个范畴，列成一表如下：

一、关于量的有

单一性（Einheit）

多数性（Vielheit）

总体性（Allheit）

二、关于质的有

实在性（Realität）

否定性（Negation）

限制性（Limitation）

三、关于关系的有

依附性与存在性（der Inhärenz und Subsistenz）——实体与偶性（substantia et accidens）

因果性与依存性（der Kausalität und Dependenz）——原因与作用（Ursache und Wirkung）

交互性（der Gemeinschaft）——主动与被动之间的相互作用（Wechselwirkung zwischen dem Handelnden und Leidenden）

四、关于模式的有

可能性与不可能性（Möglichkeit-Unmöglichkeit——存在与不存在（Dasein-Nichtsein）

必然性与偶然性（Notwendigkeit-Zufälligkeit）

我们曾说过，康德的认识问题原本是科学的知识问题，而科学知识不

① 见康德：《纯粹理性批判》，英译本，第39页。

是概念分析的知识,乃是事物联系的综合性知识。问题是:纯粹的思维怎能对于实际的经验成为综合性的呢?康德原想在纯思维中找出验前的认识原理和根据这些原理而得出的纯粹知性的基本概念,他首先想在亚里士多德的范畴中来寻找,可是亚里士多德的范畴远远不是他所需要的。于是他就分析思维的性质而发现思维的最基本形式是判断,他就在判断这个思维活动中去找他的范畴。传统形式逻辑原来是有一种判断分类的表的,他把这表加以修改而得出他的范畴表来,如上面所开列的。

我们首先拿这个范畴表和前面的判断分类表比较一下,某些不同的地方,是得要指出加以说明的。

第一,判断的分成 4 类 12 种只是按判断的形式而言,并不去管它们的内容的。但是他立刻就发现,光看形式而不管内容是不能得出判断的种种分别的。例如谈到判断的量,结合知识的量来讲时,不看内容,是不能光从判断的形式而区分为仅仅全称与特称的,因之他就在传统的二分法之上,加了单称这一种。

可是,按内容而不是光按形式,这样把判断按量而分为普遍的、特殊的、单一的就有问题了。我们在初级的形式逻辑中知道如果只以量的形式来划分判断,只能有两种,即主词的周延与不周延。主词周延的包括全称判断和单称判断,主词不周延的是特称判断。再按主词是类词或是个体词而把第一种再分为全称的与单称的。原来亚里士多德的划分都是按二分法的。

但康德说过,“单称判断对于全称的关系是像统一性对于无限性的关系一样的”①。这就是有问题的了,因为全称性(即普遍性)是统一性的一种形式,因为他在范畴表里,单一性是从全称判断得出而与之相应的。

关于这点,日本的康德哲学研究者桑木严翼,在他的《康德与现代哲学》一书里便提出疑问,并主张修改康德范畴表的顺序,把关于量的范畴列为下面的形式:

判断	范畴
全称的(凡甲为乙)	全体性(我们译为“总体性”)
特殊的(某甲为乙)	杂多性(我们译为“多数性”)
单称的(此甲为乙)	单一性

① 见康德:《纯粹理性批判》,第一版,第 71 页。

桑木旁征博引，著为论文，证明这种修正是正确的①，但是我们不敢苟同于这种见解，因为我们认为桑木和他书上所引的其他康德哲学研究者，像是忽略了康德思想的原意。我们试把康德原来的判断分类表关于量的一类和与之相应的范畴列表如下：

按判断的量分为	关于量的范畴有
普遍的(即全称的)——凡甲为乙	单一性
特殊的(即特称的)——某些甲为乙	多数性
单一的(即单称的)——此甲为乙	总体性

我们得要看到判断的意义，而不只看它表面的形式，才理解康德的两个表是怎样相适应，无须像桑木等人那样要加以修改的。

所谓“凡甲都是乙”的意思就是：乙表示一种条件或原理，甲表示符合这种条件或原理的事物。纵然符合这种条件或原理的事物只有一个实例，我们便可说，凡甲都是乙。这是在个别中发现普遍原理的实现，可能只是一个实例，所以是属于单一性的范畴。某些甲是乙，就发现在现实中原理实现不只一单个例子，而是有多数的例子，所以是属于多数性的。等到我们发现全类的整体都是毫无例外地实现所说的原理，那么这整类都一致属于原理的范围，因之是属于总体性的范畴的。如果像桑木那样，把全称判断作为指整个类而言，因之就认为属于全体性的范畴，把单称判断作为单个的事物而言，因而认为是属于单一性的范畴，那就大多在判断表面的形式来理解判断而失去判断的真谛了。所以我们是主张保留康德的范畴表的原形的，这是关于两表即判断分类表和范畴表，对照的第一点。

第二，关于质的，康德分判断为：

肯定的

否定的

无定的

而与之相应的范畴，则有：

实在性

否定性

① 见桑木严翼：《康德与现代哲学》，余又荪译，商务印书馆，第85～86页。

限制性

可是“无定的判断”原文是“无穷的判断(unendliche urteil)”,无穷判断的公式是 A 是非 B。康德在 1763 年的“把负量这个概念引入于哲学的探讨”这篇论文里,曾把“非 A”与“负 B”两个观念严格地区分开来,并且指出“非 A”是表示 A 以外的所有一切,而这所有的一切包括无穷的事物,凡 A 以外的都是,因之称“A 是非 B”为无穷的判断。它在形式上是肯定的,但实质上是否定的,所以不能把它列入为肯定,也不能列入为否定,因之我们翻译它为“无定的”。但依康德用语的意义,它是“无穷的”,然而“无穷”这字样,我们认为是不适当的,因为如果以概念所指的个体而言,不但非 B 的个体的数目是无穷,即 B 的个体也是无穷的。如果以概念的内涵来说,非 B 的属性便是“无定”,而不是“无穷(unendliche)”的了。康德并且把“无定的判断”说成是“限制的”,实在没有正当的理由,不过是为他要得出范畴表中相应的“限制性”作事先的准备而已。可见他从判断分类表得出他的范畴表来,在某特点上是带牵强的。

谈到按**关系**的判断划分,按康德的前辈逻辑家们的分法,可列表如下:

- 判断
  - 单纯的,即直言的
  - 复杂的
    - 连缀的,即直言判断,不止一个主词或不只一个宾词的
    - 假言的
    - 选言的

康德删去连缀判断这一类,而省去单纯判断和复杂判断的区分,就得到直言、假言和选言这三分法的判断划分,作为**关系**的一类,他的判断这种划分,也纯是为了他的范畴表预作准备的。他所熟悉的形式逻辑是当时传统的形式逻辑,判断是武断地局限于主谓判断,即 A 是 B 这一类型的判断。主谓判断以宾词作谓语来述说主词,主词是存在的实体,而谓词是这实体的属性,故范畴就有“依附性”与“存在性”。假言判断的形式是“如 A 是 B,则 C 是 D”这种前因后果的关系,所以范畴就有“因果性”与“依附性”。选言判断的公式是“A 是 B 或 C”,而 B 和 C 是穷尽 A 的外延的,故 B 和 C 同在(或说“共存”)于 A 的范围内,而因为它们是同在的,所以有其交互的影响,因而范畴就有“交互性”这三种范畴是发展过程的三个

步骤。

谈到模式，康德是采用他同时代的自然科学家与数学家兰柏尔特(gahann Henvich Jamlect)的划分的，兰柏尔特在他的《新工具》(New urganon，1764)一书里分判断为可能的(即盖然的)、实在的(即实然的)和必然的三种和与其相反的三种。于是康德的范畴就有"可能性"与"不可能性"、"存在"与"不存在"、"必然性"和"偶然性"了。

关于判断的模式，康德说："判断的模式是一种很特别的作用，它的特征是它对于判断的内容毫无贡献(因为只有量、质与关系就已构成了判断的内容)，而模式只是有关于系词(Copura)对于一般思维的关系上的价值(Wert)。"①他在第一版第 76 页又说："所以这样就一步跟着一步地想一切东西都加入在知性里面了——因为我们首先是判定某事物为盖然的，然后就断然地主张它的真实性，而最后就肯定它是和知性不可分割地结合在一起，就是说，它是必然的，不容置疑的了——我们是有正当的理由来把模式这三种作用看为一般思维的三个契机。"换句话说，模式的这三种范畴是像对于认识的主体，即人的心的三种越来越确定的形式。

关于上述的四类范畴，康德有数学的范畴和力学的范畴之分。这也须加以说明的。什么叫做数学范畴和力学范畴呢？它们不是谈到数学和力学的，而是康德借用这两个名词来表示两类范畴在性质上的分别的。他在《纯粹理性批判》第二版第 110 至 111 页上这样说：

> 范畴表叫我们考虑的首先就是，虽然表中包括有知性概念的四类，而最先又可把这四类划分为两组：第一组的诸范畴是关于纯粹的和经验的直观对象的；而第二组的诸范畴是关于那些对象的存在的，关于它们存在中相互的关系和它们在存在中对于知性的关系。
>
> 第一组的范畴我称为数学的，第二组的范畴我称为力学的，第一组的范畴是没有相关物的(korrelate)；这些相关物只在第二组中才碰见。这种分别必是在知性的本质中有着某一种的根据。
>
> 其次，因为概念的验前划分都是必然按二分法的，而在范畴的每一类里总是有着三个种，这是有意义的事情，而且可以看到，每类中

① 见康德：《纯粹理性批判》，第二版，第 100 页。

的第三个范畴总是从第二个和第一个范畴的结合而成的。

例如总体性不过是多数性作为单一性来考虑,限制性只是实在性和否定性的结合;交互性就是诸实体彼此互相限定的因果性;最后必然性不过是通过可能性而给予出来的存在……

在数学的范畴里,谈到思维的量和质,谈到事物是单一的或多数的,和谈到事物的有或无时,我们是有着一定的思维形式,而无须等待实际经验来证实它就可以确定的,并且确定的结果是对于一切经验都是有效的,因为对于事物的认识一定有它量的大小和它质的深浅的。但是在力学的范畴里,我们必须不只是根据我们思维的性质,而且要根据事物的相互关系才能知道它们的依附性或因果性,知道它们的交互性的。知识的必然性等,也得要根据我们对于事物认识的发展的。可见后两类的范畴表示我们对事物的认识是比前两类范畴的认识更为深入的。数学范畴和力学范畴的分别主要是这样。

我们拿"太阳把石头晒暖了"这个判断作为一个例子来看看,我们感觉到的,始初只是热和光。热和光是感性的东西,有空间性和时间性的。我们感觉到某一些东西,也是有空间性和时间性的,感性把它们接受下来,再按知性的一定形式——范畴,即"实体"范畴,把这些东西联系起来称为"石头"这个对象,正如把热、光等感性的东西,按范畴,即"实体"范畴,把这些东西联系起来称为"太阳"。由于太阳的热是在某时间之后跟着有石头由冷变为热这种认识,按"因果律"这个"范畴",我们就说:"太阳把石头晒暖了"作为一个"必然性"的判断,而必然性又是一个范畴。知性是这样使用种种的范畴,叫感性的东西成为在我们的意识中统一起来的东西而得到可理解、有意义的对象的。

范畴的作用是综合的作用,统一的作用,是在人们的意识中起这种综合的统一的作用的,是使感性的东西统一起来,在我们的意识之中,成为我们认识的对象的。仅只知性的活动,不过是思维。思维可能是空洞的。要有感性的直观,即我们的心受到外界的刺激,发生有空间性和时间性的,再由知性按它的纯粹形式即范畴,使之成为我们意识中有意义的对象,为我们所认识,才是知识,才是经验。康德所谓知识,是指这种知识说的。他所谓知道,是这种知道。所谓可知之物,是可以通过这种过程来到我们意识中的。他所谓不可知的东西，是缺乏这种条件的东西。首先是缺乏认识基础的感性材料的东西。这些东西因为缺乏感性的材料，可能为我们所思维到，不能为我们所知道。不仅是关于外界，即我们之外的东西，或内界，即我们意识内部的东西，都可以这样说。

再来看看在这种认识过程中，依康德的说法，直观和概念作用，即感性和知性，是怎样互相发生关系的。直观，即感性的东西，可说只是特殊的一些事实。通过知性纳入范畴之后，这些直观就为概念的形式所确定，成为一定普遍原理的实例，而归入某一定的知识系统里面来了，成为我认识的东西了。

感性杂多的东西必须在一个意识中，按一定的一般原则，得到结合，而且为我的意识认识到它们是这样按原则结合起来的，才是和我、我的意识有其关系，否则总是我认识以外的东西，对我的意识来讲，是没有存在的。我的意识，我的知识系统是这样接纳外界的东西，逐步扩其自身的。没有对于外界东西的认识，意识，就是我的意识，也就是我的自我意识，是没有的。外界意识和自我意识是相互依存的。

意识的统一是使认识成为可能的最基本条件。我们看看这意识的统一性是怎样重要的。首先，感性的杂多，结合成为表象，是通过直观的领会到意识面前的东西的。这个领会的过程是有时间性的。领会的契机，一个接着一个，一个过去了，又一个来到，要把过去的一个契机，和当前的一个契机联系起来，但过去的已不在当前，得要通过想象力的活动，把它再生出来，而和当前的契机相联系，可是这过去的契机再生之后，必须同一的意识认识这再生的也就是过去的，然后联系才有可成。所以意识的统一是使认识成为可能的最基本条件。康德称这个意识的统一为“我思(Ich denke)”的意识，即“我意识”，也就是笛卡尔一句名言“我思故我在(Cogito, ergo, sum)”——直译应为“我思故有我”中的“我思”。意思是说，意识中的对象的表象，是我所有的表象。这样，由我意识的统一，才能有认识事物的统一。

但是康德认为这个统一不是由表象的材料而来的，也不是从感觉的形式生出来的，它是人的意识原有的性质，是一切经验的基础，最基本的条件。没有它，感性认识和知性认识都是没有可能的。他称这个基本的统一为“纯粹统觉”,又称“原始统觉”,又称“先验统觉(Transzendentale Apperzeption)”,也就是“自觉的先验统一性(Transzendentale Einheit des gclbot lewuateian)”,统觉就是通过范畴为其工具而达到综合的知识的。

由此可见,康德所谓正确认识是观念(表象)符合于对象的这个“对象”,不是指外界的对象,而是指在意识中得了先验统一的对象,还是意识中的东西还是现象!不是离开人们的意识而在客观世界中独立存在的东西。太阳照着石头,石头就变暖了,这个判断对于每一人来说都是一个经验判断,因之是普遍有效的,根据人类经验的性质必然是这样的,他就称为客观的,所以他说“判断是把所与的认识纳于统觉的客观的统一中的方法”。依他的说法,普遍有效的就是客观的,只是一个人的想法才是主观的。

像这样,依康德看来,统一性不是在于对象本身,而是由于知性的活动而来的,因为他认定知性是验前综合的能力,使所与的观念杂多统属于统觉的统一的。

康德认为,在一般人谈到意识的时候,谈到意识中的对象的时候,每每把作为意识的主体忘记了,每每把对象从主体隔离开;而把主体忽略了,忘记了对象是对主体来说的对象,没有主体,就没有对象,不依照主体限定的条件,对象就不能成为主体的对象。所以依他的说法,我们说对象是主体的对象,在主观的意识中才成其为对象,并不是在“对象”之上硬加一种新的条件,而是对象原来就有的条件,不过将它还原罢了。关于主观的意识和“客观”的对象两者的关系,康德的说法就是这样的。

用另一种话语来说,问题可以这样来提。关于自我的意识和认为不是我这个东西,原是相对的,就是说,只有认识到有作为不是我的那种对象在那里,我们才认识到有我们自我的意识的。关于对象的认识愈是发展,自我的意识就越发清楚,两者是同时进展的。可是康德始终是认为对象和认识对象的我是对立的,这是他的哲学二元论。那么在认识中活动的我和我所认识的对象怎能取得一致呢?困难就来了。他主张二元论的前辈如笛卡尔和洛克都不能解决这个问题,康德自己因为这个问题也一样地碰见一些不能解决的困难,在他的哲学中到处看见尤其我们后面第四讲谈到他的二律背驰时，很突出地看见这种困难是怎样苦恼着他的思想的。

在这里我们只须指出，依他的二元论来讲，一方面是对意识进行刺激，提供感性认识材料的事物，另一方面是在认识过程中表示活动的我。我们在认识中知道有客观事物的存在而又有主观的我的存在，但是依康德的见解，我们不能知道这个在认识中活动的我本身究竟是什么，而且所知道的是客观事物的现象，至于那些现象所表现的，其本身究竟是什么，是怎样的，我们一无所知。结果就是，呈现在我们意识中的只是两者的关系，而关系两项的本身是无法知道的。康德的二元论终之使他陷入不可知论，原因就在于此。我和与我对立的物，各自提供我们经验的一种因素而使我们的经验有其可能，但我和与我对立的物始终不能到我们的意识中来。

那么，另一个问题也就发生了。知性是纯粹的综合能力。接受到感性提供出来知识的素材时，知性自发地由它的本身提出纯粹属于知性的形式，即范畴，那就是丝毫不杂有经验成分的形式来使知识的素材综合起来成为对意识是有意义的。这样的结合，即感性素材和纯粹知性的形式，怎样能结合呢？在分析性的认识中，特殊归到普遍的过程是容易理解的，例如把铁归到金属的概念范围里去，而作出“铁是金属”这个判断是容易理解的，因为“铁”这个概念原就包含有“金属”这个类概念，所以自然铁是金属。这是普遍有效的知识，是以分析判断来表达的。可是综合的判断，尤其是**验前的综合判断**就不同。问题是怎样把知性的纯粹形式，不参杂任何经验成分的形式使之和从经验直观而来的感性素材相结合？譬如说“太阳把石头晒暖了”这个判断，是因果关系判断。怎样把因果关系这个纯粹知性的概念，这个范畴，用于当前的经验性一种现象，而得到直至普遍有效的判断“太阳晒暖石头”？

首先看看康德怎样解决范畴用于经验上这个问题。康德要我们分辨开来两种不同性质的判断。例如“太阳照在石头上，石头变暖了”，他称这种判断为“知觉判断(Wahrnehmung urteil)”，是我们个人感知到而作出的判断，对个人来说是真实的。另一种判断，如“太阳把石头晒暖”，他称为“经验判断(Erfahrung urteil)”，对每个人来说，都是普遍地有效的，是通过范畴,在这里是通过因果关系,而把所与的认识纳入统觉的客观的统一中去的。因为它是普遍有效的。康德就称它为“客观的”。他把客观的所以是普遍有效的倒转过来,说普遍有效的,所以是客观的。近代西欧反动的唯心主义实用主义认为康德是一个实用主义的哲学家,是根据康德的这种说法的。

我们再来具体地看康德怎样把范畴用在经验上。

感性材料和知性形式能结合,是通过想象的。在感性方面,想象力把所与的杂多,零碎无限的东西,联系成为意象,然后才呈现在知性的面前。在知性方面,想象力通过康德所谓“图型(Schemata)”而使知性的范畴有可能和感性的杂多材料相结合。

什么叫做图型呢? 图型是构成的规则,例如,在我们研究三角形的时候,我们作出一个三角形的图型,这个图型无论我们怎样构成它,它是不能完全表现三角形这个概念的,因为“三角形”这个类概念是包括“钝角三角形”、“锐角三角形”和“直角三角形”这三种概念的。可是在实际上我们作出一个三角形这个几何形时,是无法完全在一个几何形里面同时表示这三个种概念,因之就不能完全表示“三角形”这个类概念;然而在思维中我们并不把所作出的具体几何形作为是三种三角形的某一种来看,而是把它作为类概念的图型来看,这是图型的功用。在认识过程中,康德认为想象力通过图型而把感性和知性结合起来,也就是这样。图型是“构成的规则”,譬如所作出的三角形的图型是思维中实际上形成三角形这个概念的规则一样。像这样来使用知性的范畴,范畴就能应用于感性的材料上面了。

范畴怎样通过想象力作出的图型应用于感性的材料呢?

康德认定一切知识都是以判断的形式出现。我们在上面已经讨论过了,判断有其量、质、关系和模式四种类型,经验必定有时空的形式,而时间有时间的系列、时间的内容、时间的顺序、时间的总括和判断的形式对比起来,就像下表那样:

时间的系列(z eitneihe)	判断的量
时间的内容(z eitcnhalt)	判断的质
时间的顺序(z eitacdnung)	判断的关系

时间的总括(z eitindegcepre)　　　　　判断的模式

以时间部分的积累就产生量的概念，如占时间系列的一部分的就是单一的，占几部分的就是多数的，占时间全部的就是总体的。时间有无内容，就是时间里面有没有事物的发生。有事物的时间是实在的，空无一物的时间是空虚、不实在的。因时间的顺序而决定事物的因果、相互等关系。如时间的常住是本体，连续是因果，共在是相互等关系。有时存在是可能性，在某一定时间存在是存在(现实性)，无论何时都存在是必然性。由此，通时和时间结合起来，范畴都变为时间的形式，以图型而出现了。

我们在这次的报告中，主要是谈知性的活动与其方式。上面已经讲到，依康德的看法，人的心灵受到外界的刺激时，才有主观的活动的。主观的心灵是想要达到那外界的东西的，它通过感性和知性的种种活动，却只能意识到在意识里面的现象，而始终无法达到刺激心灵使之活动起来的东西。这东西始终是在意识的外边，可是康德一直不肯放弃这个意识外边的东西，而称它为自在之物(Ding au sich)。这个康德提出的名词，有时译为“物自体”，有时译为“物自身”，是叫经验在人意识中发起的东西，给人的感性以刺激的东西，而始终不能纳入人的意识中来的东西。康德认为不但是人所尚未知道，而是人绝不能知道，是不可知(unerkennbar)的东西，因之它永远是超经验的，以它是超经验的而属于人的知识以外另一个境界的东西，康德又称它为noumenou。这词原是希腊语的nooumenon，康德借用来作为现象对比的东西，作为是表达认识对象的完全思想，表达认识对象一切可能之外而另外自身存在着的东西。这东西只能为我们的思维得到，而始终不能纳入我们的知识体系中来的。关于这究竟是什么东西，研究康德哲学的人曾作过许多不同的解释，可是恩格斯认为是“康德哲学中最不值得保存的那一部分”。[①] 我对康德的研究太过肤浅，不敢瞎说，但我也有一种想法，提供大家参考。

我个人认为康德的所谓知性的认识是科学的知识。科学的知识都是抽象的，都是在一个比较完整自成一套的观念系统里面的，而不是直接去针对个别具体的东西，如这个个别的人、这座个别的楼房，是不能纳入科

① 见恩格斯:《自然辩证法》,第25页。

学的知识系统里面来的。我们可以拿科学的知识、科学知识的规律规则等来帮助我们去认识这个个别的人、这座个别的楼房，但这样来认识的却只是这个个别人、个别楼房的某一方面或某些方面，而不能认为这样获得的知识是能代表这整个个别的人或整个个别的楼房的。我们在科学知识系统里没有这个个别的人、这座个别的楼房，因之就说它不能纳入我们科学知识的系统中来，而在这种意识上，它是不可知的，始终是在科学知识系统以外的，我们对于这个个别的人、这座个别的楼房，可以有我们的思想，可以有对它的欣赏感情，但以我们对它的科学知识来讲，是不得不把它放在我们科学知识系统以外的。对于康德的"自在之物"，我们初步是这样想，是很肤浅粗糙的，可能是很不正确的，只能作为学术研究中所提出的很不成熟的见解，经过讨论和进一步的研究，必须加以修正或完全放弃的。

第四讲　康德的《纯粹理性批判》之三

——先验辩证论

我们在上两次的报告中，已约略地、很不全面地谈到康德《纯粹理性批判》的两部分，即“先验感性论”和“先验分析论”，现在我们要谈谈这部《批判》的第三部分，即“先验辩证论”了。“先验辩证”是什么意思，得要从《纯粹理性批判》这整部著作的性质、意图和研究的范畴来看，才能了解的。

关于《纯粹理性批判》的性质、意图和研究范围，我引用注解康德这部书的斯密教授的话来说明。斯密教授在他《〈纯粹理性批判〉解义》一书中译本第 97 页是这样说的：“这批判乃是深入我们先验的和经验的知识之根源、条件、范围与限度的一种研究，其结果是在于构成一种内在形而上学的新体系；从所获得的一些结论来看问题，它又提供其作为自然倾向与作为被宣称的科学之超越形而上学所应有的先验幻想之分析与解释。”

有人对我说，斯密《解义》这书的中译本很难读。这译本的难读，部分是译者应该负责，而部分也是问题的比较复杂，不容易运用浅显通俗的文字来述说而不曲解问题和问题的解答的。上面所引的一段是一句话，中译的字数达到 107 个之多。我曾仔细地把译文和原文校对过，觉得绰然先生的译文是忠信的，如果想要这段译文更畅达，使读者易于了解，也是很难的。斯密的《解义》还得要再加上注解才行。其大意是这样：

人类知识有的是从经验得来，称为经验的知识，例如“今天天气冷”就是。有的知识是先验的，这里应该是说验前的，即在任何经验之先就有的那种知识，例如“任何发生的事物都是有它发生的原因的”。从经验得来的知识也好，在任何经验之前就有了的这种知识也好，必定有它发生的根源，就是说，从何而来的都必定有它发生的条件，离开这些条件，它就不会发生的。两种知识，无论哪种，都必有它所适用的范围，而且又必定有它所能达到的限度，过此，它就不适用的。《纯粹理性批判》就是要深入地研究这些问题：知识的根源、条件、范围和限度。

这部分的批判研究是在“先验感觉论”和“先验分析论”中作的，分别地弄清楚感性认识和知性认识的根源、条件、范畴和限度，所得出的一些结论就构成康德的所谓内在形而上学。

什么叫做形而上学呢？一般说来，依康德的见解，从经验得来的知识，都分别门类，称为科学的知识。不是从经验得来，不依靠经验而是经验所依赖，没有它就不能有经验的可能的那种知识，康德称之为“验前的”(a priori)或“先验的”(transzendental)。可是这种知识，虽然不是从经验得来，但是运用在经验的范围里边的，例如空间、时间、范畴等种种的知识的形式和基本原理，都属于形而上学，而因为它是在经验范围以内，虽然不是从经验而来，所以它就称为内在形而上学。康德称他通过批判而构成的内在形而上学为新的形而上学，是要从过去不先拿人类理性加以研究、分析、确定其能力的性质，运用的条件、范围和限度，而武断地运用理性，为所欲为，这种形而上学为旧的形而上学。康德甚至把它自己的形而上学体系比之于哥白尼天文学的革命，是对旧形而上学扭转过来的。

然而，《纯粹理性批判》的研究不止于此。这部《批判》还有它的“先验辩证论”。这部分是研究由于纯粹知性的概念使用在经验的范围以外，超出经验的范围，完全没有感性知识为其基础而全凭知性思维的活动的，所以它的结果是靠不住的，没有根据的，康德称之为幻想，列入超越的形而上学里面。虽然这种超越的形而上学有人称之为科学，但它的本质是和科学无共同之处的。

但是，既是幻相，何以人们长期醉心于这种的探讨呢？康德认为是由于人类理性的一种自然倾向，可以看出它的幻相性质，使人对之加以提防，不为它所迷惑。然而想要根除它是徒劳无功的，只得尽量把这种幻相加以分析和解释，叫人知道而且了解这些幻相是什么，怎样发生，指向到哪里，而善于应付它们。

因之，在“先验感性论”和“先验分析论”之后，有“先验辩证论”。

在“先验辩证论”的导论里，康德首先说明他所谓“先验幻相(transzendentalen schein)”。“幻相”这中译词是德文 schein 的翻译，这个德文的名词，我们译为“幻相”是要和我们译为“表现”的 Erscheinung 这个德文的名词有分别，不得混淆的。幻相可能在梦中也有，完全没有现实上的对象的，如“三头六臂的人”，但是“表现”是所与的对象在我们意识按知识一定的规则表现出来的。我们不能苟同于有的翻译康德的人译这个名词为“表象”，因为“表象”一般是用来翻译德文 Vorstellung，即英文的 presentation 的。

何以会有幻相出现呢？上次报告不是讲过，知性使感性所提供的素材成为有意义的，必须要使用知性的纯粹概念，即范畴吗？这些范畴只是在感性素材的基础上使用在经验的范围内，才是有效的。而由于理性的一往向前发展的自然倾向，把这些范畴推广出去，用在经验的范围以外，没有照顾到知性能力的一定限度，就产生超出知性限度的幻相了。

我们在上面曾经提到过，而在这里再请大家注意的，就是“知性”和“理性”这两个名词在《纯粹理性批判》一书里使用上意义的不同。“知性”一般译为“悟性”，是德文 Verstand 这个名词的翻译，英文是用 understanding 这个字，“理性”是德文 Vernunft，即英文 reason 的翻译。知性是了解事物的知识活动，而“理性”是推促“知性”不断地扩大它的综合知识的范围。等到把综合的活动推广到一切可能的经验范围以外，幻相就从而产生了。须知人类的经验是局限于感官所能及的范围的。这样来理解知性和理性是在康德使用这两个名词最窄狭的意义上来理解它们，但是我们也要知道，康德使用名词不是很严格的，他有时又把知性和理性（Verstand 和 Vernunft）作为同义词用，而有时他又把理性作为包括着知性在内来使用。我们读《纯粹理性批判》一书时，不能不留意到这些分别，由于有时不敢随意解释康德的意思，在翻译成中文时，只得按照原来德文的字样直译过来。

在“先验分析论”里（第一版第 299 页），康德是这样说的，“我们的一切知识都是从感官开始，从而前进到（gent Vonda）知性（Verstand），而以理性（Vernunft）为其结束，因此，在我们里边就再碰不见（Augetiaffen wind）什么更高级的能力，来把直观得来的素材（den stuft des anschauung）精制（beanleiten）而归到思维的最高统一性来了”。可是理性是比知性更为高级的知识能力。他接着又说：“和知性一样，理性可能只在形式上即在逻辑的方式上来使用，而在这种使用上，它是把知识的一切内容都抽掉了的。但是它也能有其实际上的（nealan）用途，因为它在自身里面包含有某一定概念和原理(quudoatge)的根源,不是从感官或从知性得以假借过来的(entlehut)。……在我们先验逻辑的第一部分里,我们曾把知性作为规则的能力(das Vacwagen des Regel)来解释(德文eikeavaten);而且这里,我们把理性称为原理的能力(dan Veumagen des pniugipien)来和知性区别开来。"

规则的能力和原理的能力这种分别,是得要加以解释的。斯密教授在他的《解义》一书[①]有一段谈到这个分别是很清楚的,我们节录下来,并附以说明如下:

> 理性有两种的用法,即形式上又称逻辑上的用法和实在的用法。理性逻辑上的用法是用在逻辑的间接推理,就是从两个以上的前提推到结论的这种推理。在形式逻辑上是常见的,例如,"人是动物,某甲是人,故某甲是动物"。理性实在的用法是产生概念和原理的。这所说的概念和原理是纯粹的概念和原理,是先验的,不是从经验总结出来的概念和原理。……严格上称为原理是绝对先验的,不能丝毫含有直观的成分的。从经验而来的"原理"只可称为《规则》。一条真正的原理,在它下面包括着一切特殊的所以就能提供知识的,而且不假借于推理,而能够直接从它自己内部的蕴藏提供这种知识的,是通过纯粹概念而提供知识的,换言之,在实在的用途上,理性能产生验前的综合知识。人们通过知性而获得的知识,不是这一种的知识。知性的知识各种原理,只能作为可能的经验之条件而有效,而且只适用于在感性知觉中出现的两种对象,例如知性规定,凡发生的东西必有其原因这条原理,可是根据这条原理里面的概念,不能使这原理建立起来,它只是感性经验的可能之所必需的一种先决条件。由此可见,理性的原理不是知性的原理所能同日而语的,知性的种种规则是应用于表现的,规定凡一切经验必需的统一性所能由之而得到的那些条件。理性的原理则不同。它们不直接用于表现,而只用在知性身上,规定知性的话必须遵照的标准,如果要得到完全统一的经验就要符合于这些标准,理性为它自己原有的性质所决定,因而规定现实

① 见斯密:《康德〈纯粹理性批判〉解义》,中译本,第462~463页。

> 的东西应该是怎样，知性按照经验必须具备的条件，只能产生关于感性经验的东西之知识。理性的统一性是理想的；知性的统一性是属于经验的。原理是由理性的自身确定而来；知性的规则是说感性是不得不如此的，理性的统一性是更完善更完整的统一性。

根据这种说法，康德就以为知性是规则的能力，而理性是原理的能力，知性产生规则，理性产生原理，知性局限于感性世界，而理性则推广到一切可能的经验以外，不为经验所局限的。

知性和理性同是综合性的能力。在“先验分析论”里，康德说明知性是怎样利用范畴作为综合的工具，来确定经验中的对象。理性不是用范畴来做综合的活动，它所使用的是**理念**，通过理念企图来把综合的活动推广到不受条件限制的东西，把经验的知识和关于自在之物的意识联系起来，成为比知性知识更完整的体系。

这种理性的活动，不加以提防，便是理性的滥用，发生上面所觉的幻相，使人陷于迷惑，想入非非，但这种理性的活跃也有它积极的一方面，它替经验范围内的各门各类的科学指出一个远景，树立一个目标，叫它们向前推进，作为它们前进的向导。

那么，纯粹理性本身，包含着有没有一些验前综合的原理和规则，是纯粹理性按照着来进行它推广到乃至经验范围以外，绝无感性素材为其基础的综合知识活动的呢？如果有的话，这些原理和规则又是什么呢？

知性在推理过程中通过大前提与小前提的结合而得到结论，结论的形式是“S是P”。P是限定S的，我们总是要问，这里的P有没有它的限定呢？推理前进一步，遂得到P是X，再进一步，就得到x是y，y是z。这样一步跟着一步，由被限定的东西去求限定它的条件，这条件又有它自己的条件，一直要推到无条件的条件，才到尽头，推理才算是完整的。理性的性质就是处处都要追求这种无条件的条件，追求知识的完整。可是这无条件的条件，这种完整的知识，不是在经验的范围内有可能得到的。因之理性就把知识的发展推到经验范围以外，在经验范围以内理性替知性指出一个远景，树立一个目标，指导并催促知识的前进，是起着积极的作用的，但是超出经验范围以外，缺乏了感性的材料为其基础，这种理性的活动是不能叫人获得什么知识，只是想入非非，一切在这个范围内的争辩，无非是和空气打架，白费气力的，这就是康德的《纯粹理性批判》里面称为“先验辩证论”那部分所讨论的。

从上面所讲的，我们可以理解到，理性由受条件限制的东西去追求限制它的条件，从而再进一步追求条件的条件，一直要达到无条件来限制它的条件（das unledingto）。“因之理解的先验概念（des transzendentale vernunft begriff）不是别的，而只是任何作为其条件限定而在现实中给予出来的东西（gegelenen bedingten）的条件的总体这个概念而已。可是只有无条件的条件，才使条件的总体成为可能，反之，条件的总体本身也总是无条件的；因之，一个纯粹的理性概念，一般说来，可以说是无条件的东西的概念，因为这个概念是包含着受条件限定的东西之综合的一个理由的。”（译自《纯粹理性批判》caujiven 柏林 1925 年德文版第 262 页，以后称这版为 C 版）

依上面说明的所谓纯粹理性概念，我们有的这种概念正如知性在知性的范畴中有其关系的各种不同的功用。按关系来说，判断有直言的、假言的和选言的三种。从直言判断的性质来讲，是关于主体的直率肯定，是主体的综合之一切条件的总体；从假言判断的性质来讲，是条件与受条件限定的东西两者的关系，推而到其极，就是整个世界；从选言判断的性质来讲，选言判断的各支是一方面穷尽其体，各目的总和穷尽其纲，而各支在体中是共存而又相互限制的，是涵盖一切的而没有余剩的。从主体的绝对统一来说，就是心灵，研究心灵的学说就是心理学；以整个世界为对象的学说，就是宇宙论；研究涵盖一切的这种学说就是神学。可见康德在这里是本着当时把神学来结合研究心灵现象的心理学和研究外界的宇宙论，而达到以神学为一切学问的总汇这种荒谬的唯心主义企图，而用他的认识论来证明这种意图是不能实现的，证明凭纯粹知性的概念的分析是无法成立关于心灵，关于整个宇宙，或关于神的存在的学说的，证明“先验心理学”、“先验宇宙论”和“先验神学”是不能成立而提供关于所研究的心灵、整个宇宙、神的可靠知识，让理性来加以思考的。这些所谓先验的理论科学，即不能通过感性认识而全凭知性的思辨而构成的学说，是不堪批判检查方法的一击的，因为它们所提出的证据都是不健全而站不住脚的。

乍看起来，这些所谓先验科学像是能够自成一套的。首先不是有思维的主体,即心灵,而心灵就是心理学研究的对象;思维一切对象的总和就是一切对象的总和,就是一切现象,构成宇宙论所研究的世界;现象都是被条件限定而后产生的,归根到底,必然追溯到一切条件的最高条件,一切东西的无条件的条件,称之为神,那就是神学所研究的。从主体到世界,再从世界而到最高存在,即绝对存在,好像是很符合于从前提到结论的自然推进的步骤,因之它是一直使人醉心的。可是康德把这一整套思辨的体系都摧破了,证明它所谈的都是理性把知性推出经验范围之外,企图达到完整知识的结果,而检查起来,它处处都无法维持它的论证的。

康德指出,这些思辨学科基本的困难,不是在于逻辑推理的不健全,不是在于思维过程有什么缺点,而是在于从而推论的前提没有经验的根据,而推出结论来的时候,又认为这些结论是有可靠的客观性的,因而成为一些迷惑人,叫人曲解事实的幻相。这就是诡辩,康德称之为辩证术。这完全不是我们唯物辩证法,两者毫无共同之处,所以恩格斯教导我们说:"要从康德那里学习辩证法,是一个白费气力的和极少报酬的工作。"①

康德说,有三种理念(即心灵、世界和神),因之就有三种理性的辩证推理(dialektischen vernunftschlüsse)……在第一种中,我是从主体的先验概念,这是并不包含有任何杂多的,推论到我关于它毫无什么概念的主体自身的绝对单一性(Absolute Einheit dieoos subjekte aelten)。这种辩证的推理,我称为先验论过(这里"论过"是采用日本人桑木严翼对德文paralogismen的翻译,一般中译为"谬误推理")。第二种辩证的推理,是推论到任何所与现象一系列条件的绝对总体(absolute totalität)这个先验概念的。在这里,由于我关于一整套系列的无条件综合统一体之概念总是自相矛盾的(aick selbst widerspruchenden),其同样为我不能想象的相反统一体,据我的论证,就必须是正确的了,在这种辩证推理形式中理性的处境(guatoud den vernunft),我称为纯粹理性的二律背驰(Autinomie der nenocen vernunft)。在第三种,也是最后一种的理性诡辩推理(vernunft elnden schuave)中,我是从只是通过先验概念而不能认

① 见恩格斯:《自然辩证法》,第26页。

识得到的东西，推论到一个一切存在的存在(ein wesen aller wesen)，而关于这个一切存在的存在，我知道的更少，因为它的先验概念并不说明它的存在和它的无条件的必然性。我称这种辩证推理为纯粹理性的理想(Ideal)(引自“先验辩证论”第二卷导论)。

纯粹理性的论过：这种论过，依康德看来，是对于“我思”这个概念，或者说这个判断的曲解。在一切概念的作用里都含着有“我思”，这不过是说，一切思维都必须是属于意识的。我们不能有概念的作用而不是意识的活动的。心理学研究意识的活动可是只研究这些活动的种种现象。而不去在具体上确定“我”是什么，把它作为经验的某一个对象。关于心灵的理性学说就是要确定这个“我”，而它唯一的根据只是“我思”，而企图在这薄弱的基础上形成一种纯理性的科学。这是能站立得起来的吗？康德肯定它是不可能的，他的理由是这样的：

他说：给与我们的东西是作为思维着的我，那么，我们就从实体这个范畴开始，而说思维的我是一个实体罢。因之就说：

一、心灵是一个实体。

二、以质而论，心灵是单纯的。

三、心灵存在于各个时间之中而在数目上是同一的心灵，就是说，心灵是单一的(不是多数的)。

四、心灵是和在空间一切可能的对象有关系的。

有心灵这四个要素，因之就有心灵先验理论的四种论过，须知“我思”中的“我”这个单纯的观念是完全空洞的一个观念，甚至不能称它为一个概念，而只是伴随着一切概念的一种意识而已。思维的我，或他，或它这个东西，不过是思维先验主体这个概念，等于 x。我们只能说，没有这个作为主体的我，我就不能对什么进行思维。我，我的我，他的我，任何思维的人的我，只是进行思维的一个条件，是一个先决的条件。如果要认识我自己作为一个对象，只意识到我是在思维着，那是不够的，那不能把它，即思维的我，构成一个认识的对象。要认识它作为一个对象，必须在直观中，在感性认识上意识到它是和思维的作用上确实有一定的关系的。兹拿上述的心灵四个要素分别来谈谈。

一、心灵是一个实体。实体这个范畴是什么意思呢？就是说，实体只能在思维中作主体用，而不能作附属于别的东西的一种属性用的。那么，思维的我是一个主体，这是不待说的。我是在思维着，当然我是主体，但是这不等于说，我是这样地意识到有“我”在那里，而能确定“我”是靠自己存在着的实体。要这样确定下来，只意识到“我”是伴随着任何一个思维活动的意识是不够的，还得需要有另外的材料，而这种材料是不可能在“我思”中找得到的。

二、心灵是单纯的，就是说不是混合的。诚然在思维过程这个概念中，是意味着思维的主体，逻辑上讲，必须是单纯的，不是好几个主体混合在一起进行思维，这也是不言而喻的。可是，这并不意味着“思维的我”是一个单纯的实体。“思维的我是一个单纯的实体”这个判断是一个综合判断，既然没有感性认识，怎能得到这个综合判断，而肯定心灵是单纯的呢？显然是不可能的。

三、心灵是单一的。“在‘我思’这种意识里面，我是意识到在一切思维活动之中，思维的是同一个主体，这并不等于说有一个直观，在它里面表现出有一个对象是我们认识为一致同一的。……无论怎样把‘我思’这个命题来分析，也不能证明直观表现有一个同一的主体；因那就必须有一个从对于自我的现实直观得来的综合判断。”康德是这样证明心灵不是单一的。

四、心灵是和在空间的一切可能的对象有关系的。康德指出，在前三项要素中，主张心灵学的人们，企图证明心灵是一个实体而作为内感官对象而不占空间的实体，它就必须是非物质的，作为单纯的而不是混合的实体，心灵就必须是不可毁灭的，作为自相同一的实体，心灵就必须是一个人格。这三种说法，康德都证明是站不住脚，毫无根据，而在这最后一个论过里，康德又予以驳斥。那么关于心灵根据四种判断的类型所能提出的命题都不能成立，心灵说就完全崩溃了。

第四种关于心灵的说法，是要肯定心灵按前三种说法，既非物质的，不可毁灭的，具有人格的，它必然是灵性的，而作为一个灵和空间的一切对象有关系，那么它就是在宇宙的物质界中作为生存的一种活力而起作用。既是不可毁灭的，心灵就是不死的了。可是，我把我思维的东西和在我以外的东西区分开来，也不过是利用一个分析的判断，因为所谓“在我以外”,无非是说“和我不同”、“不是我”而已。然而如果不是在直观中存在我以外的东西提供出来,我也不能知道有我,并且无从知道我是不是亦作为思维的我而存在,还是同时作为感性的我而存在。那么如何能证明我的非物质性而永远不死的呢?

总而言之,在上述的四种论过中,康德指出,所谓“自我”,即“我思”的“我”,只是伴随着一切思维的意识作用,是思维的一般形式,毫无实体的意义。企图从主观认识的我,直接推论出一个实体的我之存在是不可能的。心灵存在这个问题,依康德的认识论来说,是超出知识范围以外,不能用知性的范畴来述说它的。

康德指出,主张心灵学的人们四类论过是以肯定心灵为一个实体为其基本的论过的。实体的定义是一个只能作为主体而不能作为属性的东西。心灵学者们利用这个定义就形成一个三段论式说:

凡是只能作为主体而被思维的东西,必然是作为主体而存在,因而就是实体。

思维的东西从它的本性来说,是只能作为主体而被思维的。

所以,思维的东西只能作为主体而存在,就是作为实体而存在。

康德指出,这是犯了四名词的错误(ren Aorrisine Figavae ococtionea)(原文不清——整理者)因为在大前提里,“只能作为主体而被思维的东西”是泛的,而在小前提里“思维的东西”是特指“思维的”,所以在大小前提中所用的中词是指不同的对象的,因之是“四名”错误。

二律背驰:我们采用“背驰”这个译词,而不用“背反”是觉得蓝公武先生用这个词大概是因为“背驰”是汉语中原有的,而“背反”比较生硬,虽然康德著作的中译本一般是用“背反”的。

二律背驰是第二类的辩证论证,关于整个世界的。正如上面所讲的论过是关于思维的主体那样,二律背驰是关于思维对象的总体,关于整个世界的。

依康德说来,正如上面已经讲过,世界只是现象的总体。一切现象就是世界,世界就是我们经验范围以内一切现象的总体。

一切为我们认识有意义的东西都是通过知性的纯粹概念,通过范畴的。知性的纯粹概念都是有它们在经验范畴才能使用这个限制的。知性企图取消掉这个限制，而把这些概念、这些范畴推广到经验的限度之外，虽然仍然保持着和经验的联系。理性想要求得限制事物一切条件的绝对总体，穷尽一切条件而达到无条件的，即再无别的限制的条件，这样来使经验的综合得到绝对的完整。理性所根据的一条原理就是，如果拿任何受条件限制的东西来说，必须有限制这东西的一切条件，就是一切这条件的总和，那就是无条件的东西，这样才有完全的综合。

从条件方面来看，条件之上还有条件，循此上溯一步一步就追求更高的条件，这是康德称为追溯的综合过程。由条件而去找条件所产生的后果，进而又去找后果的后果，逐步前进，康德称这为前进的综合过程。前者是由果求因，后者是由因索果的。从任何一个个别现象来追求它的极因和极果，可以得世界全体这个概念。

不是一切的纯粹知性概念都可以拿来这样研究的，康德认为只有四个范畴是可以这样拿来研究，因为要研究的是无条件的条件，不受限制的限制，那么就只有(1)空间与时间中无限制的量；(2)空间之中实在东西不可分割的单纯性这种无限制的质；(3)表现的无限制的，即绝对的因果作用；(4)表现的无限制的，即绝对的必然性。因之，就有康德在《纯粹理性批判》里列出的：

一、一切表现(Erscheinungen)所与的全体的合成(Zueacumenoelzuug)(原文不清——整理者)之绝对完整(absolute Vollständigkeit)。

二、某一表现中所与的全体的划分(teilung)之绝对完整。

三、一般的表现的起源(Entstelung)追溯到它的绝对完整。

四、表现中变化(Vutanaeclicker)的东西之依附性(Alleongigkelt)的绝对完整。

什么叫做“背驰”？康德的说明是：“如果独断学说的任何体系称为正面的主张(thetik)，则背驰论(Antithetik)所指的可以选择来了解，不是反面的独断说法，而是表面上看来是独断知识(正题与反题)的学说的冲突，其中没有一种说法是能取得优势的。所以背驰并不是有关于一方面的说法的。它所处理的只是理性的学说之冲突和发生冲突的原因。”

背驰有四种，如上面所列出的那样。

一、先验理念的第一种冲突。

正题	反题
世界在时间上有一个起头，在空间中是为限界所包围住的。	世界在时间上没有起头，在空间上没有限界，而在时间和空间两方面都是无穷的。

这是世界在时间上有始或无始，在空间上有限或无限的问题，是关于世界的**量**的问题。

二、先验理念的第二种冲突。

正题	反题
世界里边每个组合的实体都是由单一的部分构成，而且除单一的或者由单一的组成的东西之外，在任何地方都没有任何东西存在。	在世界里边没有由单一部分构成的组合的东西，在世界里没有地方有任何单一的东西存在着。

这是关于世界的**质**的问题，是说世界是由原子构成，而这些原子是再不能分割的，或者世界的组成部分是可以无限地分割的。

三、先验理念的第三种冲突。

正题	反题
按照当然律的因果作用，不是世界的表现全部能量而得出来的唯一的因果作用，为了解释这些表现，必须假定还有另一种因果作用，即通过自由的因果作用。	没有自由，而在世界里边一切发生的东西都完全是按照自然律的。

这是世界里边有没有无制约的超自然因果律的原因，是关于世界中**关系**的问题。

四、先验理念的第四种冲突。

正　题	反　题
有一个绝对必然的存在，属于这个世界，作为它的部分，或者作为它的原因。	在世界之中或在世界之外，都不存在一个绝对必然的存在，作为它的原因。

这是世界有没有制约它的一个绝对必然的存在，是关于世界存在的样式的问题。

在这四种冲突里，康德证明每一个冲突的正题和反题都是按照论证的形式，持之有故，言之成理，并无逻辑推理的错误或缺点的。可是两题既然是相反的，怎能两者都得到成立呢？可见宇宙论是不能成为一种科学的。

康德在“先验辩证论”里把每一个冲突正题和反题的论证都说得很清楚，从逻辑来讲，是毫无可责难之处的。由于时间的限制，我们不全部引证，只摘录其第一种冲突正反两题的论证作一个例子，其余就得由大家去看参考资料了。

第一种冲突：

正题的证明	反题的证明
如果我们假定世界在时间里没有开始，那么上溯到每一所与的瞬间，一个永恒都已经过去了，而在世界里，就有无限系列的继续着的事物的状况过去了，可是，一个系列的无限性就在它永远不能通过继续的综合来完成，因此，一个无限的世界系列已经过去了，乃是不可能的，从而，世界的开始就是世界存在的必要条件。这是要证明的第一点。 关于第二点，我们仍然假定反	我们假定世界有开始。由于所谓开始就是一个存在，在它以前一时间，在那时间里，这东西还没有，那么，就必须有一在前的时间。在这时间里，世界还没有，那就说是空的时间，而一个东西不可能在空的时间里发生，因为这种时间的任何部分同任何别的部分比较，都不具有存在而非不存在的特殊条件，不管我们认为这个东西是自己发生的，还是由于其他某种原因发生的，

面,就世界是一个无限的所与的共同存在的一个东西的整体,一个所与的总量,在直观中不是作为在某些界限之内被给与的,那么要思想它的大小,只能通过把它的部分综合起来,要思想这样一个所与的总量的全体,那只能通过由于一个单位一个单位地反复增加而达于完成的综合。所以,为了把充满一切空间的世界作为一个整体来想,必须认为一个无限的世界的各部分的继续的综合是完成了的,也就是,在列举一切共同存在的东西之中,必须认为一个无限的时间已经过去了,可是,这是不可能的。因此,不能认为实在的东西的无限的集聚是一个所与的整体,从而也就不能认为是同时存在的所与。所以,世界在空间中的广延方面,不是无限的,而是包围在界限里面的,这是争论的第二点。

都是这样。固然,在世界里,许多个事物系列能够开始,但是世界本身不能有开始所以在过去的时间方面是无限的。

关于第二点,我们先假定反面,就是,世界在空间中是有限的和有界限的,从而就是存在于一种无界限的空的空间里面。

因此,各样东西不只是在空间中关联着,并且是同空间关联着。可是由于世界是一个绝对的整体,在它以外没有直观的对象,因此就没有世界与它关联的那个相关的东西,世界同空的空间相关联就是它对无有对象的关联。但是这种关联,从而世界为空的空间所限制,都是空无。所以,世界不能在空间中有界限,也就是说,世界在广延方面是无限的。

在每一种冲突,即背驰之后,康德在《纯粹理性批判》中,却加上比较长的一段解释,解释的大都是说明正反两题中他所用的名词和观念,不是背驰本身的意思,所以他所用的解释这个名词,德文不是 Exhlauvng 而是 Anmenkung,意思是观察所得的见解。例如在第一种冲突(或说“背驰”)之后的解释,关于正题,是说明他提出这论题时所采用的方式,说明他用“无限性”这词的意义,说明这词不是指极量说的,说明无限性这个真正先验概念是说,要一一数出所需要的单位来构成这无限的量,是永远不能数尽的。在这个正题的第二部分,他说明这里的困难并不是像在第一部分的困难那样，在于单位的不可尽数，因为谈到世界的空间方面，它的整体是作为所与的，其各部分是同时并存的，困难乃是这么多的部分构成一个整体。而要这个整体在直观出现，就必须同时出现有它的限界，因之就不是尽数它的构成部分而成整体的困难，而是部分的继续综合来成功这整体这种困难，因为这个综合的过程是永远不会完成的。所以在综合之先不能有整体，而用综合来构成整体又不可能，因之世界在空间为无限的这个概念是不可能的。

这是康德对于背驰之所谓解释，我们只举这一个例子来说明他的解释的意义，余可类推的。

让我们再来看看他的证明是怎样的。

二律背驰是说正反两题都可以用正确的形式予以有效的证明的，第一种背驰的证题是主张世界有时间上的起头，空间上是有限的，而反题是主张世界没有起头，在空间是无限的。两题恰恰相反，那么，正题的对就应该按推理证明反题的错，反题的对应该证明正题的错的。可是正反两题都是证明了是对的，这岂不是矛盾吗？因之是“公说公有理，婆说婆有理”，但是不能同时都是有理的，所以称为“背驰”。

且看正题的证明。第一点证明，显然是把“过去了”作为“继续综合的完成”的同义语来用的。可是，如果过去的时间，无论从哪一点算起，是继续综合的完成，而过去的时间既然是无限的，又怎能变成它的继续综合而过去了呢？这显然是不能以“过去了”作为“纯粹综合的完成”来理解的，因之，康德这里提出的证明是错误的。

关于正题第二点，世界在空间上是有限的这点的证明，是说我们不能想象怎样“通过由于一个单位一个单位地反复增加而达于完成的综合”，这样来得到一个“无限的世界”。“所以世界在空间中的广延方面，不是无限的”，因之就是有限的，但是康德不是在一处指出，我们不能认为思维中不可能的东西就是不存在的东西。那么，何以存在真正的证明里说，因为无限世界各部分的继续综合是意味着无限时间已经过去，而这是不可能的，但是这却是我们主观思维上的不可思议，能够根据这就说无限世界在客观存在上也是无可能的吗？从逻辑上来讲，这种的论证，正如斯密在他的《解义》一书中译本第503页上所指出，是“遁辞的谬误”（angnonaco eleaenl——直译为“认错货色”,即文不对题)。

关于第一种背驰的反题和其他三种背驰,由于时间的限制,我们就不细说了。总的说来,四种背驰几个正题都是从理性方面说的。而反题都是从平凡经验得来的。从经验上来立论是容易得到人们的相信的,可是,世界上是否一切都能局限于一般的经验而说得通的呢?因之理性就大胆地提它的看法而超出经验范围了。理性所说的几个正题不是在表现于经验中的东西所能证明的。纯粹属于思辨的,和经验中所表现的东西没有直接关联的,是平凡经验不感到有什么兴趣的。“例如,我们在假定物体是单一的部分所构成,或者假定它组合的部分所构成,而这些组合的部分是可以无穷地分割的,都不会叫我们把物体在我们的经验中的表现解释得更好,或者直至解释得不同;因为单一的东西和可以无穷地分割作为表现来说,都不会出现于我们经验之中的。经验中表现的东西所要求的解释只限于直观中所能有的种种现实条件,然而把这些现实条件作为一个绝对整体来说,就不是在直观中所能出现的了。可是,理性的先验问题所要求的也就恰恰是这种整体的解释。”[①]背驰是这样发生的,是理性和知性的要求在性质上的不同而引起冲突,迁就理性,则知性觉得所要求的太多,而迁就知性,则理性又觉得所要求的太少,但是我们应该可以能得到的经验为标准,不能说人的身体太长,只能说裁缝做的衣服太短[②]。

究竟有没有二律的背驰呢?正反两题是否正面冲突,发生矛盾呢?依康德说来,实际上,矛盾是不存在的。因为以世界的整体来说,正反两题都是错的,由于所说的世界不是自在之物,不是世界的本身,而是我们在思维中从某一个经验中给予出来的东西而由果求因得出来的条件整体,可是这个整体纯是我们思维所构成的东西。如果我们把只是对于自在之物而才有效的绝对整体这个理念,用之于在我们经验中所表现的东西,那就是冲突了[③]。

可是纯粹理性的理念,例如世界整体,不是完全无用的废话。这些理

---

① 见康德:《纯粹理性批判》,第二版,第511~512页。

② 见康德:《纯粹理性批判》,第二版,第二章,纯粹理性的二律背驰,第五节。

③ 见康德:《纯粹理性批判》,第二版,第二章,纯粹理性的二律背驰,第七节。

念是对知性关于事物的追求,提出问题,指导知性在科学研究中去尽其所能穷追到底的。绝对整体是在经验中不能获得,但是经验应该穷追,而不局限于已定的范围。感性世界,在广延上,不是有限,也不是无限,而是可以无限地扩张。这就是纯粹理性诸理念对于知性活动所应起的作用,参看"二律背驰"章第 9 节便明。"二律背驰"一章占"辩证篇"35%的篇幅,而"辩证篇"是全书的 40%,所以这章是比较长,而内容是极其丰富而复杂,值得我们去好好钻研的。

"先验辩证论"这篇的第三章是讨论纯粹理性的理想的,我们打算很约略地来谈。

什么叫做理想? 康德说,上一章所谈的理念,如世界整体,是比范畴离开实在的东西更远,因为理念是完全不能在具体的经验中表现出来的。可是理想就离实在的经验更远了。他说:"我所谓理想,不只是具体上而且是在个体上的一个理念;换句话说,我所谓理想,是指着纯由理念而就可以能确定,并且是已经确定了的一个个体的东西。"他又说:"为了完全知道一个东西,就必须知道一切可能存在的东西,而要以我们的理想为标准,确定面前的一个东西,不管是肯定地确定它或否定地确定它。"①"一切事物只能或多或少接近这个理想,而始终是和它有着一个无限大的距离的。"②因之,理性摆在它自己面前作为理想的目标又称为原始存在(ens ouiginouucu)。既然没有什么是高于它的,它就称为最高的存在(ens summum),它又称为一切存在的存在(ens entium)来表示一切其他的存在都是为它所限制而且从属于它的。但是康德说,这一切并不叫我们有权来说实际上有这样的一个对象,在客观上是这样和其他东西有关联的,不过是有一个理念是和我们关于东西的概念这样联系着而已。

康德指出,这个最高的存在也就是神学所讲的神,又称上帝,对于神的存在,神学家曾提出过三种的证明,也只能有这三种证明:其第一种称为自然神学的证明(physikotheologie beweis),第二种称为宇宙论的证明(kosmologische Beweis),第三种称为本体论的证明(Ontologische

① 见康德:《纯粹理性批判》,第二版,第 601 页。

② 见康德:《纯粹理性批判》,第二版,第 604 页。

Beweis)。康德认为前二种证明,归根到底,还是根据第三种证明的,而这第三种本体论的证明也是不能成立的,其理由是:本体论的证明是说,有一个概念,而且只有一个,如果否定其对象的存在,就是自相矛盾的。这个概念就是绝对必然的存在。这个存在,以概念来说,是包含一切实在的,因之必然是包含着存在,所以它是必然存在的,可是康德指出,"存在"不是构成概念的属性之一种。从概念来说"一百元"这个概念和"在我口袋里的一百元"是完全同一的。唯一的差别就是"在我口袋里的一百元"有直观的表现,而仅只"一百元"这个概念就没有。所以两者是不能等同的。概念中的神和实际上的神也是这样,因之本体论的神之存在的证明是站不住脚的。其他根据这个证明的两种所谓证明,也是这样。因之理性在其纯思辨的使用上是完全不能证明最高存在的实际存在的。这就最后说明理性离开经验的范围是叫知性误入迷途的。

上面所说的是康德《纯粹理性批判》"先验辩证论"关于理想的第三章。我们谈到的这部《批判》就以此为结束。下一次要谈《实践理性批判》了。

第五讲　《实践理性批判》研究

《纯粹理性批判》曾把人类理性在理论知识方面的限度断然地决定下来了。在康德看来，理论的理性只能认识出现[1]所组成的那个世界。《实践理性批判》要探讨的是，同样的限度对于实践理性是否也是有效，或者说作为具有实践理性的人是否能超出感官的世界。

一、《纯粹理性批判》中所谈的自由

在讨论第二种批判之前，我将对第一种批判中某些段落作一番检查，因为在这些段落里，康德所讨论的一些问题，实际上是在实践理性批判里面才得到解答的。这里我所想到的乃是康德关于自然因果作用和自由这个问题的讨论，以及他关于自然因果作用和自由这两者的相容性这个问题的讨论。以前我们在研讨康德关于二律背驰这种学说的时候，我们并没有考虑到第三种二律背驰，即因果作用与自由之间的二律背驰。现在我们有必要探讨一下康德对这种二律背驰的论述[2]。

康德把宇宙论的理念划分为两类：(a)数学的理念和(b)力学的理念。前者所涉及的无非是世界的大小和世界所含的一切对象。在康德的论述中，我们看到，凡是宇宙论的理念，都和一个所与对象的条件有关。在第一种和第二种的二律背驰的情况下，那不受条件限制的和它作为等条件的那个东西同是属于感官世界而且是同质的；而这个系列就称为数学的系列。可是上面曾说明过，那些条件的系列并不独立于回溯的综合而存在的。那么，所提出的各种证明全属无效，就不足为奇了。我们既不能证明世界在时间里有一个起点，又没法证明世界在时间上没有一个开端。既不能证明自然对象是单一部分所构成的，又不能证明它们不是这样的。所有这些主张都包含着名词的自相矛盾，因为所假定的是在我们的世界

① 即通常所说的现象——编者注。

② 见康德：《纯粹理性批判》，第二版，第 556～586 页。

里应该有某种不受任何条件限制的东西存在,而这明明是不可能的。可是力学的理念(我们在这里只谈到自由和因果作用这两种理念)至少就其所提出的论点来说是比较合理的,因为力学的理念是把不受任何条件限制的东西放在同质的感性条件的系列以外的。这些所谓不受任何条件限制的东西在种类上不同于受条件限制的东西;它们是和受条件限制的东西毫无共同之处的一种超感性的力。这样一来,理性和知性的要求就同时得到满足了;因为理性要求有一种不受任何条件限制的东西,而知性则要求感官世界没有什么东西是不受条件限制的。可是一个力学的理念断言不受任何条件限制的东西属于和知性无关的范围。这就不和它的原理相冲突了。"所以在各出现的系列的数学联系里边,除了感性的条件以外,其他的条件都是不容许的,那也就是说,凡本身不是该系列的一部分的,都是不容许的,力学的系列就不同。在感性条件的力学的系列里边,本身并不是系列的部分的一种异质的条件,而是纯然智性的条件。而作为这样的一种条件来说,是在这系列之外的,这种条件就能够在被容许之列的了。这样,理性就获得到满足,而那不受任何条件限制的东西就被安放在一切出现之先,然而出现的总是受着条件限制的那种性格依然是不含糊的。这些条件的系列,也并没有违反知性所规定的种种原理而被打断。"①

康德区分出两种的对立:(a)分析性的对立和(b)辩证的对立②。两个分析性对立的命题之中,一个必定是真的,而另一个必定是假的。对于辩证的对立来说,情况就不同了。两个命题可能彼此对立,但可能同时是真或者同时是假,如世界在量上是有限的,和世界在量上是无限的,这两个命题是相互矛盾的,但是它们乃是辩证地对立而不是分析地对立的,因为这两个命题都是假的:世界既非有限,亦非无限,因为世界之大小的量不是我们所能确定的知识的可能对象。

力学的理念具有这种特性,即它们所涉及的不是作为一种大小量的对象,而只是涉及对象的存在。"这些理念抽掉了大小量,而涉及的只是

① 见康德:《纯粹理性批判》,第二版,第558~559页。

② 见康德:《纯粹理性批判》,第二版,第530页起。

条件对于受这条件限制的东西的力学的关系。”①如我们曾看到：一个力学的理念，乃是一个并不属于感性条件的系列的、不受任何条件限制的东西的这种理念。如果一切出现都是事物本身，那就是说，如果出现在其里面存在的空间与时间是事物本身存在的形式的话，那么感官世界以外就无不受条件限制的东西可言。假使是那样，力学的理念就都是根据一条错误的原理，而既然像我们所曾看到的那样，数学的理念又是包含有自相矛盾，即一种不受任何条件限制的而属于感官世界的东西，那么就完全没有理性的理念是可能的了。但是按照先验哲学的原理，世界并不是自在之物。直观的形式和范畴只是适用于纯是出现的这个世界的，因之独立于我们感性世界的一切条件的某东西这种想法至少也不是不可能的，所以(a)必须有一种通过自由的因果作用的存在和(b)自由是没有的，这两个命题可能同是真的，虽然他们的真是在不同的关系上的(即第三种二律背驰的正题与反题)。第一个命题可能在对于超出我们感官世界的一个世界的这种关系上是真的，而第二个命题可能在对于我们的世界，也就是对于自然的世界这种关系上是真的。

康德并不认为他这样就证明了实践自由的存在，这是显而易见的。其实他在《纯粹理性批判》一书中所关心的并不是这个问题。它要说的是自由的因果作用这个理念与自然因果作用的原理并无冲突。其根据就是它已经证明了我们的世界是一个纯然出现的世界，而且已经证明了，认定自在之物的世界之存在不但是有其可能而且甚至是必要的。

因果律对于经验的所有一切对象，不管是自然事件或者是人的动作，都是有效的。在这个世界里面，没有事物不依赖一种先行的有确定作用的根据。人的行动也是如此。如果人的行动在其里面发生的时间是自在之物的话，如果时间果能绝对地确定人的行动的话，那么自由的行动就一定是不可能的；因为假使是那样，一切行动就都是为它前面的所有行动所决定了的。如果空间与时间是自在之物的属性而不是纯然出现的形式的话，那么我们乃至不能承认自由的可能，因为如果空间与时间确定了一切可能的对象，那么行动的一切可能的条件都得要属于空间与时间的这种

① 见康德：《纯粹理性批判》，第二版，第563～564页。

世界,而且自然因果作用这条规律就成为一条绝对的规律,没有什么对象能不受它的限制的了。这样一来,所有可能条件都受因果律所限制,都是在时间上受先行于这条件的其他种种条件所限制;而一种绝对的起头,一种独立于自然律的起头,就出现了自相矛盾。但是既然先验哲学能够说明知性的种种范畴和原理不是绝对有效而只对于出现才是有效的,而且又能说明因果律乃是知性的这些原理之一,那么当然就可推定,因果律并不排斥自由的可能性。如果把绝对的实在性归之于出现的世界,我们就不能主张有自由。只有在我们承认可能由独立于我们的感官世界和决定那世界的一切规律的时候,我们才能合理地假定自由这条超感性的原理的存在。出现具有绝对的实在性这种通常可是谬误的预先假定在这里就显出它的有害影响,使得理性极其狼狈。因为如果出现是自在之物,就不能主张有自由。那么自然就是一切事件的完全而足够的决定性原因。事件的条件就将这样的,只能在出现的系列中才能发现它:它和它的结果都将是按照自然的规律成为必然的了。如果不是这样,我们只把种种出现如它们实际那样来理解它们;如果我们不把它们看为自在之物,而只作为按照经验的规律联结起来的一些表象,它们就必须还有其不是出现的那种根据。这样的一个智性的原因所产生的结果是出现的,因而也就能通过其他的出现而被确定的,可是它的因果作用不是这样被确定的……所以其结果,就其对于智性的原因来说,是可以看为自由的,而与此同时,就出现的方面来说,是按照自然的必然性,作为从那些出现而来的后果的。在这种很一般而抽象的方式说出来的时候,这种分别,看来一定是极其微妙而含糊的,但是在它的应用过程中,它将逐渐变得清楚。康德说:"我的意图一直只是要指出,在自然的脉络中,一切出现的彻底联结尽管是一条坚决不移的规律,但如果始终坚持着一切出现的实在性,其结果就必须是要毁灭一切自由,那些如此遵从这通常理解的人们一直是不能得到自然与自由的调协。"①

在许多段落中,康德像是说了一些和他自己的哲学的基本原理不能相容的东西。如"智性的原因"这个名词本身看来就是自相矛盾的。此外

① 见康德:《纯粹理性批判》,第二版,第564~565页。

还有许多奇怪而显然前后不一致的论证。尽管他加了一些说明,但他的所谓说明比他的一般叙述更加难懂。其中一些是我们不懂而没有理由去相信的。不过我认为找到这种情况的理由并不困难。据我看来,这一切的问题原本不能在《纯粹理性批判》这书中得到充分的讨论。而康德在这里加以研讨,无非是因为他实在热衷道德哲学的种种问题。究竟有没有自由,如果是有自由的话,自由是怎样成为可能的——这些都是《实践理性批判》所要讨论的问题。康德在《纯粹理性批判》里关于实践的自由所说的话,其所以不能理解,理由就是这些话的性质是临时性的。

二、《实践理性批判》中所说的自由

依康德的见解,《实践理性批判》的任务并不是提出和解决实践的自由究竟存在与否这个问题。它所要做的第一件事,就是说出一件事实而不是去解答一个问题。这事实就是,道德律是存在的。依康德看来,否认这个事实是不可能的。道德律是摆在我们面前的。在任何一个人的理性里边,都有道德律的存在。必先假定有道德律,然后才有道德行为和关于道德的判断,否则这种行为和判断都会没有根据。所以《实践理性批判》的问题不是道德律是否存在,而是道德律怎样影响人们的行动。"道德律乃是作为纯粹理性的一种事实,给与我们而为我们验前意识到的,而且是不容置疑地确定的。"①

"但是如果有人要问,什么才是真正纯粹的道德性,使我们必须依从(如试金石一样)考验每一种行为的道德含义,那么我就必须承认,只有哲学家才使这个问题的解决发生疑问,因为在普通人的理解方面它早已被解决了,正好像左右手的分别一样;不过这却不是借抽象的概括公式,而是借习惯上的运用解决了的。"②

从道德律是被给予出来的这个事实看,而又从确定有理性者的意志

---

① 《实践理性批判》(36;47)。这里的数字是作者写在原文中的。作者专门指出,在引用《实践理性批判》时,括弧内的第一个数字是指 Abbott 的 Kaut's Tueaty of Ecthics 页数,其第二个数字是指《实践理性批判》关文运中译本的页数。本文中随后出现的这类数字皆是如此,不再说明(编者注)。

② 《实践理性批判》(253;157)。

这个能力乃是属于这种规律的本性的这个事实来看,我们就可以知道承认道德律的意志乃是自由的。“关于这种自由,那本身不需要任何辩解理由的道德法则[律],不但证明了它的可能性,而且还证明了它现实存在于那些承认这法则对自己有束缚力量的存在者方面。”①虽然道德律和跟着它一起的道德自由,的确是给予我们的,但这两者中哪一个最先给与出来,这则是有待解决的问题。一经予以考查,就立刻说明我们只有通过意识到道德律,才能意识到自由。因之就可知道,首先给予我们的是关于道德律的意识。这种规律是存在的,而且我们应该按照它而行动,这事实就使我们意识到我们是能够按照着它而行动的,也就是说,我们是自由的。就理论的理性来说,那完全是空洞而没有意义的自由的这个理念,现在就得到实在的意义了。我们乃至可以这样说:理论的理性,就其本身来说,绝不会想象到自由这个理念,而只是因为我们是道德的存在者,我们才想到要假定自由的存在。因为自由这个理论上的理念,对于理论的理性在其所要做的工作上来说,是毫无价值的,因为理论的理念,其任务是自然的研究,而自由既然不能是属于自然的,所以自由这个理念是不能被用来解释在自然中的事件的。康德说:“这就是我们种种概念的真正主从关系,只有道德才给我们初次发现出自由概念来,因而也只有实践理性才用这个概念初次向思辨理性提出了最难解决的问题,而使它处于极大窘境。这个说法从下面的情形就可以看出:就是在现象界中,任何事情都不能用自由[这个]概念加以说明,而在这里总得以自然的机械作用作为导线;此外还有,当纯粹理性——试图在原因系列中上升到‘无制制者’时,它就陷入二律背反之中,而在左右两面都纠缠在不可思议境地;至于后者(机械作用)则至少在说明现象方面是有用的——既然如此,所以假如不是道德法则[道德律]和实践理性(伴着道德法则)前来,把这个自由概念强加于我们之上,那么原来就不会有人鲁莽灭裂把自由采用到这门学问之中。”②“因为只要我们对于道德和自由还没有构成任何明确的概念,那么我就不能猜测,一方面人们凭什么作为本体,作为所谓现象的基础,而另

① 《实践理性批判》(137;48)。

② 《实践理性批判》(118;29~30)。

一方面人们也不能决定，我们是否毕竟可以对它形成任何概念，因为我们先前已经把纯粹知性在理论应用方面所有全部概念都完全归在现象方面了。"①

有鉴于此，我们就可以说：康德起初曾把他的问题过分简单化了，而后又不必要地把它复杂了。他首先告诉我们说，道德律和自由是给予我们的，因而我们就毋须去问它们是否存在。而他又提出一个看来是不必要的问题，问到这两者之中哪一个是首先存在的，更确切地说，我们对于这两者首先意识到哪一个。因此我们得要问：康德态度的这一种改变是否有其正当理由？在解答这个问题时，我们发现有一个重要的论点是我们所一直没有考虑到的，即康德断言关于实践自由的理论知识是完全不可能的，换言之，自由乃是一种超感性的对象，是人心在理论方面不能认识的。康德认为：自由又作为一条实践的原理是确实的，但在理论上又是不可思议的。康德在《实践理性批判》一书的许多段落里说明了理论理性和实践理性之间的区别，通过理论理性的知识和通过实践理性的知识这两者之间的区别。我们只选出这些段落之一，使得我们有所依据而进行研究。

我们所要研究的一段的标题为"纯粹实践理性基本原理演证"②。我们首先对这段里所提出的论证作出一种简明的概述。《纯粹理性批判》一书曾经证明：我们关于对象的理论知识只限于经验的对象，但超出经验界而关于一个对象的理念是有其可能的，而且形成这样一种理念，对我们来说，又是必需的。不过实践理性在把道德律作为一种不能否认的事实呈现在我们的面前时，就把我们引入到一个纯然理性的境界里边去了。纯粹理性能够而且实际上必须想象到一种原始的自然，这个理念和我们的感官世界形成对照，把感官世界看作只是它的一种影像，或者作为以它为模型的对象。理论理性留下了一种空白，因为理论的知识是不能在感性经验的世界以外确定一个对象的。可是实践理性，由于它能够想到一种确定的超感性的规律，因而就能把剩下来的空白填满，可是得要注意，实

① 《实践理性批判》(91；4～5)。

② 《实践理性批判》(131起；42起)。

践理性想象到一个认为对于感性世界起作用的超感性的即智性的世界，无非是要使得有理性的存在者的种种行为能在感性世界中为其所确定，而不是为着理论知识起见的。事实上，实践理性对于这种知识是毫无兴趣的，而且它直率地承认它不能知道一种超感性的原理是如何能够影响感性世界里边的行动的。关于超感性世界和感性世界这两者之间的因果关系我们是毫无理论的知识的。“因为思辨理性如果想这样扩充原因性概念，那它就必须指明，根据和结论[和后果(Falgc)——本译者]的逻辑关系如何能够综合[地]应用到异于感性直观的另外一种直观上，那就是说，[它必须指明]本体界的原因是如何可能的。”①

在康德的论证的基础上的一般原理是清楚的。他再次告诉我们说，他在《纯粹理性批判》一书里曾经证明由纯然思维而知道的一个智性世界这种理念是没有任何矛盾的。然而我们关于这样的一个世界不能有理论的知识是因为我们不能够只靠思维，那就是说只靠知性而确定一个对象，我们也不能确定智性世界与我们感官世界这两者之间的因果关系。可是在实践理性的范围里边，智性的因果作用这个理念是可能的而且甚至是必需的。由于道德律就是给予我们的，所以我们不得不假定我们作为道德的存在者是为属于一个智性世界的原理所确定的。我们现在就能明白，那个当我们始初想要在《纯粹理性批判》一书里弄清楚的智性因果作用，看起来像是悖理，而且是和先验哲学所根据的一些原理相矛盾的。康德所持的概念，在《实践理性批判》这书里获得了与我们指望得到的意义完全不同的一种意义。如果康德相信我们关于智性的因果作用这个理念能有任何理论的知识，乃至如果他相信理论的理性跟它有什么关系，那么，这种理念确实会和他的哲学的基本原理相冲突。可是这恰恰是他所否认的，因为一方面他固然深信在实践方面智性的因果作用是实在的，即我们能自由地按照道德律而确定我们的行动，另一方面他却坚持我们关于这样的一种关系毫无理论的知识，坚持我们人类的心灵是不能洞察智性的因果作用这个概念的。我们对之能有任何知识的唯一的因果作用乃是自然的因果作用。自然的因果作用就是对自然事件加以确定的知性规

① 《实践理性批判》(139;50)。

则。我们不能了解为什么还有另外完全不同类的一种因果作用;我们也毋须去了解这种因果作用,因为它对于我们作为道德的行动者来说,是毫不相干的,由于我们关于超感性的道德律是不能而且不必要去知道的。

对于康德关于人属于经验的又属于智性界的这种性格,关于原始自然(natura acletypa)与模型的自然(natura letypa),以及关于现象(phenomena)与本体(noumena)之类所说的话之重要性,我们很容易作出过低的估计。其所以如此,是由于他所用的专门名词。这些名词无疑属于他写作的那个时代。但是我们不应该因为这样就无视这种事实,即这些名词所表现的是有他自己风格的道德理论。这种道德理论是其先验哲学的一部分,必然和任何不承认其基本先验原理的道德理论有所不同。由于康德的道德理论是以这些原理为基础的,所以他的道德哲学一方面固然主张道德律不可否认地是实在的,而且对于一切有理性的存在者[不限于人类]都是有其束缚力的一种绝对的规律。而与此同时,又宣称从道德律必然推断出来的意志自由,对我们来说,一直是不可解答的一个问题。康德坚持说,如果我们对一个人的一切动机有足够的了解,那么我们就应该能够预测其行为。其准确性会像我们预测日月之蚀那样,因为人的每一种行为都是自然原因所确定而且是完全依赖这种原因的。可是康德还是深信人的意志是自由的,这种主张看来像是不合理的,然而其实不是这样的;因为它是发生于一种的哲学体系,其基础是这样的一种坚信,认为所有一切自然对象,毫无例外,都从属于必然而不能变动的规律,而与此同时又主张这些规律只是在其对于出现的事物这种关系上才有效,而不适用于自在之物。基于此,康德就可以相信道德律能把我们从我们的经验世界引到超感性世界里边去。我们能够按照不属于我们自己世界的一种规律而行动,因为这规律使我们担当这种责任,即使我们自己不依赖我们的世界,也就是自然界为所确定的种种原因。可是我们不能知道,这样的一条规律是如何能存在的。我们所知道的只是道德上的自由不是不可能的。但它如何可能,则超出了我们的理解。在《实践理性批判》和《道德形而上学基础》这两书的许多段落中,康德曾提出过他对于意志自由的见解。如他所说:“如果不是这样给纯粹实践理性的最高原理作出演绎,也就是不去说明这样的一种验前知识的可能性,那么我们所能做的顶多只是指出:假使我们看到了一个发生因[指意志说]的自由的可能性,我们就会不仅看到作为我们以意志因果作用的那种自由归于他们的那些有理性的存在者的最高实践规律的这种道德律的可能性,而且还会见到乃至这种道德律的必然性了;因为这两个概念原是那样不可分地结合在一起,那我们就尽可给实践的自由下定义说,实践的自由就是意志除了道德律以外并不依赖任何其他东西。不过我们并不能知晓一个发生因的自由的可能性,尤其在感性世界中是如此;我们如果能有充分的保证,它的不可能性是无法证明的,而现在我们又被设定这种自由的道德律所迫使来假定这种自由,因而也就有权利来假定它,那我们就万幸了!"①"因为一条规律怎样靠其自身能直接成为意志的决定性原理(道德的本质正在于此)这个问题,乃是人类理性所不能解决的问题,正与自由意志是怎样有其可能的问题是一样的。"②"但是,如果理性企图去说明纯粹理性怎样能够成为实践的,那么理性就会越出它的界限了,因为这个问题恰恰就是与说明自由怎样是可能的为同样的问题。因为我们能够说明的东西无非是我们能够使之和规律一致的东西,而且这些规律的对象是能在某种可能的经验中被给与出来的。但是自由是一个纯然理念,其客观实在性是绝不能按照自然的规律指出来的,因而就绝不能在任何可能的经验中指出来的;而且为着这种缘故,我们永远不能理解或了解它,因为我们不能用任何一种的实例或类似的东西来证实它。"③"而这样,即令我们并不理解道德的命令宣示之在实践上的无条件必要性,可是我们还是理解它的不可理解性的,而我们对于一种努力把它的一切原理开展到人类理性的最大限度的哲学所能适当要求的,也不过是这样而已。"④

三、道德律的普遍性

只要我们把康德对他的道德学说而提出的各种不同形式所根据的一条在这些形式基础上的原理加以考虑,这些不同的形式都会变为完全可

---

① 《实践理性批判》(187;95～96,中译引文是依关译,本译者又据英译加以适当的修改)。

② 《实践理性批判》(165;73～94)。

③ 见康德:《道德形而上学基础》,中文新译,第79页。

④ 见康德:《道德形而上学基础》,中文新译,第84页。

以理解而前后一致的。通常对于康德的道德学说所提出的反对意见是说他主张道德只是依赖于一些形式上的普遍性规则。我们不妨把这种反对意见作为一个例子加以考察。可是在讨论这点以前，我必须请读者记住，我只是要把康德的学说加以阐明，而不涉及他的哲学的基本原理是否能站住脚这个问题。我认为我能够这样说：所说的道德规则只是形式的、普遍性的这种学说是必然从康德哲学之一般原理推论出来的，而且是准备承认他的一般立场是可维持的人所不能抗议的。很显然，康德既然相信道德律是不依赖自然界的一种绝对而普遍的规律，他也就必须保持道德规则是不依靠自然的原理的这种态度。因为因果的规律适用于自然的事件。因而涉及道德律的规则当然和那些因果的规律没有关系。如果我们假定关于道德的规则是以欲望的自然对象为转移的，那么我们就能立刻看到经验的对象就是我们行动的根据，而且行为与其对象的关系是一种普通的因果关系。这样一来，我们的行动就会从属于自然的因果律而就不能是自由的，也就是不能和道德律相一致。因为道德律的本性是规定我们应该使我们自己独立于那些只在对于感官世界的关系上才是必然的规律，而且又规定我们应该按照一种超感性的规律而行动的。在这些事实面前，康德的问题便是：有什么东西同时能属于超感性的世界而又属于发生于感性世界中的行动呢？他的解答就是有这样的东西，那就是动作者意志的决定。能够这样属于两个世界的不是行动所产生的结果（即它的内容）而是意志的决定（即它的形式），因为这是属于感性世界（由于行动是发生于这世界的）而同时又属于智性世界（由于产生行动的意志是认为它本身是不依靠自然界与其一切规律的）。道德的动作者决定其意志时，确实和它的行动可能在自然界所产生的结果无关。由此就可推断这行动者必须把决定他的意志的那个东西想象为一种普遍规则，因为这意志是和经验的对象无关的；而依康德说来，经验的对象纯是直观给予我们的特殊的东西，而就其是这样的东西来说，它们绝不是完全为知性的规则所决定，而总是包摄在这些规则之下。某一特殊对象是否为某一特殊的人所想望是以所说的人的特殊性质为转移的，而从对某一特殊的对象的欲望而行动的人，对于他人想望的是不同的对象这种事实是漫不在乎的。可是，如果行动者决定其意志是按照道德律，那么他就不得不认为他决定其意志是和他自己个人的性质无关,也就是说,他必须认为他的意志为一条普遍有效的规则所决定,而这规则是其他任何个人所一致承认为有效的。现在我们就能了解,为什么一条绝对的而且普遍的规律能为一个属于感官世界的存在者所想到这个问题,是《实践理性批判》一书的基本问题了。

四、普遍的东西和特殊的东西

为要比我们到此为止所了解的更好地来了解康德对于上述问题的解答,我们试看看两段很重要的文字。第一段在"关于纯粹实践理性对象的概念"这一章①。在这里康德说明实践理性所有的对象不过是善与恶这两个概念而已。这两个对象和我们可能欲望的自然对象两者之间的基本分别,就是产生前两个对象的乃是规律。道德学的哲学家们一直犯的基本错误就是他们首先去寻找意志的一个对象,例如,幸福,是他们能够使之成为规律的内容和原理的;其实他们应该首先去寻找在验前决定意志的规律,然后才去寻找意志的对象。在道德对象的情况下,产生对象的乃是规律;认为意志的对象得要首先存在,而道德律能够从这些对象推论出来,这种看法是完全错误的。

但是我们可以这样问:规律怎样能产生它自己的对象呢?理由在于知性的规则:范畴或原理与实践规律的分别。知性的种种范畴,以其本身来说,都是纯然的作用,其所能做的只是把直观中所与的杂多联系起来,因而要有其对象的存在是依靠在自己范围以外的某东西,即依靠感性。而实践的规则则不同,它们完全不依赖于经验性的对象。因为与之有关的不是它的对象在自然中的存在,而是意志的纯然形式的决定。意志只按照一种形式上的规律而决定自身。为着它所要知道的对象之存在,理论理性有赖于感性的特殊。可是就实践理性来说,原是有了验前普遍规律被给与出来,因而它就毋须在其自身之外别有所求,它用属于理性本身的验前普遍规律就能直接决定意志,而这样就产生其对象。"这些自由范畴(我们要这样称谓它们,以别于作为自然范畴的那些理论概念)比起后

① 《实践理性批判》(163～184;58～73)。

者(即自然范畴)来,有一种显著的优点,即后者只是借普遍概念在不确定方式下给每一种对我们可能的直观标记出一般对象来的一些思想形式,反之,前者则有关于一个自由意志的决定(对于这种决定,诚然不能给与任何与之完全相照应的直观,但是这种决定却先天[验前]就有一个纯粹实践法则为其基础,至于我们的认识官能在其理论的应用中所使用的各个概念便不是这种情形),这些自由范畴因为是实践的基本概念,所以就不以直观的形式(即空间和时间——它们并不存在于理性自身以内,而是必须由别处——即感性——取来的)为其基础,而以理性中(因而在思维官能自身中)所含有的一个纯粹意志形式为其基础。因此,就发生了下面的一种情形:就是,在纯粹实践理性的规矩中,重要之点只在于意志的如何决定,而不在于实践能力完成它的意图时所有的自然条件。既然如此,所以在最高自由原理方面所有的先天[验前]实践概念一下子就成了知识,而无需等待直观就可以得到意义。[这种情形所以可能,]还是由于下面这个明显理由,就是,它们自己就产生了它们所涉及的那种东西(意向)的实在性,至于理论概念,则完全不是这种情形。"①

这一段文字又一次指出康德在《实践理性批判》一书里的论证是如何紧密地和他的哲学一般问题相联系的。诚然,如果把康德的道德哲学作为一部孤立的关于道德的著述来对待,如果不考虑到它在整个先验哲学中的地位,那么这一段文字和许多其他各段就完全不可理解。为了了解刚才所引的一段文字而看到康德的问题是什么,我们只须回想《纯粹理性批判》的一种基本学说,就是,所有一切人类知识都依靠直观中所与的特殊和其作用是联系这些特殊的一些普遍规则。我们从我们对于《纯粹理性批判》的考查并知道康德认为理性按照它的本性必须要求种种特殊能够完全为普遍概念所确定,乃至认为特殊要靠普遍概念才有它们的存在。我们曾看到这种主张的结果就是康德不得不假定理论理性不过是和知性有关的。

我们曾看到,在理论的范围里,理性不能达成其意图,因为知性的概念并不具有独立的存在而必须依赖直观的。一切范畴,作为范畴来说,都

① 《实践理性批判》(157;66～67)。

是纯然作用,只有受到图型化,也就是和直观发生关系,才能有其实在的意义。可是必须注意,图型化的范畴再不是在纯粹思想范围以内的范畴了。这样的范畴不是纯然普遍的规则;它所具有的普遍性质是在于它是直观的普遍规则。既然理性的概念所具有的普遍性和我们必须以之归于图型化的范畴那种普遍性不是属于同类的东西,那么理性就不能达成它的目的。它不能把图型化的知性概念看作完全为它的理念所确定的,因为图型化的知性概念,现在是属于理性与之毫无关系的范畴的,也就是属于感性的范畴的。

说到实践理性,情况就完全不同了。因为所有先被给予出来的乃是道德的普遍性规律,这规律所命令的乃是我们的行动必须只为它所决定。这样,在道德律里似乎就有了如纯粹理性所要求的,即特殊完全为普遍所决定。但是,既然我们所有的行动都是发生在感官世界里面因而就是要受这个世界的条件所限制的,于是问题就发生了:在人类行动里是否有任何东西不一定属于自然的范围而可以完全独立于自然界。意志的决定似乎是可以具有所需要的属性的;因为虽然所想望的结果之为我们的行动所引起是完全靠着自然的条件,但是意志的决定也就是意志不问后果是什么而对于道德律的屈服,这只是为那普遍性的道德律所决定的,这种的自我决定就是在实践的领域里唯一重要的事情,因为道德律所命令的并不是某一行动应该在感官世界里发生,而是行动应该是按照道德律的命令而决定其自己的那种意志所作的。能够当作独立于自然条件的只是意志的决定,因为只有在决定意志时,理性才毋需超出纯是理性的范围。这样被决定的乃是行动的形式而已;而这种形式是实在的,因为在实践的领域里,我们不是要知道一种行动是怎样成为可能而是它怎样能被决定。

如果实践理性关心从理论上指导行动,那么它就要离开它自己纯然思想的范围而投靠感性的直观了;因为每一种行动作为自然中纯然的事件来看,那它就像每一个其他的理论对象一样,是属于感官世界的了。除了把它看为是一种自然事件以外,我们别无他法能获得关于一种行动的理论知识;而作为这样看时,行动是要受到时间的条件限制的。可是在时间中发生的每一个行动,必须看作是依赖作为在这行动本身那瞬息之前的那个先行时间的内容的那些发生的事件。既然是这样,那么不能控制其过去所曾做过的事情的这个动作者就不能看为是自由的了。每一个行动，就其作为一种纯然的发生事件来说，是为时间所决定了的，因为它无非是自然中的一种事件。在《纯粹理性批判》一书里曾经证明过，每一个自然对象都是依靠作为直观的一种形式的时间的。但是，《纯粹理性批判》又曾指出，时间不是自在之物的条件，而只是出现的东西的条件，那就是说，只是理论理性所能知道的对象的条件，因此我们就能承认，实践理性在它不对理论知识发生兴趣时，是可以全不依靠自然条件的系列而确定行动的。理论理性不能否认行动不依靠在它前面的条件而被确定的这种可能性，就是不能否认自由行动的可能性。实践理性则给我们保证自由行动的实在存在，因为它使我们意识到道德律，而道德律是独立于感性世界的规律。《纯粹理性批判》使我们能够从两个不同的观点来考虑同一个行动和同一个行动者。我们可以把行动看作完全依靠其自然条件的，而把行动者看为完全依靠他自己过去的行动，依靠他的经验性的性格，这性格确定他现在的行动正像它曾确定他以前的行动一样。行动像这样来看，就是自然中纯然一种事件，而行动者就纯然是一种现象。至于第二种观点，可以用康德的话来描述："这个主体在另一方面也意识到他是一个自在之物，并且看他的存在在这个范围内也是不受时间条件所支配的，而他自己只是自己通过理性给自己所立的法则决定的；在他的这一种存在中，任何东西都不是在他的意志决定以前发生，而且他的一切行为，还有一般说来的存在的一切变状(即依照他的内感官变化的那些变状)，甚至他(作为一个感性存在者)的存在的整个系列，在他的超感性的存在意识中，都只能看作他(作为本体)的原因作用的结果，而绝不能看作他的原因作用的决定原理。"①为了了解这一点，我们必须记住康德的一个观点，即只有纯然的特殊才是在时间中给予我们的。这些特殊固然是可以包摄在知性的普遍概念之下，但这并不取消它们作为特殊的性格，因为知性不能绝对确定它们，可是那正是道德律所要做的；而在我们问到一条绝对的道德律所能决定的是什么时，不用说，它必然本身就是一种普遍而且独立于

① 《实践理性批判》(191；100)，依英将关译略加修正，可参看张铭鼎中译本，关于所修正的一句，即 D130。

直观的尤其是独立于时间的某东西。决定意志的规则就是这样的一种普遍,因为它是独立于时间而这样也就独立于直观的全部范围的,实践的普遍规则是独立于感官世界的。它不同于理论的规则,是和时间中的杂多综合毫不相干的。这样,实践理性就能做到理论理性想要做而没有成功的事情。它借助于一条普遍的规则或理性的纯然作用,就能确定一个对象。因为,如我们所曾看到的,实践理性叫我们意识到道德律;而这样,意志就有了一条普遍性的规则,并且能够产生实践理性的对象。须知,我对于康德讨论实践理性对象这个问题的这一段文字的解释远不够圆满,而且一种更令人满意的说明则有待于许许多多问题的讨论,而这许多问题我还没有提出来。因此我应该指出,我们企图要做的不过是再次指出普遍与特殊两者之间的关系这个问题乃是康德在《纯粹理性批判》一书里的基本问题之一。我之所以强调这一点,是因为它是为康德的许多解释者所没有注意到的。

五、感性的东西和超感性的东西

我们现在就可以检查一下上面所提到的两段文字的第二段了,其标题为"纯粹实践判断力的范型"①。我认为这一段文字对于了解这第二个批判是极其重要的;但它很难了解,因此我不敢肯定我能够把它成功地说清楚。

康德的问题可以这样提出:所有的人类行动都是在感性世界里发生的,那么我们怎能这样来断定一种行动而使得我们能够认为它是和实践规则相符合的,而实践规则,作为一条全然普遍的规则来说,是纯然抽象的,和行动所发生的感性世界毫不相干的呢?如果我们要把那包含在抽象的规则里的东西应用于从属于它之下的一个具体的实例,我们就必须具有实践判断力。康德认为判断力是使我们能够叫特殊和普遍发生关系的那种心灵的能力,因之在《实践理性批判》一书里,他主张介于抽象规则与具体实例之间的乃是判断力,这是不奇怪的。关于理论的判断力,我们如何能使特殊和知性的普遍规则发生关系这个问题,已经在第一种批判

① 《实践理性批判》(159~163;68~73)。

里讨论过了，主要是在关于图型法那段里讨论的。

《实践理性批判》面临好像是更困难的一个问题；因为如康德所说，指望我们会在自然律所决定的感官世界里发现一种实例，使我们能够应用"善"这个超感性的范畴，这好像悖理的。《纯粹理性批判》一书已经把面临理论判断力的种种困难取消了；因为关于理论知识的考查已弄清楚了；(a)为了有一个理论经验的对象呈现出来，我们必须使概念和直观发生关系，并且(b)我们能这样做是用知性概念图型化的方法，即不把知性概念当作纯然抽象的概念而是当作使特殊直观从属于普遍规则的普遍规则。要了解一个知性概念如何能在直观中呈现出来，这似乎不是一种不可克服的困难，但是要了解一个道德的概念，即一个按其本性是属于超感性世界的概念，如何能在感官世界表现出来，那就像是完全不可能的了。

其实这种困难是表面的。我们只须记得在我们得要把一种行动包摄在一条纯粹实践规律之下时，我们与之有关的不是作为感官世界里一种事件来考虑的那个行动的可能性。诚然，为着判明一种行动的物理可能性，我们必须应用知性的范畴作为一切自然对象所必须与之符合的普遍规则；例如我们得要使用(属于物理概念的)物理因果作用的原理。但是康德认为知性的纯粹概念能够而且事实上必须图型化，但是物理概念就不是如此。"不过我们在这里与之有关的不是一个按照规律发生的事件的图型，而是一条规律自身的图型照顾，因为意志(不是说和它的结果有关的行动)并没有任何其他原则来决定它，而单只为[实践]规律所决定的这事件，是把因果作用这个观念和完全与构成物理联系的那些条件不相同的条件联系起来的。"①这的确难以理解的。首先，我认为必须提出，向以康德认为"图型"这词在道德行动包摄在道德之下这种情况下，或许是不可用的。我以为其答复就是，在道德的行动里对我们有兴趣的，不是使这行动成为某一个人所做的某一行动的东西，而是在那行动中使它成为普遍的那个东西，我们对于特殊的行动有兴趣，只是就行动者的意志是为规律的决定这一点来说的。就意志按照着来决定其自身的这条规律所有关的是在自然中发生的行动这点来说，它就可看作自然的规律。但是它

① 《实践理性批判》(160；70)，引文按英译对英译有所修改。

和自然的理论规律完全不同；因为理论规律，只要它只是形式的，是毫无实在意义的。每一条要产生关于对象的知识的理论规律必须和直观的杂多发生关系，而这是要为形式的普遍的规则所决定的。实践规律则相反，实践规律无关于对象在直观中的出现，因而就不能图型化。所以就实践规律来说，“图型”这个名词是不适当的，因为在其应有的意义上，一个图型乃是概念借助于想象在直观中的表现。善这个概念，固然被表现出来，但是我们必须注意，我们所包摄在它底下的不是在直观给与出来的特殊行动而是行动者的意志以之得到决定的形式规律。我们现在就能看到，判断力在实践理性的领域内发现某东西是它可以看为提供一个超感性的概念以其充分的表象的。这就是意志按照作为自然的普遍规律看的形式规律而作出的决定，而这个规律一方面和道德律有其共同的东西，而同时在另一方面和认为这规律所要决定的行动有其共同的东西。“物理规律，由于它是感性直观对象，作为这种对象，所服从的，是必须有一个图型与之相应……但是自由规律(也即一种完全受感性制约的原因性的规律)。因而还有无条件的善这个概念，不能有任何直观，因而也不能有任何图型，以便把自己应用具体事物上去，因此，道德律除了知性以外，没有别的能力(一定不是想象力)来帮助它应用于物理对象；为了促进判断力起见，知性并不能给予理性的观念以一个感性图型，而只能以一条规律来给予它，虽然所给予的只是就形式来说是规律；可是这是能够具体地在各感官的对象里呈现出来的这样一条规律，因而也就是一条自然规律。”①

如果我们想要理解这段文字，我们就必须首先弄清康德为何相信唯有知性才能涉及理性与其关于善的概念。要答复这个问题，我们必须记得，按康德的说法，理性的概念要绝对地确定从属于它的是什么。可是能够完全为一个普遍概念所确定而且能被看为一个普遍概念的充分表象的，其本身就一定是某种概念。理性的普遍概念和包摄在其下的东西，必须属于一个同质的范围，不然的话，想要被包摄的就不能适当地表现理性的普遍概念。由此可以推定，它不能为心的任何其他能力所产生而只能为知性所产生。因为除了理性之外，只有知性是能产生普遍概念的一种

① 《实践理性批判》(160～161；70)，所引关译按英译加以修改。

能力。此外,我们还知道,康德在这里所谈的问题不是关于行动可能性的问题(因为这个问题和实践理性是毫无关系的),而是这个问题,就是怎样才能判定一个发生于感性世界中的行动,以致使它像是为一条超感性的实践规律确定的,康德指出知性是这种判断所需要;因为知性能够从行动抽去一切属于直观的东西,抽掉它的感性条件。这样,它就能想象到行动的一种普遍确定这个概念;而这无非是意志的纯然形式,能包摄在理性的概念之下。

可是必须注意——而这是很重要的一点——康德并不相信行动者的意志是为自然的形式规律所决定的。他肯定地说,行动者的意志是为道德律所决定而不为任何其他东西所决定的。他的问题是:属于自然世界的一个有限的存在者怎能这样判定他的种种行动,以致认为它们是一条超感性的规律所确定的?他的答复就是:他能这样判定,乃是由于他认为他的意志准则都是符合自然的普遍规律的。“因而他这样用自己的行为准则与一个普遍自然法则来互相比较,那还不是他的意志的动机[决定原理]所在。”①

康德称那表现道德律的自然普遍规律为道德律的“范型”,而称这种一般程序为“范型法”。如果用“符号”这个名词,会更适当地表达他的意思,他自己也使用过这词。他要指出的是,有限的道德存在者,是能用自然普遍规律这个概念来作为符号以表示超感性的规律的。可是我们必须记住,他又认为有限的存在者并不这样就获得关于超感性对象的任何理论知识。我们不能用一种使我们在理论上知道智性世界的方法来表现智性世界,但是实践理性和理论知识无关,而我们去表现超感性这个理念,不过是为着使我们能够在实践上使用它而已。“因此,我就可以把感性界的自然秩序用为理性界的自然秩序的范型,只要我不把直观和有关于直观的事情转移到理性界[按:应译‘超感性界的自然秩序’],而只把一般合法则性的形式[按:应译‘规律的一般形式’]。这个概念也出现于理性[最]寻常的运用中,但是除了供理性的纯粹实践运用外,它在别的方式

① 《实践理性批判》(161;71)。

下，并不能先天[验前]地、确定地被人认识到了。”①康德接下去还说明一种不把属于概念的“范型法”的东西错看为概念本身的“判断力范型法”，那就是说，一种把自然普遍规律看作道德的善的纯然符号的方法能防止经验主义而同时又能防止神秘主义；因为经验主义是把善看作经验的纯然产物，而神秘主义则在其把只作为符号用的东西变为一种图型时，就打算给道德的概念提供现实的直观，“可是这些直观（不是无形天国的）感性直观，而这样就钻到超越界里去了”②。“只有判断力方面的理性主义适合于道德概念的应用，这个主义从感性界所取来的东西，也就只是纯粹理性自己所能够思想的东西（即是合法则性），同时它所感到超感性界的东西也是可以经由行为（依照普遍自然法则的形式规则）返回来现实呈现于感性世界中的。”③

我希望我对范型法一章的阐述至少完全弄清楚了一点，即在这章里所讨论的问题和先验哲学的一般原理是结合在一起的。我曾一再说过，依我看来，超感性的世界和感性的世界这两者之间的关系这个问题，是康德哲学的基本问题。《纯粹理性批判》一书指出，人类理性必定要产生出意味着超感性对象的存在的普遍概念（即超越的理念），但是关于这些对象的理论知识是完全不可能的。因为我们的所有一切知识都依靠直观，而超感性的对象是不能在直观中显示的，因为由于它们作为纯粹理性产物的本性，它们是被思考为和感官世界以及感性直观完全无关的。

但是我们作为道德动作者的立场是不同于我们目的在得到理论知识那时所处的立场的。因道德的存在者对于一条绝对的规律是有着一种绝对的意识的。《实践理性批判》并不否认这点。他甚至于承认有可能在感官世界里表现超感性的东西，但是它仍然必须固持批评哲学的基本原理，也就是借助于理念，我们的理性是不能有理论知识的。一个有理性的存在者能够这样来表现一种超感性对象这个理念，以致他能够以按照着它来决定自己的意志这种方法去在实践上使用它。但是这就是我们所能做的而无其他了。我们必不可把一种符号错看为一个图型，并且必不可想

① 《实践理性批判》(162;71)。

② 《实践理性批判》(162～163;72)，对关译略加修正。

③ 《实践理性批判》(163;72)。

象,我们能够发现相当于我们道德概念的直观,否则我们就会和批判哲学的基本原理相矛盾;因为[这样一来],我们就会否认一切人类知识的有限制的性格。

六、有限的意志和规律的敬重

在纯粹实践理性的分析论第三章的开头,康德指出,如果把道德律看作决定一个按自己的本性就会遵照它的存在者的意志的规律的话,那么道德律就是一条神圣的规律了。可是有限的有理性的存在者的意志,按其本性是不遵照道德律的。与此相反,道德律即自由的规律是命令有限的存在者反于他的本性来行动的,而这就引出了这样的问题,即什么东西诱发一个有限的存在者来按照这道德律而行动,也就是说,什么主观原理使他服从道德律的要求。

康德的答复是:引起这种主观动机的是对于道德律的敬重的感情。这种敬重的感情对我们指出有限的存在者,作为一种受造物来说,所具有的下述特别性质,即他属于不同的世界:自然的有限世界和自由的无限世界。因为对于一种无条件的规律之敬重使这一种存在者感觉到,一方面他绝对服从道德律,而同时另一方面,他还觉知到他的有限性质,意识到这种事实,即作为属于感性世界而为自然条件所限制的一个存在者,他永远不能完全和道德律相一致。那就是何以对道德律的敬重,同时是提高有这种感情的人而又使他感到惭愧的。

我们现在必须提出敬重的感情是否产生道德感这个问题。康德的答复是否定的;因为首先对我们给予的乃是对于道德律的意识,而敬重的感情只是那种意识的后果。严格地说来,敬重并不是一种感情,它乃是理性的产物,而它的发生,是因为有限的存在者把他自己受条件限制的本性和无条件规律的绝对要求来互相比较,这不过是一个感性存在者在发现自己为客观规律所决定时的心理主观状态。"由此可见,对于法则的敬重并不是道德的动机,而就是在主观上视作动机的道德自身。"①

我们必须注意,对于道德律的敬重这种感情并不是人类心灵的特性。

① 《实践理性批判》(168;77)。

不能把它和经验心理学有关的那些心的属性作为可以与之比较的,因为那些心的属性只能通过经验的观察而发现。康德说它是一种能在验前知道的感情,而它的验前必然性是我们能够了解的;并且这就证明他并不把它看作人类心灵的特别性质,而是看作每一个为一条超感性的规律所决定的有限存在者必定具有的一种感情。在他说敬重的感情是愉快与痛苦构成的时候,我们不能理解这是心理学的观察。他一再说明一个神圣的意志不同于人类意志的。这种意志不会感到对道德律的敬重,对这种意志来说,职责这个概念不会存在,而且这种意志不会用命令式来决定自己。但是把这一切属性归之于人时,他并不认为它们就是人类本性的特征。他所要指出的乃是人类意志作为一个有限存在者的意志来说,在本质上是必然有别于道德律是其本性的规律的一种意志。康德并不相信敬重这种感情,职责这个概念和道德律的命令最为必须遵守的这种意识是由于人的心灵的特别组织而来,这是他明白表示的,因为他说这些东西都是每一个有限的有理性的存在者的意志的必然特征。"对于人类和一切被造的理性存在者说来,道德的必要性就是一种强制,一种义务,而以此为基础的一切行为都当被视作一种职责,而不能被视作自然使人中意或可能中人之意的行事方式。"①"因为道德法则对于至善至美的神明意志说来,乃是一个职责、法则,这个法则具有道德的强制力,而且它使一个存在者的行为可以被其对这个法则的敬重和对自己职责的敬畏所决定了。"②

正如当康德说知性范畴必须对每一个有限的有理性的存在者有效,而他的意思绝非是说这些范畴是心理的特性而总是认为它们是思维的客观必然形式那样(见上文),同样地,虽然有许多地方,他所说的好像是这样暗示着,然而他从没有认为对于道德律的敬重,对职责的感觉和对命令必须遵守的觉知是人心的偶然性质,而是深信这些是必然的且是验前的属性,它们为每一个有理性的存在者所具有是能在客观上证明的。"为着达到这个目的起见[就是要证明一种无条件命令的存在,即证明绝对发出

① 《实践理性批判》(174;83)。

② 《实践理性批判》(75;84)。

命令而遵守这命令就是职责的一种实践规律的存在],极其重要的是记住我们切不可想要从人性的某些特殊属性把这条原理的实在性推论出来。因为职责必须是行动的实践的、无条件的必然性;所以它必须对一切有理性的存在者来说都是有效的(对一种命令能使用的存在者来说都是有效的),而只为了这种缘故,它又必须是对一切人类意志的规律。反之,凡是从人性的特殊自然特征推论出来的东西,凡是从某一定的感性和倾向推论出来的东西,乃至如有可能的话,从人类理性所固有的任何特殊趣向推论出来的东西,都不一定是对每一个理性存在者的意志有效的;这种东西固然可以给我们提供一种准则,而不能提供一条规律;可以提供一种主观的原则,为我们可以有一种倾向和欲求来行动的根据,而不能提供一种客观的原理,即令我们一切的倾向、欲求以及一切自然的意向都是反对的而还是命令我们去行动的。事实上,主观的冲动越是不赞成它而越是反对它,然而并不能丝毫消弱规律的义务或者贬低它的有效性,职责中命令的崇高与其本有的尊严就越发明显。"①

七、实践理性的辩证——至善

现在我们考察《实践理性批判》辩证论中康德的论证。这不是一种轻而易举的工作,因为康德在这里所用的术语是这样不同于我们所习惯的术语,以致我们可能常常觉得他的论证好像完全依赖他所属时代的那种术语而毫无独立的哲学价值。下面就是他的论证的概述。

和理论理性一样,实践理性想到不受条件限制的东西这一种理念,即至善(summum bonum)。至善作为意志的对象来说,是同时包含着德性与幸福的,但是这并不意味着德性是依靠幸福的。相反,实践理性必须把幸福当作是完全依靠于德性的。

康德为什么认为至善必须同时包含德性和幸福呢?实践理性的分析论已经说明,对于幸福的想望决不能看为是意志的决定原理;因为这种原理会破坏我们动作的道德价值,道德律下命令是无条件的;如果我们使行动依赖幸福作为它的对象的话,那我们就使它依赖一种条件了。这样一

① 见康德:《道德形而上学基础》,中文新译,第43页。

来，行动就不是为了服从道德律，而是为了和道德的原理毫不相干的某东西(即幸福)。

然而又不能把道德的价值看作至善。因为作为属于自然界的一个存在者的人，是必然想要使其自身成为是幸福的，这种欲望是每一个有限的有理性的存在者的意志的一种属性。实践理性必须预先假定他追求德性而以这种追求来使他自己成为幸福的人(这是每一个有限的存在者自然的目标)，因而他并没有被剥夺享受幸福的权利。实践理性固然不容许有限的存在者为着幸福而追求德性，但是这并不致使它不假定有限的。有理性的存在者的尽善尽美的状态是一种状态，在其中这有限的、有理性的存在者是有道德而又有幸福的，“因为人如果需要幸福，也配享受幸福，而却无福可享，那末，这种情形是不符合于一位既有理性而同时又具全能的存在者的圆满意欲的”①。

康德假定德性单独不能就是至善，理由是如果一个有限的存在者有能力引起他自己的幸福，他是不会抑制自己这样去做的。但是我们已看到，康德相信这样一个存在者，在设想它自己存在的完善状态这种理念时，必然是要使它的幸福依靠它的德性的。德性与幸福相结合使得幸福恰恰与德性成比例，这个理念乃是理性的一种必然理念。幸福为德性所产生时，就是达到了理想的状态，这样一种状态就是至善，就是实践理性的完全对象。“一个人既然在把德性和幸福结合起来以后，才算达到至善，而幸福也必须精确比照道德(道德就是人的价值和其配享幸福的属性)分配出去，才构成一个可能世界的至善；所以在这个范围内而论，这个至善就意味着一个全体意味着圆满的善，而在这个善里面，作为一个条件看的道德总是无上的善，因为在它以上再没有别的制约者；而且幸福对于享福之人说来虽然总是愉快的，可是单就它本身而论并非面面都是绝对善的，而总要以道德的、合法的行为，作为先决条件，才成为善的。”②康德认为至善这个理念是一个对象，在里面，道德的生命和自然的生命是一致的这种最高圆满的理念，必须为实践理性所设想。这是不难理解的，只要

① 《实践理性批判》(206；113)。

② 《实践理性批判》(206～207；113～114)。

我们记住;对康德说来有两个世界,即自然世界与自由的智性世界。人是同时属于这两个世界的。依康德的说法,理性在进行工作时,总是想到一个绝对不受任何条件限制的对象这个理念的。就实践理性来说,这个意味着理性不能设想智性世界对自然世界毫无影响。它把智性世界作为所有一般事物的绝对条件;它把智性世界看作为万有之源,所以决定智性世界的表示原因的原理,也就是通过自己的因果作用,就被认为是不只决定智性世界而且又是决定自然世界的原理了。这样,理性在追求一种绝对原理的过程中就取消了两种因果作用,即通过自由的因果作用和自然的因果作用这两者之间的基本区别,而使自然的因果作用成为依靠通过自由的因果作用了。

凡是在我们的理性设想一个理念的时候,它都假定受条件限制的东西是完全为那不受任何条件限制的东西所决定的。就实践理性说来,受条件限制的就是自然界。有限的有理性的存在者是要求在自然界中享福的。另一方面,这个存在者的理性,一定设想到一个绝对不受条件限制的智性世界,其原理是他遵照决定自己行动的这种理念。因此,他只得相信,由于这个缘故(就是在决定行动时,他并不考虑到他作为一个有限的存在者所有的需要),他将要得到他幸福的份儿,而且所得的幸福,其多少是以他按照智性的规律决定其行动的程度为转移的。换句话说,有限的有理性的存在者把自然的世界看作完全从服于自由的世界,把他在自然世界中的状况(他的幸福)看作依靠他的道德性(他的德性)的。"它作为纯粹实践理性也[像理论理性]一样为那在实践方面受制约者(这是依靠于好恶和自然需要上的)寻求无制约者,而且这个无制约者还不是作为意志的动机,而是在这个原理已经被发现之后(在道德法则中),它还在寻求纯粹实践理性的无制约的对象全体,那就是所谓至善。"①

八、实践理性的二律背驰

然而至善这个理念好像把实践理性卷入一种二律背驰里去,正如理论理念把理论理性卷入种种的二律背驰里去一样。《实践理性批判》的任

① 《实践理性批判》(203;111)。

务正是要提出实践理性的二律背驰,而且如有可能,就要解决它。

康德关于实践理性的二律背驰的讨论一开头就指出斯多葛和伊壁鸠鲁两派关于至善的理论都是基于错误的假定的。两派都一样相信德性与幸福是能由分析而互相取得的,其理论的唯一的差别是前者认为对于一个人的德性的意识就是幸福,而后者则认为一个人对于自己准则便导致幸福这种意识就是德性。康德认为:两种主张都是不对的,必须把德性和幸福看作至善的两种互不相同的要素,它们形成一种综合的统一。

由于它们是完全互不相同的,理性在没有想到包含着它们两者的这个至善的理念时,就陷入了一种二律背驰。因为至善这个理念既然是必要的,既然它又把幸福与德性结合在一起,我们于是就面临着这种两者不可兼得的情况:要么是对幸福的想望产生的德性,要么是德性产生幸福。

很明显,前一种情况是不可能的,因为分析论已表明一种使行动依靠幸福的意志是完全不为道德律所决定的。后一种情况也是不可能的,"因为尘世上一切实践方面的因果联系,作为意志被决定以后的结果看,并不遵循意志的道德意向,而是遵循对于自然法则的认识,并依靠于利用这种知识求达自己幸福的物理能力上,因此,我们纵然极其严格地遵行道德法则,也不能因此就期望,幸福与德性能够在尘世上必然地结合起来,合乎我们所谓至善"①。既然至善的两种要素——德性和幸福——两者之间没有任何必然的联系,那就可以推断至善完全是不能实现的;因而就像是:"谕令我们增进至善的道德法则,也就必然流于狂想,施于空虚幻想目的,其本身也就是虚妄不实的了。"②

康德是以下面的方法解决实践理性的二律背驰的。第一个命题,即幸福能产生德性,是绝对错误的。第二个命题,即德性可能增进幸福也被驳倒了,理由就是,道德律不可能对于自然世界有任何影响,因为自然世界是完全为自然的因果律所决定的;所以,认为有德的行为,也就是按照一种智性的因果作用而被决定的行为,是完全不可能在任何方式上决定行动者的自然状态的,因为这是完全依靠自然的种种规律的。可是,这实

① 《实践理性批判》(209～210;116～117)。

② 《实践理性批判》(209～210;116～117)。

在不是一种正确的论证，因为只有我们把自然的因果规律当作一种绝对的规律，我们才必须要相信自然的世界不能为任何其他种的因果作用所决定。可是，自然对象的世界，既然是纯然出现的东西，那就有可能，另一种因果的原理，即通过自由的因果原理，不但决定智性世界而且也决定自然的世界，亦即出现的东西的世界。

认为两者之间有一种联系至少不是什么不合理的假定。理论理性不否认这一点，因为不管它是怎样大力坚持在自然世界里每一种变动都是依靠自然的因果律，而它同时也觉知到自然纯是出现的东西这个事实，而且觉知到存在着另外一种因果作用的可能性。从理论理性不能提出任何抗议，以及实践理性使我们意识到一种超感性的规律，而这种意识又使我们设想到我们在感官世界上的状态为这个超感性的规律所决定这个理念，也就是从这种事实，我们就推断说实践理性所想到的理念，在理论上不是不可能的，在实践上是实在的。

将康德对于实践理性二律背驰的解决和他对于理论理性的二律背驰的解决相互比较是饶有兴趣的，比较可以表明：虽然在两种情况下所用的解决方法是相同的——方法就是指出二律背驰之发生只是因为我们把出现的东西当作了自在之物，但两者有相当大的不同。在《纯粹理性批判》一书里，康德所能作的，不过是指出超感性世界这个理念并不是自相矛盾的。《实践理性批判》则不同，它能在实际上证明这样一个世界的实在性，因为在实践的范围里，那超感性的规律是给予的，而作为这事的后果，实践理性就必然设想一种理念，即自然世界与自由世界的统一。一个遵照一条绝对的规律来决定他的行动的存在者觉得不可能相信他所属的两个世界是毫不相干的。他的理性必然会想到结合着自然世界与自由世界的至善这个理念。

九、实践理性的设定

接下来我将要考查的是实践理性辩证论中标题为“灵魂不死作为纯粹实践理性的设定”这一章。康德的论证要点是：能为道德律所决定的意志，其必然的对象就是至善的实现。可是至善的最高条件是行动者对道德律的完全顺从。而这是有限的理性存在者此生所不可能做到的事情。

所提出的要求乃是属于感性世界的存在者要成为绝对完善的，要具有一种神圣的意志。既然这是一个有限的存在者绝不能完全实现的事，那就只有在无止境的进行中才能发现。"但是它虽然作为实践上必要条件而被要求着，可是它只能在趋向那个圆满契合的无止境的进步中发现出来，而且依照纯粹实践理性原理来讲，还必须假设那样一种实践上的进步，以为我们意志的真正对象。"①

可是，这样的一种无止境的进步是不能假定的，除非我们假定那有限的、有理性的存在者的生存的无限延续，即他的灵魂的不死；既然假定前者是实践理性的一个必要的理念，那么就必须假定后者。可见灵魂不死乃是纯粹实践理性的一种设定，这种设定乃是"一个在理论上还不能证明，但是不可分地依靠在一个先天而无制约地有效的实践法则上的命题"②。

由上我们不难明白康德赋予这些理性的理念的特别意义，尤其是他以之归之于它们的客观性的性质。我们在这里所看见的论证又是一种先验的论证，那就是说一种论证，其所以为基础的原理是完全不同于独断论哲学或怀疑论哲学所提出的原理的。怀疑论的原理完全否定灵魂的不死，而独断论的原理则把它看作是理论上能证实的。先验哲学采取一种完全与之不同的观点。既然圆满的德性是不能达到的，既然我们只能接近它，而永远不能完全实现它，那么，如我们所曾看到的，就必须假定灵魂的不死。但是这种假定并非一种理论上的教条。灵魂的不死不是我们能知道的一种超感性的对象；它是我们能按照着来行动的一种理念。我们是毫不去问它的理论知识而想到这种理念的。我们被命令去实现它，但是我们永远不能完全实现它；我们只能努力于逐渐接近于完善。再则，圆满的德性是斯多葛派相信能在尘世上实现的。康德否定这点，[他认为]圆满的德性乃是一种理念，而这就意味着我们永远不能达到它。一个理念是关于一个超感性的对象的，而它的功用是使有限的存在者能够按照着它来决定自己，也就是说，使他在这有限的世界上为着它的实现而奋

① 《实践理性批判》(219;125)。

② 《实践理性批判》(219;125)。

斗，虽然他知道他永远不能完全实现。在实行这种功用时，理念是实在的，不管它是一种理论的理念或者是一种实践的理念。理念之给予我们，不是为要使我们可以想象我们能超出感性世界之上，而是为要使我们能在感性世界里按照着它们来确定我们自己，圆满德性和灵魂不死这两个理念给予我们乃是为着使我们能尽其所能成为有德性的。我们只有在无止境的进步中才能达到圆满的善行与神圣的品质。如果看漏了这种事实，"则人们不是把道德法则看得可以随心所欲，迎合人的方便，因而损蹙了它的神圣性，便是强己所难，夸大任务，期望达到那个可望不可即的使命，安冀求得意志的彻底神圣性，因而陷在完全无自知之明的通神家的热狂幻梦中。这两种偏差都只有妨害人的不断努力进步，使人不能准确彻底遵行一个严格而不徇情，现实而不幻想的理性命令罢了。对于一个有理性而却有限的存在者说来，只有由低级道德圆满至高级道德圆满的无限进步，才是可能的"①。

人不能在任何当下达到道德的圆满这个结论，如果我们不能从别处得出来，是能从这个事实得出来的，那就是，人的行动都是在时间中发生的。《纯粹理性批判》一书曾经说过：理性在形成它的概念或理念时，是不考虑时间的。我们永远不能对于超感性的对象有理论上的知识，其原因是这种对象完全与时间无关。由于我们的知识是依靠直观与知性的，所以它总是前后相随的。我们对于与我们前后相随的领会无关的对象，以及与时间无关的对象，是毫无所知的。只有一个或者具有智性的直观，或者具有直观的知性存在者，才能获得关于超感性对象的知识。在实践理性的种种理念的形成中，同样是忽视了时间的。在形成神圣性这个理念时，我们并没有估计到这个事实，即人的行动是在时间里发生的，或者有限的存在者向着圆满的进步，乃是在时间中的进一步，一系列的人类行动，即令是从比较坏的到道德向比较好的不断的进步，也是完全不同于神圣性这个概念的。这个概念只有一个无限的存在者，即独立于时间的存在者，才能了解的。对这样的一个存在者说来，累进的系列就会是一种不可分割的全体，是这种存在者所能在一单个智性的直观中掌握得住的。

① 《实践理性批判》(219；125～126)。

"那不受时间条件所制约的无限者,在我们所见为无止境的这个系列之中,可以对[意向和]道德法则的契合全部一目了然;至于神圣性是不徇情地为'他'的命令所要求,以便一秉大公给各人分配至善的——这种神圣性[的大小等级]也是可以被他对诸有理想性的存在者之存在所有的唯一的理智直观一览无余的。"①

我们从这里可看到,第一个设定即灵魂不死的设定,直接导致第二个设定,即有一个超感性的存在者亦即上帝的设定。康德的论证是从至善含有两个要素,即道德与幸福这个事实开始的,因为在道德律本身并没有任何东西能给我们什么根据来相信这两者之间的必然联系。但我们又必须预先假定这样一种联系,我们就唯有假定包含着这种联系的原理的一个最高原因的存在。我们不得不假定有一个不同于自然而使我们实际的状态按照我们道德性格而决定的这种最高存在者的存在。"因此,只有在我们假设一个无上的自原因具有与道德意向相契应的原因性的范围以内,然后世界上才会有至善存在。"②

十、实践理念的客观性

我们无须深究康德论证的细节,因为我们在这里所感兴趣的只是一般的原理。然而有一点是我们必须考虑的,即康德关于实践理念的学说像是含有许许多多矛盾。例如,他告诉我们,假定上帝存在的必要只是主观的③,而又说,我们觉得不可能假定在道德世界与自然世界之间有一种必然的联系而不假定一个最高存在者的存在,只是由于我们理性的主观条件④。

如前所述,康德关于理论的理念也有同样的困难。有一些说法好像是暗示着康德认为理念是主观的原理,而又有别的说法则暗示着他认为它们是客观的原理。他还以一种特殊的客观性归之于理论的理念。现在我们又将看到,他关于实践理念的学说,也是一样的。

---

① 《实践理性批判》(219;126)。

② 《实践理性批判》(221～222;128)。

③ 《实践理性批判》(222;128)。

④ 《实践理性批判》(243;147)。

关于这一论点，康德在实践理性辩证论第二章里讨论到。问题是：实践理性的一个理念，一个实践的设定怎样能在一种实践的意义上扩充理性的知识，而又同时增加它的理论知识？从一个理论对象的本质就可以知道，利用实践的理念以增加理论知识是不可能的。理论知识的对象不能由实践理性所确定，如果我们要在理论上知道一个对象，这个对象就必须在直观中给予我们。反之，实践理性在设想到实践理念所能做的不过是证明有我们意志所必须指向的对象的存在。我们不能认为一般对象的这种概念是足以给我们理论知识的。由此可见，实践理性并不能给我们理论理性以关于超感性对象的理论知识。但是，虽然我们关于对象的理论知识没有用那方法而得到增加，然而理论理性自己有了实践理性的帮助在其关于一般超感性的东西的知识方面是有所收获的。因为理论理性靠自己是不能对超感性的东西说什么的，而只能说，不能否认超感性的对象是可能存在的。可是现在理论理性实际上知道实有这样的对象，形式就完全不同了。既然是因实践的理由而又为了实践的用途，那些对象是给予理性的，那么，理论理性就必不得想象它是能够认识这些对象的；但是可以说，在实践的范围内，这些对象不但是超越的而又是制约的，并且是内在的、组织性的原理。“这里，这些理念就成了内在的、组成的，因为它们是纯粹实践理性的必然对象（至善），所以是可能实现的根据；同时，它们若离了这个对象就成了超越经验的，只成了思辨理性的单纯调整[制约]的原理，这些原理并不强使它假设超出经验以外的一个新对象，而只是使它在经验中的运用更近于圆满罢了。”①实践理性的理念，在什么意义上，能被说成是组成的并且是内在的原理，这是容易明白的。

就康德来说，实践理性是完全与超感性对象的理论知识无关的；它的唯一兴趣所在就是感性存在者应该按照超感性的理念来决定他的行动，而且应有超感性对象来在感性世界中指导其行动。正是为了这个缘故，在实践的范围里，只是想到超越感性对象便是理性所能需要的了。在理论的范围里则不同，一个理念决不能给我们以关于超感性对象的知识这个事实得要看为是一种不利，因为理论理性所感兴趣的是在理论上确定

① 《实践理性批判》(233;137)。

其对象，实践理性所感兴趣的无非是行动，而我们的行动是能通过单纯思想而被决定的。它只须想到理念而就按照着理想而行动。实践概念不同于理论概念；实践概念不是思想的单纯形式。实践理性的对象，即至善，如何能对我们被给予，这不是实践理性所要提出的问题。有了这样一个对象，那就够了。单纯对象的一个概念，一般说来，是满足了实践理性的，因为理论知识并非它的兴趣之所在。反之，理论理性是不能利用它的理念的。这些理念不能给它所指望的客观知识，因为像在第一种批判里所曾指出，理论概念全是思想的单纯形式，不能给我们以关于对象的知识。

如果我们想要了解理论理念和实践理念在客观的有效性方面的基本区别，我们只须把康德“制约性原理”这个名词完全照字面上来了解就可以了。这个名词是指为我们提供规则的原理的意思。这就很清楚了，理论理念和实践理念都只是制约性原理；因为它们都不是组织性原理，像我们了解知性的范畴那样。这两种理念之间的根本不同就是实践理性在提出一条规则时，恰恰是提出它的意图所要求的，而理论理性就不以单纯一条规则的产生为满足，它只能做到这么多就应视之为一种不利。一个实践理念可称为一条组织性的或内在的原理，因为实践理性所要求的就是它能据以决定其自身和它所得要实现的对象。实践理性完全不顾及它的对象所谓客观的存在的，它并不去理睬灵魂是否不死或上帝是否存在。它假定这两者，而在这样假定时就作出一条行动的原则了。它所需要的只是一条制约性原理来使有限的存在者为超感性对象的实现而努力，来鼓励他遵照道德律而行动，并在他的行动中实现那至善。可是在实践的领域里，观念性的规则真正是内在的或者说客观的原理；可是由于理论理性只能提供一条规则而不能知道超感性对象或者产生象知性的原理那种组织性原理，就必然认为这是一种不利之处。

十一、道德与超感性的东西

在最后，我想再一次指出的是：我的上述分析所企图要说明的是，两种批判之间有一种必然的联系，而这种联系又奠基于感官世界不是自在之物的世界这个先验的预先假定。《纯粹理性批判》已经说明理论理性不能认识超感性对象，它所想到的超感性对象这种理念只是制约性原理，其所能够做到的只是提供一些原理，为着使我们的经验知识系统化。《实践理性批判》已经说明，在实践的领域里，我们能超出感官世界，而且能实现超感性的对象。但是这部批判也证实了第一部批判的见解，即关于超感性对象的知识是没有可能的。

还有一点是我认为十分重要的，我们曾看到，在《纯粹理性批判》里，康德不只否定关于自在之物的理论知识的可能，而且还肯定这不应被看作是一种不利。因为这种知识，依他的意见，是不需要的而同时又是有危害性的。他认为，如果人类理性是能给我们以这种知识的话，它就很有可能被诱来放弃钻研感性世界的性质这种原属于它的工作。这样一来，错误意义上的形而上学，即企图从超感性理念得出感官世界来而不去在感性世界里体会超感性对象的那种形而上学，是会败坏科学的。在《实践理性批判》里，我们学到，关于超感性对象的理论知识，如果有其可能的话，不只会毁灭我们科学的知识而且还会毁灭我们的道德。这里我将以实践理性的辩证论中标题为“论人类认识能力与其实践本分的巧妙配合”结尾的一段结束本文的探讨：“现在假定，大自然在这一点上对我们称心如意，而以我们求之不得（或有人幻想自己确实具有）的那种洞见能力或圆满正觉赋予我们，那么多半会有什么结果呢？只要我们的天性不在同时全部改观，则偏好总是首先发言的，这些好恶初来还只是要求满足，而在合理反省支援之下，它们就要在幸福这个招牌之下要求最大而经久的满足的；至于道德法则，则是后来才发命令。要把这些好恶纳入适当范围，甚或使它们全体都服从于那个毫不徇情的较高目的。因此，现在道德意向与种种好恶是必须进行斗争的，而且在这场斗争中，在几经挫折之后，也总会逐渐养成心灵的道德力量；但是[照我们现在这个假设说来，则这种斗争就要停止]而令人敬畏的神和永生就毫不间断地出现在我们眼前了（因为我们所能完全证明的事情就与我们亲眼所见的东西一样确实可靠）。要是这样，则犯法之行当然可以避免，受命之事当然可以实行；不过发动行为的意向原不能以命令注入人心，而在这里促动行为的鞭策既然近在手边，在我以外，因而理性就无需力求，亲切体认法则的尊严，借以发扬蹈厉，平压好恶了；因而合法行为的发生，就大都来自恐惧，很少出于希望，绝无本于义务的了；因此，那在大智眼中维系人格价值甚或世界价值的道德行为价值就完全不存在了。只要人性还维持现在的样子,那么他的行为就会变为单纯机械动作,就如傀儡戏一样,虽然装模作样,惟妙惟肖,可是人物形象全无生命。但是人类的情形既然完全两样,而且人类虽然极其努力奋发,也只能有一个很为模糊可疑的来世展望,而且世界'元宰'对于'他'的存在和'他'的严威,也是只允许我们加以推测,不允许我们亲眼观察或明白证明:而在另一方面,则我们内心的道德法则,虽不确实预许我们什么,或以什么恫吓我们,却向我们要求一种不计利害的敬重。而且只有当这样敬重心积极得势之后,它才能够允许我们展望一个超感性的世界,而就在这里,我们的视线也很为微弱;既是这样,那直接奉献于法则的真正道德心向就有存在余地,而一个有理性的被造物,就可以有资格依照他的人格的价值,而不止是依照他的行动,来分享至善了。由此可见,关于自然和人类的研究在别处所谆谆教导我们的道理也很可以应用到这里:就是,我们所借以存在的那个不可测度的'大智',不但因为它赐予人的东西,而可以赞美,而且在它所不曾给予人的那些东西方面,也一样可以赞美的。"①

① 《实践理性批判》(245～246;149)。

第六讲　《判断力批判》研究*

一、泛论《判断力批判》

《判断力批判》是康德的三部《批判》的第三部，而且是其最后的一部。第一部《批判》是康德的认识论，而第二部是他的道德哲学，其最后一部《判断力批判》，一般人只说它是关于审美学的，正如第一部是有关人类知识，第二部是有关人类的道德行动和道德意志的，这第三部是有关人类感情的。但是这种说法虽是大致正确，然而我个人却认为是说得不够充分的。我个人认为，康德在《判断力批判》这部极其重要的著作里，不只谈到审美的问题，而更加重要而且为了揭露和批判康德的整套哲学来说是更加严重的，那就是他在这部著作里暴露他的世界观。他的世界观固然在前两部《批判》里已经有所暴露，但不如在这部《判断力批判》里，尤其是在其最后一部分里显露得那么突出，那么明显，所以我们为了更好地分析康德的全部哲学思想，从而对之进行彻底批判，特别是彻底批判在现代为资产阶级和帝国主义服务的所谓新康德主义这个哲学流派，我们不可满足于只分析他的《纯粹理性批判》(多数人只看这部《批判》就算了的)或者最多只分析他的前两部《批判》，即《纯粹理性批判》和《实践理性批判》，而且还得要进而去分析他的《判断力批判》，才能大致窥其全豹，使之完全暴露无遗。

一般说来，"判断力"这词是用来表示人类进行判断的活动的能力说的，而作出判断，就是对于事物形成一种关于价值与关系的知识。在这种一般意义上，康德在前面两部《批判》和其他著作里是曾多次使用过"判断力"这个词的，但是在《判断力批判》里，他特别指出，判断力是这样的一种机能：在一切情况下是介于知性和理性之间，或者说介于知性和感性之间，或者还可以说，介于作为一个机械的系统来着想的世界和从一种有机

* 该文是韦先生关于康德哲学的系统评介的最后一部分，完成于 1972 年 1 月 4 日。

的统一性观点来看的世界两者之间的。所以他就认为判断力批判在其范围里包括着:(1)作为介于自由本体和现象世界两者之间的判断力;(2)在它对于愉快和痛苦的特别感情的关系上,这种感情是发生于美丽和崇高的静观的;(3)最后,这种特殊意义上的判断力是使用意图或者说最后原因的限制性原理的一种判断力。

《判断力批判》除导论(导论的大意就是上面一段所说的大意)之外,分为"审美判断力批判"和"目的论的判断力的批判"这两大部分。

a. 名词的解释

我们在研讨这两大部分之先,首先还得要弄清楚康德在他的哲学著作里,尤其是在他的三部《批判》中所使用的几个概念和名词。

第一,他认为对象可以从两个观点来看,即从理论的观点来看和从实践的观点来看。所以哲学通常是划分为理论的哲学和实践的哲学的。但是康德在这里所谓"实践"是指人类理性在人类行动上的这种实践说的,而不是指把理论哲学应用于某些问题上这种实用说的,因而"实践"和"应用"不是同一意义的名词,不把这两个名词的意义区分开来,就会对康德的哲学思想弄不清楚。康德指出,既然把哲学划分为理论的哲学和实践的哲学,我们就必须小心地把这两种哲学根据于实在相互排斥的概念来加以区分。

康德郑重地强调,理论哲学只是关于自然的概念的,是用知性的纯粹概念,即范畴,来处理现象有秩序的系统的结构的,而实践哲学是关于道德律的意识和从而发生的意志自由的。如果不先把这些概念和它们依康德的用法来搞清楚,我们就会把理论的哲学和道德的(即实践的)哲学混淆起来。"除了从一个自由的道德主体出来的那些行动之外,没有什么东西是'实践的'。"这句话比较难懂:康德的意思是说,意志不过是实践理性,而反过来说,实践理性是表现为人类的意志的。所以,凡不是从自由意志作为动机而发生的行动,都不是实践理性的行动,也就不是实践的。

结果就是:一切技术上的实践规则都只是理论哲学对特别情况的应用。它们包含有艺术和技能的规则,这是能使我们影响别人的。但是在它们的本身来说,是和道德上实践的东西毫无关系的,因而就不是属于实践哲学的范围的。所谓"实践的"技术如测量、政事、耕作等等,而且甚至于借以可得到幸福的那些明达的规则，都只是技术上的实践规则，因而是属于理性理论的范围的。像这样，我们就明白实践哲学和道德哲学是同一的，以自由的超感性原理为根据的；而理论哲学是限于现象的联系的。这都是康德的先验理论的一些说法，是我们要留意从而予以批判的。

如我们早就谈过的那样，康德是按人类心灵的活动划分为知识、感情和欲望这三种机能，从而进行他对于知性、理性和判断力的探讨的。依他探讨的结果来说，知识的规律是现象借以得到构成的知性原理的；欲望的验前规律（有别于心理学的经验性规律）是理性在验前所规定的道德律。那么，既然愉快和痛苦的感情是介于知识和欲望之间的，按康德的说法，我们就必然指望介于知性和理性的判断力有它自己的一条验前的原理，指望它在某种方式上要规定支配愉快和痛苦的规律的。可是，愉快与痛苦是和行动联系着的，所以我们就必须指望判断力是使自然的区域和自由的区域成为调停知性与理性的，而且它又是对愉快与痛苦的感情有关系而作为知识与欲望的中间环节的。

b. 判断力的活动

现在我们集中注意力于判断力的本身活动。

关于判断力这个机能。

在一切情况下，判断力是把特殊带到普遍下边来的能力，例如把黄金这种特殊物带到金属这种普遍物下边来那样。但是，普遍的类，可能是在我们所知的东西当中就是已经有的，也可能不是直接包含在我们的知识里面而有待于去寻找的，例如我们可能不知怎样把当前的一个特殊现象归属于哪一类。在规律或原理是属于前一种性格时，康德称它为决定的判断力。因为它是从普遍出发而以知觉的详细情节为标准而详细说明它或确定它的；在后一种情况下，得要寻找规律，所以就称为反思的判断力。然而在反思的判断力里，必须使用某一条原理作为引线，而判断力是以这引线为标准来活动的。康德认为他是在意图或说目标里面发现这个引线的。那么，决定的判断力不过是那判断力，这种判断力是使用那些在《纯粹理性批判》里所已经提出的知性各种原理的，即使用所谓直观的公理、观察的预测、经验的类比和经验思维的公准的。关于这些各种原理，我们在分析《纯粹理性批判》时，是已经谈到的，而在这里就毋须赘述了。另一方面，反思判断力是特别的各门科学在发现自然的特殊规律过程中所使用的判断力，而在那些特殊情况下予以研究的。

但是，康德着重指出，在判断力应用了知性所提供的各种原理之后，我们还远远没有得到对自然的一种完备的知识，因为自然是一个体系，它的各部分是为因果作用的原理所联系着的，但是在一定的对象和事件的联系中，其所表现的形式是无限多样的，因之就必须寻找那些特定现象的规律。比如说，反思判断力在其寻找自然的特定规律的过程中，感觉到自然作为好像是一个有机整体似的，其一切部分都是为一个不同于我们的理智的一个理智所决定的。可是我们不能肯定现实上确有这样的一个理智；我们所能说的只是判断力在其寻找自然特定规律的过程中必须按照这样的一条原理而进行，才能理解当前的一切自然现象。这就是说，反思的判断力，在某一些特殊的自然现象面前，总得要按照着一个概念，按照着一条原理，来进行活动，才能理解这些现象。这条原理就是，自然的特定规律可以看为好像这些现象是一个有意图而活动着的理智的表现似的。

这样，康德就在他的《判断力批判》里引入唯心主义的目的论作为这部《批判》的结论，同时也作为他的全部批判哲学的结论。其详要在后文适当的地方予以揭露。

二、康德的“意图”这个唯心主义先验论的观念与其原理

且先看康德是怎样企图说明“自然的形式含有意图的意味这原理就是判断力的先验原理的”。

康德根据他当时的自然科学的发展程度，认为自然作为有意图的这个概念是一条先验的原理。这一点是这种事实所证实的，即科学研究工作者在习惯上按照着来行动的某些准则，而这些准则，依康德说来，是明白意味着自然好像是有意图似的(注)。例如是说，“自然采取的是最短的途径”，即“节省率”；“自然是不跳跃的”，即“自然的连续率”；“自然有许多规律而甚少原理”，即“除必要时，原理不增加”。因而康德就认为这些说法都含有这个意思，即可以把自然看为是对着一个明确的目标而工作，而且使用最适合于达到那目标的手段的。这就是杂多的东西适应于统一性

的观念，于是康德就硬认为适应这个概念就是判断力的主要概念。而“适应”是意味着意图的，也就是“含有目的的”。判断力按照着来进行活动的这条原理不是得自特殊事实的原理，而是先行于特定规律的发现的一条原理，是一条先验的原理。康德认为，我们其实必须预先假定自然是要看为好像它是一个统一体似的；因为不然的话，我们的经验就会变成零碎的，而我们就会没有知识的联系系统了。

a. 愉快感在科学工作中的产生从而就有审美的能力

康德还指出，使用意图这个观念作为一种指导时，科学工作者就会发现他能在某些情况下把许多特殊从属于一条规律，或者把许多特殊规律从属于一条更高的规律。这种发现也是自然的适应性的表现，即杂多是适应于统一性的。其结果就是在科学工作者的心中激起一种愉快感，这又显然是发生于在某种意义上自然是适应于我们知识的机能的这种坚信的一种感情，这种愉快是有一种很显著的性格的，甚至在人们对这种发现的规律久已熟悉之后还继续存在着的。

这也就是自然中意图的审美的意识。在我们有着一个感觉的整体的表现时，就在我们里面发生一种愉快的特别感情，那时，想象的对象就说是美丽的，而判断它为美丽的能力就称为审美力。

可是，我们怎样来解释这种特别的感情呢？康德的答复就是，它是发生于主体的知识的各种机能之间的和谐。这个答案也就决定了康德主观主义的美学了。

b. 崇高感的产生从而就有崇高的意识

美学的意识还有另一种形式，即崇高。上面所说的美丽感是从静观一个看为是美丽的对象而发生的愉快，而这种愉快是由于对象的形式和反思判断力的一种适应的。所谓崇高感是发生于主体对于对象的形式或无形式性的另一种适应的，而这种适应的意识是含有主体对这种意识有着一种反冲的情绪的，所以就和美丽感有所不同。因之判断力的批判就有两个主要部分，第一部分是处理美丽的，而第二部分是处理崇高的。

三、审美判断力的批判

审美判断力批判又分为两部分，即分析论和辩证论。分析论又划分为两卷，其第一卷是研讨美的分析论的，而第二卷是研讨崇高的分析论的。

我们现在首先简介美的分析论的主要内容。

康德认为，断定一个对象是美或丑，不是因为知性理解它是知识的一个现实对象，而只是因为它对于主体有关系，它在主体里面激起一种愉快感或痛苦感。在这种情况下，起作用的特别能力是想象力，即在心的面前提出意象的机能，或者更确切地说，起作用的是想象力和知性结合着在工作。因之鉴赏的判断就不是关于知识的一个判断，不是对于所知的对象的性格作出任何肯定的。我们说判断是审美的，意思就是说，美或丑这个述语只表示主体在受到称为美或丑的对象影响时是怎样感觉的。所以在审美判断的情况下，而且唯有在这种情况下，我们才发现完全是主观的一种观念的关系。

关于这点，拿愉快的东西和善的东西与美的东西相比较就显得更为明显了。愉快的东西和善的东西都是对于欲望机能有关系的。愉快是通过一种外来的冲动在感性的主体里面所产生的满意，而善是发生于主体对通过意志而变为存在的对象的一种关系。比如说，我们饿了就想吃饭，吃了饭就觉得满意，这就是愉快；我们决意要完成一种工作，工作完成了，就是意想的对象变为存在的对象了，于是我们就称之为善的。所以说愉快和善都是主体和对象的一种利害的关系。但是鉴赏的判断就不同：它是静观的；它的对象是主体把它摆在自己心面前而在它里面觉得有直接的满意的某东西，而且主体对于这个对象的静观不是要获得关于它的知识的；因为鉴赏的判断力不是根据一个概念，也没有什么概念作为它的目标：它不通过知性而动作，也不通过意志而动作，只根据于从对象的静观而发生的满意或不满意，完全不管主体对它具有任何利害关系的。这种满意的对象就称为美的。

在确定了美的质的观念后，康德按他一贯的作法，又从量、关系和模态这三个方面来讨论鉴赏判断。

从量的方面来说，我们意识到我们关于美的东西所经验的满意，完全不是由于我们自己的倾向而是完全不是私人的性格的，所以我们就判定这对象对每一个人都是会给以满意的，也就是说，每一个人在同样的对象面前都会有同样的经验的。可是,鉴赏的判断不是逻辑性的,因为它不并不是像逻辑性判断那样依据概念的,而是依据对对象的直接直观,依据对对象的纯粹静观的。它是一种普遍有效的判断,但是不同于逻辑性的普遍判断。

还有一点,鉴赏判断在量上乃是单一的,因为这种判断总是对于直接在直观或想象里,在我们面前的个体对象有所陈述的。

可能有人提出反对的意见说,“一切玫瑰花都是美的”这种判断,其中的量不是普遍的吗? 康德的答复是,虽然无疑这个判断在量上是普遍的,但是它不是一个审美判断,而是一个真正的逻辑性的判断,依据着许多审美的判断,其中每一个都是在量上是单一的。换句话说,“一切玫瑰花都是美的”这个判断是一个总结性的判断,通过知性而得出。

从关系方面来说,鉴赏判断是关于目的的。

这里所说的目的,并不是指一个对象,其存在只是借助于一个概念才成为可能的,因为如果是这样的话,它就在主体里面造成一种利害感,而判断就以这为其根据,然而鉴赏的判断并非以利害关系为根据的。但是纵然是在没有关于一个目标的明显概念时,如果不引进一个有意图地活动着的原因,我们就不能说明它的存在,那么一个对象,或心的状态,或者甚至一个行动也可以说是有意图的。而在这种情况下,我们就有了“没有意图而有意图性”的一例。康德认为在这种意义上,鉴赏判断可说是关于目的的,因为虽然在鉴赏判断中,我们不能说有一种有意图的这种概念在起着作用,不能肯定对象(在这里就是愉快感)在现实上是为一个意志所产生,但是我们别无他法来把这愉快的存在弄得使我们可以理解,而只有在“没有意图而有意图性”那方式上来设想它。这就是说鉴赏判断是关于目的的意思。固然,关于鉴赏判断的性质,我们是说它发生于我们知识的各机能的相互关系,因而就必须依据一种纯形式的或者说主观的适应,但是何以在这种审美的判断中我们有着知识的各机能的相互关系而且从这种关系就有主观的适应,除非是有着一种最终原因在那里起着作用,那也就是“没意图而有意图性”的意思。

最后,康德还从模态方面来说鉴赏判断。

他认为美的东西就是被看为含蕴着对我们的满意有一种必然的关系

这样的东西。但是这个必然性，依康德的说法，是一种特别的必然性：它不是一种理论的或者说客观的必然性，依赖着知性在它对于直观种种因素的关系的基本结构的，不是经验对象通过因果律的一种必然的或不变的联系。在断定一个对象为美的时候，我们不能验前地说，事实上每一个人都要感觉到同样的满意，像它是由于自然律而来的满意那样。这个必然性也不能同一于道德的义务，像发生于对一切有理性的存在者都有效的一条规律或规则那样。在鉴赏判断的情况下，其必然性必须称为示范的；就是说，在这个对象出现时，个个人应该一致地断定它是美的。但是在这里的应该又不同于道德义务的应该；因为后一应该是无条件的，而前一应该是有条件的；道德义务的应该是对一切可能的理智而且对人在一切可能条件下都是适用的，而鉴赏判断的应该是假定个别的实例是正确地包摄在同意的规则之下的。

这就简介完了美的分析论。下面就开始介绍崇高的分析论了。

崇高的分析论是“审美判断力批判”第二卷的内容。

崇高的分析论也是分为两个部分来处理的：甲、数学上的崇高，和乙、自然在力学上的崇高。

上面我们已经简介过美的分析论的主要内容。在谈到崇高的分析论之先，康德首先拿美和崇高进行比较，使得读者对于崇高能有一般的观念。

他指出在一些地方美和崇高是相同的。第一，美的东西和崇高的东西都是本身令人愉快的，都是根据一个反思的判断的，而不是根据一个感觉的或逻辑上决定的判断的。这就是说，在美和崇高感的情况下，判断是这样的，其中的对象是直接被呈现出来，但是对象所包摄在其下面的规则不是在判断之先的，所以对于崇高的满意，如对于美的满意一样，不是依赖感觉而且又不依赖任何确定的概念的。这是崇高感和美感相同的第一点。

第二点，在崇高感的情况下正如在美感的情况下一样，其反思的判断对概念有某一种关系，虽然这种概念是不明确的，因而审美的愉快发生于只是一个对象的表象，或者对表象的机能（即想象力）有关系的。

第三点，美的判断和崇高的判断都是单一判断，然而这些判断却自认为是对每一个人都普遍有效的,但并不把它们的要求根据于关于对象的性格的任何一定的知识的。

可是虽然崇高和美有上述的那些相同或者说相一致之处,但是两者之间还存在着一些差别。

首先,自然的美是和准确有限制的对象相关联的,如一朵玫瑰花这样的对象相关联的,而崇高感则发生于和一个没有一定限度的而且甚至完全无形象的对象相联系的,譬如在狂风怒号、海浪澎湃的时候人们感到的崇高那样。所以美的东西可以看为含蕴着知性的一种隐约的运用,这是由于知性是以特定的概念来确定对象的;而崇高则可以看为是由于理性的一种隐晦的运用,因为理性的特性是追求一个无条件的总体的。所以在美的东西里面,满意是和对象的质的意识相关联的,而在崇高的东西里面,满意是和量的观念相关联的。

此外,美的意识和崇高的意识又在种类上不相同。在美的东西的情况下,有一种愉快感,发生于生命活力的自由流露,因而可能和感觉性的魔力与幻相的活动有联系。另一方面,连同崇高感而发生的愉快不是直接的而是间接的。崇高的对象之第一个影响是阻止生命活力的流露,而随着这个有活力的更强烈的流露,这只是第二性的。因之,崇高排斥直接的感觉性魔力而含有想象力的剧烈而庄严的运用。既然发生于崇高的愉快感是间接的、第二性的,它是一种消极的愉快多于一种积极的愉快,类似伴随着道德律的意识的崇敬感的。

还要注意的就是:自然的美是在于含蕴在对象的形式里各因素的和谐,而这种和谐在我们里面激起一种愉快感,这是审美判断所根据的;结果在美的东西的情况下有一个直接的判断,像是依据对象对我们知识各机能的直接适应的。反之,在崇高的东西的情况下就不同,对象的形式或无形式性有点像是否定了意图,结果是判断不是直接的而是间接的。想象力努力于表现超过它的能力所能表现的。对象的性格既是这样,因之就不能把它压缩在限度的里边,它是逃出一切表现它的企图,因而判定对象是崇高的这种判断是间接的,而且,它越是挫折想象力要表现它的一切力量,它就越为人看为更崇高。因之看来在这里像是有对象和我们知识各种机能之间一种对立而不是相互间的直接适应。

于是康德就又一次暴露他的崇高感之唯心主义的说法。这是我们要进行批判的。他认为,严格地来说,我们不能称自然的一个对象,其实不能称任何对象的本身为崇高的,因为在崇高的东西的情况下,没有对象的形式和主体的机能两者之间的直接适应,像含蕴在美的东西的情况下那样。所以我们对于我们称为崇高的自然对象不能有一种直接的满意感,因为它和我们的机能的直接运用说是和谐毋宁说是不和谐。在心灵中唤起崇高感的,正是在感觉上呈现出来的对象的不足以实现理性的观念。为狂风激起而怒号的大海,在其本身不是崇高的而简直是可怕的,而只有当心灵充满着理性的观念时,才对于感性的本性从威胁到它毁灭的东西自然的退缩而引起一种反作用,因之心灵就对外来的对象反作用,被冲动到高升于一切感性的东西而纯然从事于观念。可见在崇高东西的情况下,有意图性是在主体里面,而且其实是在有理性的主体里面,而不是在对象里面。

康德的唯心主义审美学说在这里就十分露骨了。美感也好,崇高感也好,不是对客观事物的反映而是心灵的作用,尤其是关于崇高的对象是这样。照这样说,客观事物就没有可称为崇高的了,只有是可怕的,令人见之而退缩的。可是在这种情况下,当人的心灵充满着理性的观念时,引起一种反作用,而在这种反作用的心情被冲动到高升于一切感性的东西而纯然从事于观念的时候,才有崇高的出现的。这是充分表示着康德在其18世纪末叶典型地代表当时德国资产阶级对于专制政治的不满,然而由于资产阶级的软弱无能,就不敢而且不能从事于革命而只有如康德所说,退回到心灵里面去“从事于观念”,在那里自认为是“崇高的”,从而聊以自解自慰。这种学说是极端反动的,难怪在康德70岁时,在他再版他的《纯粹理性范围内的宗教》一书的时候,普鲁士国王威廉二世给他警告,勒令他不得支持违背新教徒正统信仰的言论,他就毫不敢反抗而支持当时为即令反动统治者所容许的言论出版自由。他在那以后三年便退休了,离他死时也不过十年,又何必这样在反动统治面前畏缩而不敢为知识界和学术界作正义的斗争呢?他的这种表现和他的《实践理性批判》所表示的道德责任感何啻天壤?可见言行的不一致是知识分子的一种可耻的特性,而康德是其一个典型例子。

让我们再来看看康德是怎样继续在他的崇高分析论里谈崇高的。

正如我们在上面已提到的那样，康德是把崇高分为两种来进行研究的。他有所谓数学的崇高和所谓力学的崇高。数学的崇高是大小的崇高，而力学的崇高是力或能的崇高。

我们先介绍数学的崇高。

甲、数学上的崇高

“崇高”这词是应该怎样解释的?

据康德的说法，绝对伟大的称为崇高。绝对的大是超过任何一定的量的，是无可比拟地大的。如果我们说一个东西不只是大而且是绝对大或者说是崇高的，而想在这东西以外寻找一个比较的标准，这显然是无用的。所以，崇高是那个东西，和它比较起来，一切其他东西都是渺小的。因之就没有感官对象能够是崇高的。这又是唯心主义的康德在说话了。他的企图又是要崇高只归之于思想而不属于客观事物。他说，想象力却永远不断向前突进，力图表现某一个无限的或绝对大的东西，而想象力的失败就表示理性要求有绝对的总体；因为如果我们没有无限的这个观念，我们就不能意识到想象力表现无限是失败了的。所以我们也可以这样来表达崇高的性格，那就是崇高的，只是能够想到它，就证明我们具有超出感官任何标准的一种能力。

康德谈到数学上的崇高时，还把它和数学上另一个观念来比较，那就是无限的这个观念。他说，无限也不只是比较上大而是绝对大的。因之同类的一切其他的量和它比较起来都是小的。在感性上要表现无限，就需要一种理解的力量，在它里面所用的标准，是和认为可在数目上表达出来的无限有一定的关系的。这显然是不可能的。但是仅仅能思维到无限的这种力量而不带有矛盾，这也就意味着在人类心灵中有一种超出直观的机能。只有引起一个本体的观念的机能，才能在思维中完全掌握得住感性世界的无限性，虽然依靠使用数目概念的数学方法是不能理解它的。关于崇高的这个观念，也可以同样地这样说。

康德一直是认为理性的规律是要求有现象的完整综合这个观念的，因为理性的性格总是不能满足于任何达不到无条件的东西的，而既然想象力甚至尽到它最大的努力，还永远不能达到这样的一个整体，因而就永远不能成功地表现一个够得上理性的观念的对象,所以它就露出它自己的限度和不完全性来,而与此同时,它证明一直指导着它的理想,就是理性的观念或者说理性的规律。所以对我们之归于自然的崇高的这个感情,正当地是对我们自己作为有理性的性格的尊敬。所以我们是用一种暗中窃取的方法,把严格说来只属于我们自己人格里的人性的东西,转移到自然那里去。换句话说,崇高本来是属于我们的,而我们只把它转移到客观自然的现象那里去罢了。

这就是康德关于数学上的崇高的分析所作出的唯心主义的结论。包含在我们关于崇高的判断里面的满意也就是这样的。

乙、自然在力学上的崇高

什么叫做自然在力学上的崇高?

康德的答案是:"自然作为不压服我们的一种力量来着想,就是在力学上的崇高。"

这是什么意思呢? 某些自然现象确是令人可怕的,好像是要压服人似的。"比如黑云密集,雷电交作,狂风怒号,海洋澎湃,我们对之是惧怕而不敢仰视的。可是当我们感到安全的时候,这些现象越是可怕,它们的光景就越是引动人;我们便立刻称它们为崇高的,因为它们引起心灵的一种稀有的力量,而在我们里面同时透露出完全不同的一种抵抗力,使我们把自己和看来是自然的万能,作一种较量。这就是自然在力学上的崇高对我们所激起的满意情绪。这种情绪使我们深深觉得我们物质存在的种种限制,但是它又揭示给我们这个事实,即理性有一个标准是高于任何在现象中能对我们出现的东西的。自然的无边力量究竟是够不上绝对统一性这个观念,而和这相对比,自然里边的一切都显得是渺小的了。我们作为个人在自然的不可抵抗的力量面前,是觉得软弱无能的,可是理性,叫我们从人类的观点看,是依然未屈服的。这样一来,就开始把自然看为不是可怕而是崇高的了。"①

① 见康德:《判断力批判》,上卷,第28节。[编者附注:对这段及后面的引文,韦先生加了注释,放于篇末,可惜遗失。编者在宗白华译的《判断力批判》上卷(商务印书馆1964年出版)中找不到对应的文字,说明韦先生的引文像其他许多引文一样是根据原文自己译出的。这里只能根据意义判断引文所在的节数。下同。]

康德的这段话虽是激昂慷慨，然而也是18世纪末叶普鲁士王国资产阶级知识分子软弱无能、不敢革命的腔调，对于自然来说，可能是向自然大进军的科学气派，但是以康德个人在当时的政治情况面前所树立的标准就太过反动了，因为他毕竟是个残年的独身主义老教授，一生是脱离实际而在书斋和课堂里大谈理论的。

在这里和他在谈到数学上崇高的问题时一样，是以崇高归之于心灵而否认它是属于客观世界的。他写道："所以在任何自然对象里都并没有崇高性，而只在我们自己的心灵里边才有，这是就我们能意识到我们高于我们里边的自然而言的，而因之又高于我们外边的自然，这是就自然对我们的影响而言的。"①

是不是每个人对于自然的某种如上述的现象都有同样的感觉呢？康德认为"只有受过某种程度的培养的人才能上升到超出自然呈现为可怕的那个第一相而判定自然是崇高的"②。可是我们不可认为这种判断完全是由于文化和社会上的习俗而来的；它的基础在于人性，而且事实上是在于我们有权认为尽人都有的东西，像一个健全的知性一样的。那就说，谁对于我们判定为崇高的一个对象无动于衷，谁就是缺乏感情的。

康德的这种解答是诉诸于空洞的人性论的，是一种无可奈何的解答，不能叫人满意的。

康德关于审美判断力批判的分析论部分之主要内容就是以此为结束。下面还有辩证论部分，我们得要简单地介绍一下。

审美判断的辩证论

"下面的二律背驰是和鉴赏力原理连带发生的：

(1)论题：鉴赏判断不是根据概念的；因为如果是的话，它就引起纠纷而不能有证明。

(2)反论题：鉴赏判断是以概念为依据的；因为不然的话，纵然有它的分歧，仍不会有纠纷，像是当我们要求别的人必须一定在我们的判断上和我们同意那样。"③

---

① 见康德：《判断力批判》，上卷，第28节。

② 见康德：《判断力批判》，上卷，第29节。

③ 见康德：《判断力批判》，上卷，第56节。

康德对于这个二律背驰的解决是这样的:困难是由于“概念”这词分别用在正题与反题的不同意义上。肯定鉴赏判断不是根据概念的正题,在不是根据明确的概念这个意义上,它便是真的;但是反题肯定鉴赏判断是根据概念的。在把“概念”这词理解为一个不定的概念,即超感性的基质或者说本体的概念或理念时,反题也在同等程度上是真的。作出了这个区别的时候,表面上的矛盾就消逝了,所以这两条表面上矛盾的原理是能互相协调的。

这也就结束了审美判断力批判的辩证论部分。接着就是目的论的判断力的批判了。这批判只分为两节,第一节是讨论目的论的判断力的分析论的,而第二节是讨论目的论的判断力的辩证论的。

目的论的判断力的批判

a. 目的论的判断力的分析论

据康德的说法,只是在我们没有其他方法来说明事实的时候,经验才迫使我们把意图这个观念应用于自然对象的。可见康德的目的论这种唯心主义的说法,只是在自然科学还没发展到能令人满意地说明自然现象时才主观地把目的或者说意图这个观念引入对自然现象里的。

康德拿这样一个实例来分析。松树繁殖于一片沙土之上。这大块沙土是海洋从波罗的海海岸退缩时留下来的。这块沙土帮助松树的繁殖,而对松树是便利的。问题就是,海洋的退缩是否要看为是为了松树的滋养的。如果是的话,那么就要把沙土看为一种相对的目标,而海洋的退缩作为一种手段:正如松树是一个目标而沙土是一种手段一样。不管把意图这个观念这种应用的合法性是说成怎样,至少很明显[这是唯心主义哲学家康德在说话],在这里我们有了一个纯是相对的或说偶性的意图;因为意图不是归于松树本身,或者归于沙土,归于海洋,而只归之于这些不同现象之间的外部关系。这样就很明显,只有我们假定有某一种是自然预定的绝对的目标,我们才能辩解外部自然目标这个观念;不然的话,我们就永远达不到手段以外,而且事实上就会无止境地前进。但是为了成立这样的一个绝对目标的存在,我们就必须完全超出自然,因为从物质方面来考虑,自然不过是特殊现象的总和。所以,相对的意图虽然暗示着自然是有意图的这个假设,但它永远不能为一个绝对的目的论判断作辩解;为了获得这样一个判断,我们必须是能够说明有些现实事物是得要设想为本身是有意图的。

那么，哪些现实事物是必须看为其本身是有意图的，才能说明它们的呢？康德说，只有在一个东西是它自己的原因而又是自己的结果的时候，就是说，只有在它是自为原因的时候，而在这是这样时，即种是如此，个体是如此，个体的各部分也是如此这个时候，这东西才是一个自然目标。拿一个例子来说，康德依然是拿树做一种实例。

一棵树产生另一棵树是按照人所熟悉的自然律的。所产生的树和产生它的树是属于同样的种的，因之我们可以正确地说这树是自繁殖的，即是自己的原因而又是自己的结果。其次，个别的树是自产生的，通常称这为成长；但是成长不只是大小的增加，这是可以由机械的规律说得清楚的。当然树是从外边得到为它成长或者说为它的自产生的资料的，但是它对这个资料运用一种分开、结合和形成的活动，把资料变为它维持自己的手段。最后，树的每一部分都是自产生的；因之，除非每一部分显出同样的自保持的力量，树本身就要死的。例如接种在另一种树的小枝上的一个树芽不显出另一树的特征而产生本种的树。所以我们可以正当地说，同一棵树的每一小枝或每一块叶，在某种意义上，都是接种在树上的，而自成一棵独立的树，只是外在地附加于另一树上而为它所滋养的。但是一方面小枝和叶为树所滋养，而另一方面，它们又对树供给营养，这也是属实的，因之假使重复地剥去它的叶，树是会枯死的了。

康德的对树的这种论述，严格说来是比较幼稚的，但是在他写这些话时，是在法国拉马克和英国达尔文这两位伟大的自然科学者之前好几十年，而能这样生动细微地描述树的生长，还是有动人之处的。可是他的用意竟在于成立他的目的论，那就得要加以批判了。

让我们首先再看他的目的论是怎样建立起来的吧。

他说，知性所想到的因果联系是构成一个回溯系列的原因与结果的；因为这里原因在结果之先作为它的条件；而由于这原因本身又是一个结果，在它之前又有另一个原因，而这本身又是结果，如此类推以至无穷。这种联系称为充足原因的联系。但是有一种因果联系不在同样的意义上含蕴着一个回溯系列的。它可以回溯，也可以前进的，因为以因果联系着的各因素是并存而且相互依赖的，所以原因一样正当地可称为结果，而结果称为原因。因果联系的这个形式是最后原因的联系。

一个物体是一个自然目标，只是在它的各部分在它们的形式上和在它们的结合上都是互为依赖的；而反过来，整体的观念可以看为是按一条原理作为这物体的原因。在这个情况下，所以就有了充足原因和最后原因的结合，就是充足原因被想象为最后原因借以得到实现的手段。在一个自然产物里面，不只每一部分是借着其他部分才存在，而且是被想象为为了其他部分和为了整体而存在的，因之每一部分都是一个工具或者说一个机件，不但是这样，而且这些机件是彼此交互产生的。所以唯一的自然目标是发现于自组织的存在者里面。

但是，不引入意图这个观念，就没有判定一个对象之为可能，这并不等于说自然是有意图的。要作出后一种断言所需要的，不只我们是被迫来使用意图这个观念作为我们判断的一条原理，而且我们要具有关于自然本身的一种知识，叫我们有权来把意图归之于自然。可是这就意味着我们必须对自然作为一个整体具有一种理解；而由于我们经验的种种条件，使我们不能有完整的或者说无条件的知识，显然在这里我们就被驱使完全超出经验而进入超感性东西的区域里边去了。甚至一茎草叶都是我们不能理解的，除非我们把它作为内部有意图的来设想。但是这件事所指出的不过是从我们的有限知识这个观点来看，我们除了把它设想为内部有意图的这看法外，我们就不能在任何其他方式上理智地来说明一茎草叶。然而一经得到这个概念时，即得到乃至一茎草叶都是内部有意图的东西这个概念时，我们就不能排斥自然是目标的一个系统这个观念，因为在有组织的存在者必须存在这假定上，我们有权来肯定它们存在所需要作为手段的东西也要存在，这样一直穷追到最后，我们就得到自然的整体作为目标的一个系统的这个观念，那就是说，自然作为一个整体必须设想为有机的这个观念。

然而康德指出，这是一条限制性的原理。所谓限制性的原理，是这样的原理，是我们谈到某些对象时不得不用的，因为不用它，我们就不能解释这些对象，但是这原理本身是根据超感性的东西这个观念的。所以意图的原理只把一个指导的概念放在我们手里，利用它把已经在机械上确定的自然对象包摄在最后原因的原理之下。然而，既然机械的因果作用这原理适用于经验对象本身，而最后原因的原理只是我们关于自然必然地从属于一个超感性的观念这个概念，我们就不能说，在自然里有任何东西本身是有意图的了。

当目的论判断对于有组织的存在者的应用，引导我们把自然的整体作为有机的设想时，我们就开始看到甚至自然的美，即自然和我们知识各机能的自由活动的和谐是可以合法地对待为好像这是自然有意图地预定了的——虽然这样想象自然和人之间的关系当然只是主观的。

上面所说的就是目的论的判断力的分析论的主要内容。剩下来还有《判断力批判》的辩证论。

b. 目的论的判断力的辩证论

首先我们要弄清楚康德之所谓组织性的原理和限制性的原理。

我们在上面已经说过，据康德的说法，限制性的原理只是一条原理，在我们谈到某些对象时不得不用的，因为不用它，我们就不能解释这些对象。组织性的原理就不同。组织性的原理是这样的：在它里面我们把经验的特殊东西包摄在知性的一条规则之下，因而它只是在经验的限度里边适用的，是决定关于对象的性质的。反思判断力关于自然有意图的对象所用的是限制性的原理，而在科学研究中所用的是组织性的原理。

所以，关于自然对象有两个判定的不同方法，即决定性判断所采用的方法和作为反思判断特征的方法，于是一种二律背驰就可能发生了，因为在假定了判断的这两种形式都应用于经验的对象而且是在相同意义上应用于它们的，一种辩证的矛盾就不可避免地发生，因为假定了反思的原理是组织性的，像决定性的判断的原理一样。

判断力的第一条准则就是这个立场：一切物质的东西的产生和它们的形式必须按照纯然机械规律判定它为可能的。

第二条准则是反对的立场：有些物质的自然产物不能按照纯然机械的规律，而需要有完全不同的因果作用规律，即最后原因的规律，来判定它们是可能的。

这样叙述出来，这些都是限制性的原理，可以使用在自然的特别规律的研究中的，如果改变为组织性原理，确定自然对象成为可能的各条件，它们就是这样的：

立场:一切物质东西的产生,按照纯然机械的规律,都是可能的。

反对立场:有些物质东西的产生,按照纯然机械的规律,是不可能的①。

如果我们拿最后两个命题作为组织性的,或者说作为确定自然对象的性格的,它们显然是互相矛盾的。所以我们在这里就有一种二律背驰,这是从判断力的性格发生的。理性不能证明两者任何一个,因为理性纯是处理超感性的东西的,因而它不提供组成感性东西的任何验前原理②。

可是头两条命题则不同,它们只表达反思判断力的准则,因而实际上不是矛盾的。在我们增进我们关于特种科学的知识时,我们必须在一切情况下,看对象好像它们纯是自然的机械产品似的,但是,虽然如此,没有什么东西妨碍我们。在我们碰见一些对象时,在它们作为自然机械系统的部分得到确定后,显然没有得到完全解释,那我们就以最后原因为这个概念的导引线,而用它作为一条主观的或说限定性的原理,借以推进我们关于自然特定形式的知识③。

康德最后又说到,只要我们是处理现象,我们就必须应用机械的规律,因为这些规律就是唯一的规律,适用于在空间与时间中出现的对象的;但是特殊规律和自然的形式的和谐与统一性不因之而被排斥,因为自然的机械作用只适用于现象的。自然的超感性根据纯是理性的一个对象,而在我们碰见带有现象本身的不同性格的现象的超感性根据这个观念时,我们只得利用最后原因这个观念来协调这两者。这样一来,自然就得要按着两条不同的原理来确定,即机械的原理和目的论的原理,它们是彼此不冲突的,因为前者适用于纯然作为现象来看的对象,而后者是有关于超感性的和感性的可能和谐的。这样一来,就很明显,在自然产物的一种机械派生这种原理和目的论原理之间是没有矛盾的④。

① 见康德著、韦卓民译:《判断力批判》,下卷,商务印书馆,1964年,第38页。

② 见康德著、韦卓民译:《判断力批判》,下卷,商务印书馆,1964年,第38页。

③ 见康德著、韦卓民译:《判断力批判》,下卷,商务印书馆,1964年,第39页。

④ 见康德著、韦卓民译:《判断力批判》,下卷,商务印书馆,1964年,第40～41页。

[编者附注]在本段和上段之间,韦先生还用铅笔写了"引文:41～43、152、158、163"的字样,可能是作者想插入这些页码中的内容作为他的解说的引证。可参阅。

这就是可以作为康德的《判断力批判》“目的论的判断力的辩证论”的结束,也就是他的《判断力批判》全部著作主要内容的结束了。康德的三部《批判》当中,叙述的重复是很多的,而且附带的论述也是很多的,例如在《判断力批判》的结尾上又加上“关于方法的附录”,都是我们在这里所不必提及的。因此,我们就此结束康德的《判断力批判》了。

第二部分　关于康德哲学的研究论文

康德哲学的介绍

一、康德在马克思主义前西洋哲学史中的地位

以康德对于西洋哲学发展过程中的贡献来讲，研究康德的人们意见是不一致的。仔细地分析起来，康德对于哲学的贡献是不很多的。他的哲学系统中，不能说有什么很重要、很有价值的论点是前人没有提出过的，提法尽管不同，内容大都是承继前人所已经讲过的。可是拿这个标准来衡量马克思主义以前的哲学家，许多杰出的人物也可以说贡献不大，就以古希腊的哲学家柏拉图和亚里士多德来讲，发前人之所未发的还是很少。康德以后的伟大唯心主义哲学家黑格尔岂不是一样吗？能在前人的基础上把前人的东鳞西爪的东西，组织为一个系统而提出，并由之而提出问题，分析问题，就是问题得不到很好的解决，却能指出问题解决的方向，或者引起更重要的问题之提出，就是对于哲学发展有价值的贡献，康德在哲学史的地位，显著的是在这一点。

何况康德的影响太重要了。他死后一百多年，可以说一直到现在，谈哲学的人们，无论是赞成康德的或反对他的，都要提到康德。裴希特(Fichte)、雪林(Schelling)、哥德(Goethe)、黑格尔(Hegel)、费尔巴哈(Feuerbach)，哪一个不深刻地受到他的影响？尽管他们有些地方是极端反对他的。新康德派哲学在资本主义国家中还有相当的势力。最近二三十年我所读过的不少自然科学的哲学书籍，如艾丁敦(Eddington)的《物理哲学》，林西和马根纽(Lindsay and Margenau)的《物理学基础》那类书籍，无一不是康德思想。康德在西洋哲学史中的地位是可以肯定的。

我知道康德的东西是肤浅的，许多是别人的见解，拿来和大家漫谈一下，作为很简短的介绍，约略地摆摆材料。由于个人的思想水平低，批判还有待于大家的分析。

二、康德的生平和著述

康德的生平是很简单的，近代第一流的哲学家之中，他是第一个以大学教授的身份从事哲学的研究的。他生于公元1724年，出身于东普鲁士康尼斯堡的一个手工业家庭，在本城的中学、大学念书，所念的是欧洲的古典文学、数学、自然科学和哲学，他精通拉丁文，对科学理论造诣很深，从他的最早的著作《一般的自然史和天体的理论》(Allgemeine Naturgeschichte und Theorie des Himmels，1755)就可知道。这书是康德31岁时写的。其内容是不满意于牛顿的原理之只在天体的现在状况中说明天体系的构造，而康德是从宇宙生成的问题上，说明天体是如何从气云状态按其原有的旋转运动发生发展出来的，在法国天文学家拉普拉斯(Laplace)的《宇宙系统说明》(Exposition des Systeme du Monde，1796)这名著41年之前就提出了宇宙的星云说，是天文学的一件大事，为恩格斯所称道的，说这是保守的自然观打开的第一个缺口(《自然辩证法》中译本第159～160页)。可是康德虽然是以哲学闻名，但他研究别人的哲学是不够的。从他对于莱布尼兹、柏克莱的批评，都可证明他没有深入研究过这两个人的原著。他自己曾说过"休谟把他从武断的(教条主义的)睡眠唤醒"，可是他对于休谟哲学的体会，从他自己的著作上来看，是不够全面的。他在康尼斯堡大学里，他的导师克努金(Martenkuntzen)教他的哲学和物理。克努金是追随当时二元论唯理派哲学家吴尔佛(Christian Wolff)的忠实信徒，所以讲的是吴尔佛的哲学，这对于康德的思想发展起了重大的作用。克努金所教的物理是牛顿的物理，以万有引力说明一切物理现象，对于康德的哲学思想有很大的启发。由此我们可以知道一个教师的思想对于青年一代的影响是怎样大。

康德22岁起当了九年的家庭教师。31岁才回到康尼斯堡大学任教师的职务，还是一个辅导教师(Privatdozent)。46岁才升教授，那时他已经有了十几种著作出版，可是他的哲学名著都是在当了教授之后才写的。在他升教授那一年，即公元1770年，他出版了用拉丁文写的《感性和理性世界的形式与原理》(De mundi sensibilio atque intelligibilio forma et principiis)，这书是他升教授时的讲演，大概是1769年写成，因为人们后来发现他的书信和笔记中,康德认为这一年是他的哲学主要思想形成的时候。他曾说过,"在这年代才看清楚问题"。他晚年的时候,也只承认这年以后所写的东西,因为他说在这一年,他才搞清楚了"这些形式与原理是任何东西要成为我们知识对象的条件,所以对于一切经验都是必须的"。这是他唯心主义的形成,是他从唯物主义的思想逐渐蜕化,到了他自己认为他的思想成熟的 1769 年,他就完全陷入唯心主义的深坑里去了。在这以前,在他的认识论里还谈到只有感性认识是和主观的形式、和主观的条件分不开,所以感性认识的只是现象。通过悟性我们就能从现象上升到物自在(Ding-an-sich)的认识。我们在他 70 年代的笔记和书信里面,充分地看出,他是在 1769 年之后才真正认为悟性和感性一样,有它的主观形式与条件,思想的境界和感觉的境界一样都是现象的,因之科学的知识也不能超出经验的现象境界范围之外,因为思维和感觉照康德看来,都是综合的过程,都是要遵照综合的心理活动过程的形式和条件,而这些形式与条件是主观的,不属于外界的客观事物的。

从 1770 年到 1781 年这 11 年之中,康德没有出版过一本著作。陷入彻底的唯心主义之后,他反复地整理他的哲学思想,到 1781 年他的最重要的、最为他自己所欣赏、而又确是代表他在哲学史的地位的一部著作出来了。那就是他的《纯粹理性批判》(Kritik der reinen Vernunft)。从 1781 年到 1790 年,他就出版了六部著作:

1781 年《纯粹理性批判》(Kritik der reinen Vernunft)第一版

1783 年《未来任何一种形而上学的前序》(Prolegomena zu einer jeden Künftigen Metaphysik)

1785 年《道德的形而上学之基本原理》(Grundlegung zur Metaphysik der Sitten)

1787 年《纯粹理性批判》第二版(是修正版)

1788 年《应用理性批判》(Kritik der praktischen Vernunft)

1790 年《判断力批判》(Kritik der Urteilskraft)

上面的五种是康德的主要著作。在这以前的著作是康德自己不大愿意承认能代表他的思想的。在这以后的著作,包括他死前四年所出版的《逻辑》(Logik,1800),在康德的思想体系中,按一般研究康德哲学的人们的意见,是次要的。

上面列举的几种著作,其《纯粹理性批判》第一、二版和《未来形而上学前序》是关于认识论的;《道德的形而上学之基本原理》和《应用理性批判》两种是关于伦理学的;最后一种《判断力批判》是关于美学的。康德认为认识论属于理性问题,伦理学是道德问题,属于人的意志方面的,美学是属于感情范围的,而美的判断是目的判断,涉及到主观和客观的一致,超出知识范围以外,在这,康德的唯心主义已经发展为神秘主义了。

康德的兴趣是多方面的。他所涉及的问题不只是自然科学和哲学、逻辑,还有数学、地理、伦理学、美学、人类学。他很爱读游记一类的书;他关心时事,对于美国的独立战争和法国的大革命非常留意。他同情德国新兴的资本主义,反对封建制度。在其时这种思想是进步的。但是他的生活很单调,一生过着学校的生活,形成一种非常机械的生活形式。据说每天下午他出来散步的时候,街上的居民就按着他的出行来对准他们的钟。虽然他活到 80 岁的高龄,死于 1804 年,但是他晚年,大概由于神经的硬化,思想和身体都不大健康,72 岁就不能讲课了。除了他的书信和许多零星笔记是后人搜集起来供研究康德哲学的人们参考之外,他的遗著一共有 21 种。德国柏林科学院出版于 1900 年的《康德全集》有 12 册。我这简短的介绍只限于他的《纯粹理性批判》一书,而旁及其他两个《批判》,其余都不在介绍范围之内。

三、《纯粹理性批判》主要问题的提法

介绍康德的哲学,主要是介绍他的三种《批判》,其中以《纯粹理性批判》为最重要,可是又最难读,但我们又不得不从这本书入手。

这本书难读,因为它所讨论的是比较困难的问题。其中所用的概念都不容易摸捉,非常抽象,而康德又不喜欢用例子来说明,间中用一个例子,这例子大都又需要解释的,这是难读的原因之一。

其次,康德阐述一个问题的方法是不清楚的。一方面,他写这本书,是经过 11 年的思想发展。他的思想发展过程中,种种看法不只一次的变动,前后不大一致,不像关于康德哲学的教科书,作者抓住一个思想,认定这是康德的定论,但是这是不是康德的定论,每每很成问题。我们回到康

德的原著来看,甚至核对他原著德文的词句,常常又觉得康德不是这样讲。究竟他是怎样讲,从书上又常常看不出来,想不出来。这是困难的第二种原因。

再次,康德谈到一个问题的时候,他是从各方面来研讨这个问题,不是一下子拿出他自己的定见。可是他谈到别人的意见,他也尽力替这意见辩护,怕有丝毫对不起这意见,忽略了它里面所含有的合理成分,换句话说,在康德阐述一个问题的时候,我们感觉到是在百家争鸣。康德自己的主张是什么,必须比较全面看他的著作才能理解,而比较全面地看,不是容易做到的。我们读书,每每是偷懒,求终南的捷径,当知研究是钻研出来的,尤其是研究康德要这样。抓住一两本别人谈康德哲学的书来理解康德总是隔靴搔痒,因之以讹传讹的说法是难免的。要记住康德是一位老教授,写《纯粹理性批判》的时候,他是 57 岁,在大学已经讲了 26 年的哲学,很难改变他的老教授作风,而当时又没有知识分子思想改造和教学改革运动。他写作的时候,把读者当作他讲堂上的学生,主要不只是传授知识,还要锻炼学生的哲学思想方法,不是要学生教条主义地得出问题的结论,而是引导学生去得出自己的结论。这样一来,他的书就难读了,何况康德写《纯粹理性批判》的时候,他已经思考了十一二年,在课堂上也讲了许多年,大家都等待这书的刊出,他自己忽然想起自己快六十岁,时不我待,而要写的东西多,一下子花了四五个月,就写出了一部八百多页的《纯粹理性批判》。他每天讲课之后拿出空余的时间来写平均六页书,当然难免有多年笔记和讲稿的堆积,前后不一致,材料欠整理的地方,在在都是。虽然六年之后有修正的第二版,但在这六年中,他还是照常每周讲 15 点钟的课,六年中还刊出其他两部重要著作,跟着第二年又出版他的《实践理性批判》,再过两年又出版他的第三部名著《判断力批判》。那么他的《纯粹理性批判》写得不难读? 我记得哈佛大学一位名教授写过这句话:"康德是世界奇观之一,却是不要人去懂他的。"说这话的是劳斯教授(Josiah Royce),他的博士论文是关于康德的《纯粹理性批判》。他说这句感慨的话的时候,已经在哈佛大学讲过康德哲学 15 年了。《纯粹理性批判》之难读,主要原因乃是它不但是一部哲学,而且是要教人怎样进行哲学思维的一部哲学书。批评他的这本书,还得要从这方面看。它的内容是唯心主义的,这是另一问题。

《纯粹理性批判》的主要问题是什么呢?

用康德自己的话来讲,问题是:“综合先验的判断怎样是可能的?”

在这句问话里,有几个名词须得说明的。

什么叫做综合的判断?“综合”是和“分析”对比,而且是矛盾的。一个判断要就是综合的,要就是分析的。“三角形是有三边的”、“人是动物”这一类的判断是分析的。“三角形是有三边的”这判断里面,是拿“三边的”原来就是“三角形”的一个属性,包括在主词的概念之内的。我们说“三角形是有三边的”,无非是把主词所指的对象所原有的一个属性抽取出来,来述说这对象,因之称这判断为分析判断。很明显,分析判断是不会错的,一定是对的,而且是必然性的。三角形既然是原来包括有“三边的”这属性,我们作出“三角形是有三边的”这判断,那得会错?它必然是对的。这种判断在数学里是最突出的。但是说“三角形是有三边的”对客观事物的知识有什么增加呢?如果确定了三角形是什么,并确定了它一定有三边,才成其为三角形,再说它是有三边的,并没有增加所认识的东西。这是很明显,不可置疑的。说“人是动物”也是一样。大凡分析判断都是这样的性质,必然的,可靠的,却对于知识是没有进展的。康德认为形式逻辑的演绎推理大概都是这样。分析判断是必然性的,不须等待通过经验就可确定它是正确的。不须等待通过任何经验就可当确定它的必然性,所以说它是先验的。“先验的”这个词在西洋哲学里,从公元开始的前后,当希腊哲学著作译成拉丁文的时候始,就用 a priori 这个词。分析判断是先验的,这是不成问题的。

康德以前,欧洲大陆派的哲学家,主要的如笛卡尔(Descartes, 1596—1650),斯宾诺莎(Spinoza, 1632—1677)和莱布尼兹(Leibniz, 1646—1717),一百多年推演唯理派哲学,就是用先验的方法。根据这派哲学的理论,认识过程基本是分析过程。我们看笛卡尔、斯宾诺莎、莱布尼兹的著作都是着重数学的形式,其基本概念是数学的概念,方法是演绎的方法。我们试看斯宾诺莎的主要著作《伦理学》一书,从头至尾是用数学的几何学形式,他的思路是几何的思路。笛卡尔是分析几何的发明人,莱布尼兹和英国的牛顿同时而各自独立地发明微积分的。莱布尼兹还是数理逻辑的先驱者。数学是从定义起，确定了定义，再确定一些原始命题，那么数学就一步一步地推演出来，复杂起来，成为有条有理的一整套。在初中学过欧氏几何的人，都可以体会这是什么意思。

可是我们要问：分析的先验知识是从何而来的？笛卡尔的答复是："我们的意识里原来就有这些天赋的观念(idées innées 即 innate ideas)。只要发展这些天赋的观念，知识就出来了。"这种说法可以说是从古希腊柏拉图就开始的。柏拉图的认识论岂不是他的有名的回忆论吗？因为时间的限制，我们不要谈得那么远了。分析演绎的方法是哲学家爱用的一套法宝，它是很能说服人的。

可是用分析演绎的方法的哲学家，每每只谈什么是应该这样。应该的，所以是必须的，必须的是意味着必然的。必然的是有可靠根据的，从确定的原始原理、所谓不待证明的公理推演出来，逻辑上没有错误的。如果问这些原始原理从何而来，唯理哲学不能说是从经验积累总结出来，因为这样一来，便放弃了唯理的立场，不成其为推理了。从经验总结出以指导经验的原理这说法，谈到康德解答怎样能有综合的先验判断这问题的时候，还要讨论的，这里暂且不谈。

唯理派的致命伤是碰到客观的事物而不能从它的原始原理来说明。例如何以糖是甜的？糖是一种用某一公式来表达的化学物，可是这公式只表达这化学物的结构，而没有说明何以我们尝着它是甜的。这是客观的一件事实。碰见这类的事实，正如牛顿发明了万有引力一样，他说："我不作任何假说(hypothesis nonfingo)。"牛顿的意思并不是说假说在科学上没有地位，乃是说，他肯定客观的万有引力是一事实，可是没有材料根据来解释它，所以不敢，也不能随意作出任何假说。这就是无法从原理推出的客观事实。

然而人类知识的进展，科学的推进，是这种事实的发现，而唯理派在这种事实面前就完全无能为力了。结果，欧洲大陆的唯理派到了莱布尼兹，甚至是博学多能的莱布尼兹，就陷入神秘主义了。宇宙究竟是不能完全以理喻的，只得说有些东西是"人同此心，心同此理"。唯理哲学陷入了穷途！

康德在大学所受的哲学教育是特种的唯理哲学，吴尔佛(Christian

Wolff)的二元唯理哲学,从莱布尼兹走回到笛卡尔的唯理哲学,含有某些唯物因素的唯理哲学。康德在他自己的思想发展中这种哲学变了质,完全抛弃了吴尔佛哲学的唯物因素,只在主观意识中来找综合的判断。

另一派在英伦三岛发展,可以说从法兰西斯·培根开始的哲学,是经验派哲学。这派哲学,一般人在西洋哲学史上是从洛克说起,通过贝克莱而演变到休谟。这一说就是50年的演变,从洛克的《人类悟性论》(Essay Concerning Human Understanding),出版于1690年,到休谟的《人性论》(A Treatise of Human Nature),出版于1739到1740年。有人说(如薛格洛夫主编的《西洋哲学史简编》中译本第170页),休谟的主要著作是他的《人类悟性之研究》一书。这是不正确的,因为这书出版于1748年,只是《人性论》第一卷的通俗本,内容虽有增删,却不能代表休谟的思想体系。但是直接影响康德思想的确是1755年译成德文的休谟《人类悟性研究》,而康德知道休谟的《人性论》是间接通过卑阿特耶(Biattie)的《真理性质的不变论》的。

洛克虽然有些地方是和笛卡尔同调,尤其是他的哲学二元论,可是他首先就否定笛卡尔的天赋观念。并且把笛卡尔的物质性质分析为两种,第一性的性质如占空间等,和第二性的性质如颜色等。第一性的性质是属于物质本身的,而第二性的性质是依赖人类意识才有的。物质是第一性性质的负荷物。柏克莱根据这点就指出,没有第一性的性质是离开第二性的性质而能为人所感觉得到的,所以根本就没有第一性性质和第二性性质之分。性质的负荷物既非性质,就不是人所能感知,既非为人所感知,根据洛克的说法,经验既为一切知识的来源,则物质是幻想。洛克不彻底的唯物论,就是他的二元论,在柏克莱手中就变成彻头彻尾的主观唯心论了。

休谟更进一步。洛克是说,经验所得的都是互不联系的印象,通过意识的活动,把这些互不联系的印象联系起来,才有作为认识对象的东西。桔子是黄的、圆而扁的、软的、香的、甜酸味道的,这一切等等都是印象。我们在意识中把这一切等等联系起来,才有桔子这观念。可是香、黄、圆、软等是在经验之中,而联系是主观的活动,属于主观的意识,而不属于客观的物。但联系才有物,否则只有印象。印象本身是互不联属的。因之经验得来的只是印象、现象，不是物体。

因果是联系，而联系是意识的活动。甲与乙两印象本身并无联系，经验中的甲和乙是互不联属的。只有意识把它们联系起来成为因果。因果是完全主观的，属于意识而不属于事物的，休谟这样说。

联系既是主观的而不属于客观事物，那么，综合判断之把原来不包含在主词所指的对象中的一种属性作为宾词和主词联系起来，是靠不住的，不是必然的。固然，在经验中它们是碰在一起，却本身没有必然性的联系。所以，综合判断是推进了知识，因为经验给我"天鹅是白的"知识，而"白"原来不在"天鹅"这概念之中的。可是天鹅不一定是白的。经验知识不能超出经验，是限于经验，而在经验中又没有理由是必然的。那么，科学到哪里去了呢?

结果就是唯理派哲学的判断是分析的，先验的，所以是必然的，但不能扩大知识，只在概念中兜圈子。

经验派哲学的判断是综合的，能扩大知识，都不是必然的，是靠不住的。

关于康德哲学再一次试行简介

我曾于最近向哲学组汇报过关于康德哲学的简介，但太多引用康德的原文而不够通俗，兹遵照组长的指示，再次尝试，尽量用自己的语言，只在关键处，才摘录康德的原话，予以中译。可是，由于自己的思想和业务水平太低，错误和不到之处，总是难免的，希老师们多多指正，以便提高。

这一次我不多谈康德的生平、社会背景、一般的著述和他在德国与欧西哲学史中的地位了，而只介绍他在《纯粹理性批判》、《道德形而上学》、《实践理性批判》和《判断力批判》这四部书中的基本哲学观点，而且重点是放在《纯粹理性批判》这书的前半部上面的，因为康德的认识论主要是在这书的前半部论述的。

康德自称他的哲学体系为批判哲学。什么叫做"批判哲学"呢？

康德在他的《纯粹理性批判》的第一版序言的一个脚注里曾说过："我们这个时代可以称为批判的时代，没有什么东西能逃避这批判的。……只有经得起理性的自由的公开的检查的东西才深得理性的尊敬的。"①

从这段话里，我们首先就知道康德之所谓"批判"就是"检查"的意思，检查什么东西呢？譬如说，关于纯粹理性的批判，就是要检查纯粹理性的这种能力，是人们在一般思维中，即在其运用思想中，是怎样进行的，它的作用是什么，它的对象是什么，它的对象是怎样获得的，它的运用有什么一定的范围，它如果越出这个范围，其结果会是什么，等等。

康德认为，如果我们不首先解决这些问题，而就去运用我们在哲学思想中进行活动的纯粹理性，那就会发生种种毛病，并且不能得出正确可靠的结果的。

黑格尔曾批评过康德的这种办法，指出康德是企图不下水而去学会游泳。我个人认为黑格尔的这种批评是不适当的，我们当然不能在陆地上学会游泳，可是，如果我们不去考虑到自己的身体情况，不考虑到水性，

---

① 参看《纯粹理性批判》，第一版，序言原文第8页的注。

以及当前的水势，而就没有指导地跳入急流之中来去学习游泳，哪能不发生事故呢？康德如果有机会来答复黑格尔的批评，我谅想他是会如上那样答复的。他在《纯粹理性批判》的第二版序言中曾指出其当时的数学（主要是几何学）和物理这两门成效卓著的科学之所以能获得良好结果的原因，那就是“理性只有在按照自己的计划而产生的东西里，才有它的洞见，而且它自己必须用以固定的规律为根据的各种判断的原理在前领导着，而迫使自然答复它的各种问题。……来发现它能够从自然学习的所有一切”①。

康德写这段话的意思是说，人的理性这种能力的活动，是先有一定的计划，而不是贸贸然去乱闯的。按着这种计划，理性就产生某种东西，而对这些东西发生了解。怎样了解呢？理性活动的过程是这样的：它有一些固定的规律，以这些规律为根据而得出各种判断的原理，作为它活动的向导，从而对自然提出问题，像一个小学生似的，硬要自然答复它的问题，这样从自然学习。理性所“产生的东西”，也就是它对自然提出问题的内容。没有这样的问题之提出，理性是不会有任何良好结果的。理性的这种进程是否是一种先验性质的进程呢？答复是肯定的，但是还要加以说明。

康德在他的《纯粹理性批判》第二版的序言里写道：“形而上学从来没有那种幸运，能踏上科学稳步前进的途径，而一向是在那里摸索，而且只在观念中摸索。”②所以就说是得不到效果而失败了。

我认为这段引文是无须解释的，只须指出，这里的所谓“形而上学”不是指反辩证法的看事物的方法，而是指一种纯思辨的学问，其对象不是人们所能感知的。那么，康德就提出这个根本性的问题来：“究竟形而上学，作为一种科学，有没有可能呢？”③他的答复也是肯定的，但是形而上学必须加以改革。从前搞形而上学的一些哲学家们，总是失败了，其原因就是，他们认为，人们一切的知识必须顺应对象，那就是说，外界的对象是怎样，我们的思想也就照着是怎样。可是，康德认为，在我们还没有认识外

① 参看《康德哲学原著选读》，商务印书馆1963年北京版，第8～9页。

② 《纯粹理性批判》，第二版，原文第14～15页。

③ 参看《康德哲学原著选读》，商务印书馆1963年北京版，第15页。

界对象之前,我们的思想怎能照着那些对象的样子呢?我们能不能颠倒过来,“假定对象必须顺应[按照]我们的知识”①呢?“那就是要验前[在实际经验发生之前]确定种种对象的性质,或者说,在种种对象实际上出现之先就确定它们的性质。”②

这确是先验的办法,但是“先验的”是什么东西呢?是在实际经验之先而肯定一些知识吗?这不是康德的原意,他在本《批判》里的“先验感性论”和“先验分析论”里详述他的所谓“要验前地确定种种对象的性质”的意思,而我们在这里只能预先地说,他的所谓“验前地确定”,乃是确定接受对象进入我们意识中来的先决条件和进行了解这样进入我们意识中来的对象的一些先决条件,有如我们如果想要和远离我们的人对话的时候,我们必须预先安装好电话设备那样。安装的电话,不是验前,即对话之先,确定对话的内容,而是安排好对话的条件。康德的“验前确定对象的性质”,我认定乃是指这样的意思说的。他以哥白尼的天文学说来类比他的先验哲学,也是这意思。当然,这个类比,在严格的意义上来说,是不确切的,但是所有类比都不能十分确切,因而是会引起误会的。

上面只是企图说明康德的“先验”这个名词的原意,其详情还有待于后面的解释。

首先,康德在《纯粹理性批判》这书中的“绪论”里,说明纯粹知识与经验知识的分别,他写道:“我们的一切知识都是从经验开始的。如果不是对象刺激我们的感官,部分由它们[对象]自己在我们里面产生种种表象,部分又开动我们的知性,使之把这些表象加以比较,并且进行联结或分开而把感觉印象的粗糙材料变为关于对象的知识,即称为经验的,我们的知识能力怎能被激发,因而活动起来呢?所以按时间先后说,在经验之先,我们是没有知识的,我们一切的知识都是从经验开始的。”③

这是康德认识论的唯物主义成分,认为首先存在着外界(不知是怎样的)对象,对我们的感受进行刺激从而在我们意识里产生种种表象,可见这些在意识中的表象不是意识自发地产生的,而是由外界对象刺激我们

① 参看《康德哲学原著选读》,商务印书馆1963年北京版,第16页。

② 参看《康德哲学原著选读》,商务印书馆1963年北京版,第16页。

③ 《纯粹理性批判》,第二版,原文第8页。

的感官才发生的，这就是知识的感性阶段。而且他并肯定，由于外界对象对我们感官的刺激，又开动我们的知性，使知性把这些表象加以比较，并且进行联结或分开而把感觉印象这种粗糙的材料变为关于对象的知识，这就是经验的，是我们知识过程的知性阶段。

我们在这里把康德所用的德语名词中译为“知性”而不译为“悟性”，因为“悟性”这个原出自佛书中译的名词是含有豁然贯通的意思，而康德的这词，只是“了解”或“领会”的意思，而且康德这词又不应译为“理性”，因为在这里他原用 der verstand（即智力，或理解力），而不是他又常用的 die vernunft（即理性），虽然他在使用这后一词时，有时是包含知性在内的理性的，因而康德是把人们对事物的认识过程分为感性、知性和理性这三个阶段的。

照康德的看法，我们的一切知识都是随着经验而开始，这是毫无疑义的，但是他又肯定地说：我们却不能说，一切知识都是从经验而来的。“因为很有可能，经验本身是由两种要素构成的，一种是得之于感官的印象，而另一种是在那些印象发生时，由于知识能力，为经验自身所提供的。”① 这后一种要素，康德认为常常为人们所忽视，“得要经过长时间的实践，我们才注意到心所增加的要素，从而认识到把它和加在其上面的原始材料区分开来，并隔离开来”②。

紧接着，康德就提到“验前知识”和“验后知识”的区别这个问题。

他假设一个疑问：“有没有什么知识是独立于经验，独立于甚至感官一切的印象的。这样的知识叫做验前的，以别于经验知识。经验知识的来源是验后的（a posteriori），其来源是在于经验。”③所谓验前知识，是指绝对独立于一切经验的知识。譬如有人提出“没有无原因的变动”这个命题，说这就是验前的，因为它是概括一切变动的，而经验是不能包括所有一切变动的。但是又有人，例如休谟，是不承认这种命题的真实性的。康德却指出：“如果经验所根据的一切规则都只是从经验上得来，因而都是

① 《纯粹理性批判》，第二版，原文第 2 页。

② 《纯粹理性批判》，第二版，原文第 2 页。

③ 《纯粹理性批判》，第二版，原文第 2 页。

可以是这样又可以不是这样的,经验又从何得到它所具有确实性呢?"①所以康德认为验前的知识是有的。这些知识的标准是两个,即必然和普遍性,而且这两种标准又是互相不可隔离地联系着的②。那就是说,每一个验前命题都是必然有的而且毫无例外的。

既然是在实际上有验前的知识的,那么,康德就问道:"这一切的验前知识我们是怎样得到,它的范围、意义和价值究竟是什么?"

为了解答这个问题,康德首先指出有两种的知识,他用分析判断和综合判断来说明。

什么叫做分析判断?什么又叫做综合判断?康德是指形式逻辑的主谓判断说的。主谓判断有一个主词,代表所要说到的东西,而又有一个谓词,是用来说到这主词所代表的东西的。例如A是B这个命题,其中A就是主项而B就是宾项。这是就命题的一般公式说的。"中国共产党是个伟大的党",其主词是"中国共产党"而宾词是"一个伟大的党"。在这里,"一个伟大的党"这个宾词原本不是包含在"中国共产党"这个主词之内的,而是经验证明是应该加在这主词之上的。可是"中国共产党是一个政党"就是不同性质的一个命题,因为在这个命题之中,"政党"这个宾词是包含在"中国共产党"这个主词的意思之内的。前一种命题康德称为综合命题,而后一种命题他称为分析命题。判断也是这样划分的,因为命题只是判断的形式。分析判断又称为"解释判断",因为其宾项对于主项并不增加什么,而只把它分开为它的逻辑成分。综合判断又称为"扩大判断",因为它的宾项增加了在主项中原来没有包含着的东西③。

依康德的看法,经验判断总是综合的。譬如说,"在党领导下的政治学习[主词]是能提高人们的思想水平的[宾词]"这个命题里,其宾词原来不是包含在主词之内的,但是经验证明它们都是同一经验的两个部分,而经验本身是一个整体,在这整体之中这两部分结合起来,成为一个判断而表达为一个综合命题。在经验前不知道这是确实的,而经验却证实了它,

① 《纯粹理性批判》,第二版,原文第5页。

② 《纯粹理性批判》,第二版,原文第4页。

③ 《纯粹理性批判》,第一版,原文第6~7页。

所以说它是综合的。

在验前综合判断里就不是这样。就拿凡事件必有它的原因这个命题作例子罢。……原因的概念完全是在事件这个概念之外的。……我们完全能够想到一个事件而不涉及原因这另一个概念。我们怎能知道这两者之间是有其必然的联系的呢？不是知性所能答复这个问题的。经验也不能保证这命题的普遍性。康德指出，“纯几何的任何命题也不是分析的。物理所根据的一切原理都是先验综合的判断”①。可是，康德写道：“形而上学是要扩大我们验前知识的，所以它必须设法指出有一些判断是能在一个概念之上加上它里面还没有包含着的某一东西，纵然得要冒险进到经验追不上的一个境界里面。例如这样一个命题，说世界必然有过一个绝对的开始，所以形而上学(至少就目的来说)的命题完全是验前的综合命题。”②

这就是纯理性的问题了。“纯理性的真正问题可以这样提出——怎样可能有验前综合判断？”③

康德继续写道：“理性总得要可能达到确实性，不管它是用什么方法：我们必须能够确定理性是能或者不能知道它所追求的对象；我们必须找出一个无争论的答案来解决这个问题，究竟纯理性能否确定那些对象的性质，因而确定可否有把握把它的范围扩大到经验的限度以外，或者必须被限制在经验的范围之中。因之，从纯理性的一般问题得出的第三个，亦即最后一个问题，便可以这样提出：怎样可能有形而上学的科学？可见理性的批判归根到底必然导致科学，然而没有事先的批判，武断地使用理性，只导致毫无根据的一些主张，与之对立的又可能总是有同样似是而非的别种主张，其不可避免的结果就是怀疑主义。”④

康德在结束他的《纯粹理性批判》的“绪论”时写道：“从上面所说的一切，我们获得一门独一无二的科学之理念，这门科学可称为纯理性批判。纯理性批判不是一种学说，而是纯粹理性的批评，而且它的思辨价值完全

① 《纯粹理性批判》，第二版，原文第16～17页。

② 《纯粹理性批判》，第二版，原文第18页。

③ 《纯粹理性批判》，第二版，原文第19页。

④ 《纯粹理性批判》，第二版，原文第22～23页。

是消极的,因为它并不扩大我们的知识,只叫我们看清楚我们理性的本性,而使我们能够叫它不犯错误。所谓先验的知识是指这种知识的,一切这种知识所涉及的不是对象而是验前可能限度内用来获得关于对象的知识的方法。……我们所要提出的……目的不是扩充知识的范围,而是纠正它,并且给一切验前知识的价值提供试金石。”①

最后,康德略略提到纯粹理性批判的纲目。他关于这点写道:“在这门科学的系统划分中必须首先有原理的学说,其次是纯粹理性方法的学说。至于分目,不妨这样说,人类知识有两种根源——感性与理性[注意:这里康德是把“理性”包含着、乃至代替“知性”说的]。……从感性来的有对象,从理性来的是思想。那么,如果发现感性含有验前的要素,没有这种要素,我们就不能有对象,那种要素的性质之研究便成为先验哲学的任务之一。感性认识的这个先验要素的学说将是原理论的第一部分,因为必须考虑人类知识对象被给出的种种条件,然后才研讨对象被思维的条件。”②

这段话的大意是可这样列为一种表的:

纯粹理性批判

1. 原理的学说

(1)知识的根源

甲. 感性——对象所由给出——先验感性论

感性的验前要素:

空间

时间

乙. 理性(知性)——对象所从而得到了解——先验逻辑的——先验分析论

知性的验前要素:

范畴

(2)知识的范围——现象与本体的区分——先验辩证论

2. 方法的学说

---

① 《纯粹理性批判》,第二版,原文第24～26页。

② 《纯粹理性批判》,第二版,原文第29～30页。

一、《纯粹理性批判》的先验感性论

感性，或者说人的接受印象的能力，在实际上受到外界对象刺激的结果就是感觉。感性的直观就是经验的直观。这样，直观的未确定对象就是出现①。

康德接着写道："在出现中，与感觉相应的因素我称之为质料，这种质料本身原是杂多的，而使这种杂多的质料在一定方式上彼此之间得到安排的要素，就是出现的形式。没有这种形式，感觉就不能有其秩序的形式，所以这种形式决不能是感性的。可见，出现的质料是验后的，而其形式却是验前就存在于心中的，因之就是可以离开感觉而被考虑的。"这也就是感性的纯粹形式②。

感性的纯粹形式又称为纯粹直观。

感性一切验前原理这种科学称为先验感性论。我们先要研讨先验感性论，然后进而研讨称为先验逻辑的纯粹思维原理的科学。

感性直观有两种纯粹形式，即空间与时间。

空间：一切外部对象都是在空间里面的，外部对象的形状、大小和相互的关系，都是在空间规定着的。

我们又意识到我们能够进行反思。这种反思的能力称为内感官，由内感官我们意识到自己的状态，作为直观的一定对象出现于我们里面，而这些内感官的对象是相互在时间中有关系的，一个跟着一个而出现的。

空间与时间，依康德的论证，不是实在的东西，也不只是事物的确定，或只是事物的关系，不是在我们没有直观到事物的时候，它们依然属于事物本身的，而只是作为直观的形式，属于我们自己心的主观结构的③。"我们没有权利把我们感性所特有的一些条件，看为事物可能性的条件，而只能看为事物向我们出现的条件，因之，虽然说空间笼罩着一切能作为外面的东西的我们出现的事物，这说法是正确的，但是我们不能说，空间

---

① 原德文的 enochsinung，又中译为"表现"，但译为"现象"是不妥的，因为"现象"是另一名词的中译。

② 《纯粹理性批判》，第二版，原文第 24 页。

③ 《纯粹理性批判》，第二版，原文第 35～37 页。

笼罩着一切自在之物本身。……因为我们无从判断,其他的思维者是不是为我们同样的而对我们来说是一律有效的条件所限制。……我们只谈到我们自己的感性直观。"①

我们要注意,在康德论述空间的性质时,就已替他的唯心的不可知论立下基础了。

再看他是怎样谈时间的。

时间:时间是感性直观的纯粹形式,是一切出现的必然的验前条件,不是从任何经验得来的经验概念,不是由理论推出来的一般概念②。

"不同的时间只是同一时间的各部分。时间只有一个向量;不同的时间不能并存而是相继的,正如不同的空间不是相继而是并存的一样。这类命题不能从经验得来的。经验永远不产生严格的普遍性或可证明的确定性。"③

康德又认为,时间不是一种独立的实体,因为独立的实体在其不是人们意识的对象时,依然是实在的。时间无非是内感官的形式。"毫无例外,时间是一切出现的形式上之验前条件。空间作为一切外部出现的纯粹形式只是外部出现的验前条件。但是一切直观的对象,不管是外部的或者内部的,都是心灵的确定,而从这点看来,都是属于我们内部状态的。既然这内部状态从属于时间,而时间是内部直观的形式的条件,则时间便是一切出现的一种验前条件了:时间是内部出现的直接条件,因而是外部出现的间接条件。……一切出现都是在时间里面,而且必然地在时间的关系里面。"④

关于先验感性论,康德总结地写道:"可见在先验感性论中,我们有了先验哲学一般性问题的解决所需要的因素之一。那一般性问题就是:验前综合命题怎样是可能的? 这一类命题是以空间与时间为基础的,而空间与时间就是纯验前知觉的使我们在验前判断中能超出某一概念,我们发现必须有某一东西,不是包含在那个概念里面,而是在直观之中与之相

① 《纯粹理性批判》,第二版,原文第43页。

② 《纯粹理性批判》,第二版,原文第46页。

③ 《纯粹理性批判》,第二版,原文第46~47页。

④ 《纯粹理性批判》,第二版,原文第49~50页。

应的，因而是可以综合地和那概念相结合的。但是这种判断既以直观为根据，就永远不能超出感官对象范围之外，因而只对于可能的经验之对象才有效的。”①

先验逻辑

在先验逻辑这部分里，康德又重复地写道：“我们得到知识是从两个基本源泉来的：要就是我们以印象的形式接受表象，要就是通过自发的概念能力来借助那些表象以认识对象。在前一种情况下，对象是给予我们的；在后一种情况下，对象是和发生在我们意识中的印象相关联着而为我们所思维的。所以，直观与概念是组成我们一切知识的两种要素。凡概念都有某种直观与之相应，而直观没有概念则不能产生知识。”②

“直观与概念都可能是纯粹的或者是经验的。”

“如果它们包含着感觉，它后就是经验的，而感觉只是在对象实际出现时才能有的；如果没有感觉混在一起，那它们就是纯粹的。”③

“感觉可称为感性知识的材料。所以纯粹直观只包含着用来直观到某东西的形式，而纯粹概念则只包含着借以思维一般对象的形式。”④

康德替感性和知性下简短的定义如下：“如果感性是在某一印象被把握住之中的心灵之接受性，则知性就是知识的主动性，即靠其自身产生表象的能力。”⑤康德又写道：“……知性就是把感性直观的对象施以思维的能力。”⑥

康德有一句名言：“思维无内容是空洞的，直观无概念是盲目的。”他接着并说：“这两种能力不能互换其功用。知性不能直观什么，而感官又不能思维什么。”只有两者的联合作用才能有知识的发生。……所以我们把感性论（感性一般规则的科学）和逻辑（知性一般规则的科学）加以区别⑦。

① 《纯粹理性批判》，第二版，原文第 73 页。
② 《纯粹理性批判》，第二版，原文第 74 页。
③ 《纯粹理性批判》，第二版，原文第 74 页。
④ 《纯粹理性批判》，第二版，原文第 74～75 页。
⑤ 《纯粹理性批判》，第二版，原文第 75 页。
⑥ 《纯粹理性批判》，第二版，原文第 75 页。
⑦ 《纯粹理性批判》，第二版，原文第 76 页。

康德认为有普通逻辑,又有各门科学的专业逻辑。专业逻辑又称为工具。这种称法符合于培根的《新工具论》的说法,但不符合于古希腊逻辑创始人亚里士多德的说法,可是我们在这里只顺便提出,不必深加讨论了。

普通逻辑又有纯粹的普通逻辑和应用的普通逻辑之分。"但是在严格意义上,只前一种才是科学。"①康德的这种区分是符合科学的定义的,但是近代以来,一般谈逻辑的人们没有注意到这点,于是就引起关于形式逻辑是科学抑是技术的争论,这是十分无谓的。

康德又写道:"谈到纯粹的普通逻辑时,总要记住两条规则:(1)作为普通逻辑讲,它是不管思维的一切内容,不管对象的一切区别,而只问思维的纯粹形式的。(2)作为纯粹逻辑讲,它是没有经验的原理的。心理学并不影响知性的规准,所以它并不像有时人们认为那样,对纯粹逻辑有什么贡献的。"关于康德在这里谈到的一点,也是为近代一般搞形式逻辑的人们所常常忽略的。一方面,有人说康德把逻辑形式化了,而又有些人企图用心理学来"丰富"形式逻辑的内容,都是不正确的。

但是我们也不去对这些问题多加讨论了。我们在这里的任务,只是要弄清楚什么是康德的所谓先验逻辑。

康德写道:"我们有一种纯知性和纯理性的科学这个观念。这种科学的目的乃是考查我们由完全验前思维对象所得到的知识的。这样一门科学说明纯粹概念的来源、范围和客观的有效性,我们称之为先验逻辑。"②

康德把普通逻辑划分为分析论与辩证论。

我们首先要弄清楚分析论与辩证论的内容。

他写道:"分析论提供真理消极的标准……但不能积极地使我们确定关于对象的任何东西。"③看来,康德的所谓分析论的普通逻辑部分,就是我们近代之所谓形式逻辑。形式逻辑是关于思维形式的科学,它只提供一些思维的形式,来检验思维过程之合乎规定与否的,而不能发现关于事物的真理的,所以就是真理的消极标准,而不能积极地使我们确定关于对

① 《纯粹理性批判》,第二版,原文第77页。

② 《纯粹理性批判》,第二版,原文第81页。

③ 《纯粹理性批判》,第二版,原文第84页。

象的任何东西的。后者乃是康德所谓专业逻辑的任务。

康德在说明分析论的内容之后，接着就写道："可是与此同时，在这能使我们把一切知识变为知性的形式的一种技术之中，故无论它的内容上是如何空虚与贫乏，总有一点东西是这么能吸引人，因而普通逻辑虽只是判断的规范，很容易叫人把它用为借以获得新的真理，或者应该说获得似是而非的真理的一种工具。当它这样被错用为好像工具时，逻辑便称为辩证论。"①我们要注意，这是康德使用"辩证论"这个术语的意思，他在这里是沿袭古希腊哲学的惯例的。

康德在《纯粹理性批判》第二版的 PP. 87～88，关于先验分析论和先验辩证论，就写得更清楚。我们把它摘录如下："讨论属于知性的知识之纯粹要素和没有它就任何对象都不能加以思维的那些原理，那部分的先验逻辑就是先验分析论。……如果原来只是在经验上用作批判知性的规范，认为是可以普遍地毫无限制地用为一种工具，而且让知性敢于冒险作出关于一般对象的判断，对于它们有所决定，则这规范是错用了。那么纯粹知性便是在辩证作用上使用了。所以先验逻辑的第二部分必须是辩证幻相的批判。这部分称为辩证的"，就是先验辩证论。

在第 8 页上，康德又写道："先验分析论第一部分讨论纯粹知性的概念，第二部分讨论纯粹知性的判断。"

"先验哲学的任务和它的特权就是按一条确定的原理来进行寻找它的概念；因为……一定是在单个概念或观念之统一上联系在一起的。"②

康德在"知性的逻辑运用"这节里写道："至于知性所能使用这些概念的唯一方法，就是通过概念来进行判断。……其方式是通过直观或者通过另一个概念。"③我们试以举例来说明这句关键的话：比如说，"这张纸是白的"，在这个判断里，判定"这张纸"是"白的"，这个判断是通过直观的，即直观到这张纸是白的。在"国家是剥削被压迫阶级的工具"④这个判断里，其判断是通过另一个概念的，即通过"剥削被压迫阶级的工具"这

① 《纯粹理性批判》，第二版，原文第 85 页。

② 《纯粹理性批判》，第二版，原文第 92 页。

③ 《纯粹理性批判》，第二版，原文第 93 页。

④ 列宁：《国家与革命》，人民出版社，1921 年，原文第 12 页。

个概念来判定“国家”的。

康德于是总结这一节时便写道：“只要我们能找出判断中的统一性之一切可能的作用是什么，我们就因而发现判断的一切可能的作用了。”①康德的这样说，因为逻辑学者都承认，判断的功用是在于它的统一性的作用，因为思维的作用是在于把事物进行统一。

在紧跟着的一节里，康德写道：“如果我们把一个判断的一切内容都抽取出来而只注意到知性的形式，我们就要发现思维在判断中的作用可以归结为四个项目[即量、质、关系和样式这四个项目]，而每一项目又包含有三个子目。”②

这四个项目是指什么说的？所谓“量”，是指一个主谓判断的主项范围而言的。比如在“多数人都承认中华人民共和国是起着伟大的作用的”这个判断里，其主项“人”是指某些的人说的，所以，它是特称的，即全个“人”的部分范围的。“质”是指主谓判断是肯定与否而言的。“关系”是指系词是怎样把判断的宾项和其主项联系起来的；比如在“中华人民共和国必定在联合国里起其重要的作用”这个判断里，是把“在联合国里起其重要的作用”这个宾项以“必然”的关系同其主项“中华人民共和国”联系起来而组成这个判断的。“样式”是指判断所表达的主观形态的样式而言的；比如，如果系词是“或者是”，那么这判断是主观或然形态的表现；如果系词只是“是”，即是“实然的”判断了；如果系词是“必是”，则判断就是“必然的”判断。

在康德的时候，传统形式逻辑关于判断的量、质和关系一般只有两个子目，而不加入其第四项，但康德不但加上“样式”这第四项，而且在每一项里都有三个子目，而不只两个(除“关系”这项是一向有三个子目之外)，而指出其第三个子目是第一和第三目的统一，这是他的辩证思想的萌芽表现，对后来黑格尔的唯心主义辩证法的体系是有显著的影响的，兹把康德的判断表写在下面：

① 《纯粹理性批判》，第二版，原文第 94 页。

② 《纯粹理性批判》，第二版，原文第 95 页。

(一)判断按量的划分：

全称的——凡A都是B。

特称的——有些A是B。

单称的——这个A是B。

(二)判断按质的划分：

肯定的——A是B。

否定的——A不是B。

不定的——A是非B。

(三)判断按关系的划分：

断言的——A是B。

假言的——如A,则B。

选言的——A或是B,或是C。

(四)判断按样式的划分：

或然的——A或是B。

实然的——A实是B。

必然的——A必是B。

我们现在就要看康德是怎样从判断的形式得到他的范畴的。

他在《纯粹理性批判》第二版第102页上,首先证明,先验逻辑是有其验前感性的杂多,如空间与时间的杂多那样的,否则纯粹知性的概念就会是毫无内容的。“然而概念是来自思维的自发活动的,因而必须首先考察纯粹知觉的杂多内容,吸取它到思维中来,和它结合起来,才能有知识的,这种活动我称之为综合。”

他接着写道:“所谓综合……是指把不同的观念放在一起,而在一个意识中把握着它们之中的杂多这一种活动。……我们第一次得到知识乃是由于不同要素的综合,不管那些要素是经验所给予或者是验前给予的。……所以如果我们想要知道知识的真正根源,我们就必须首先注意到综合。”①

综合是人们内心的一种活动,但是,它是什么的一种能力所进行的

① 《纯粹理性批判》,第二版,原文第103页。

呢？依康德的说法，是“完全由于想象力之作用而来的。想象力是心灵的一种盲目的、而又不可或缺的机能，没有它我们就不能有任何知识，可是我们很少意识到它”。这还是在上引的第103页。

我们到这里为止，就已经看到康德为了得出他所需要的唯心主义的思维范畴这个纯知性概念，已经搬出至少三种的东西来了，那就是“验前感性的杂多”、“综合”和“想象力”。然后，他才总结，应该更确切地说，小结一句说：“知性的作用就是把这个综合加之于概念，并且是用知性的这种作用，我们才能获得真正称为知识的东西。”

康德在紧接着的下一页上写道：“纯粹综合，在其最一般的方面看来，就是知性的纯粹概念。”而在第105页里，康德便说：“我们称这些纯粹概念为范畴。”

他并又小结着写道：“验前来到一切对象知识中第一个要素乃是纯粹概念的杂多内容。其第二个要素就是通过想象这个内容的综合。可是这还不足以构成知识，因之知性就提供第三个要素，那就是概念，概念给与这纯粹综合以统一性，而概念只是这个必要的综合统一之意识。”

这样，康德就得出他所需要的范畴表来了，他在第105页上写道：“验前适用于直观一切对象的知性的纯粹概念[即范畴]，其数目正相当于上表[即判断表]中的判断的逻辑作用；因为这些作用详尽地说明了知性，而列举了它的能力。我们称这些纯粹概念为范畴，是沿用亚里士多德的名词，因为我们的目的和他的一样，虽然我们所用的方法和所得的结果跟他的大不相同。”①

在这里，我个人得要指出，康德说他在探讨范畴所用的方法跟亚里士多德所用的方法大不相同，他的这种自供是坦白的。亚里士多德的范畴是在其观察客观事物中，把这些客观事物进行分类的最基本而又最广泛的概念，而不是主观上构成而硬加于事物之上的所谓“纯粹知性的概念”，像康德自己所捏造出来的范畴那样的，这是我们得要加以注意的。

下面就是康德的范畴表，其一般的划分是按照形式逻辑的一般判断表的项目的(见第106页)：

① 《纯粹理性批判》，第二版，原文第105页。

一、量

单一性

多数性

总体性

二、质

实在性

否定性

制限性

三、关系

依附性与存在性(实体与属性)

原因性与依存性(单因与结果)

交互性(能动与被动之间的交互作用)

四、样式

可能性——不可能性

存在性——非存在性

必然性——不必然性

在初步说明这表时,康德写道:"只由于这些概念[如单一性、实在性、依附性、可能性,等等],知性才能理解直观杂多内容中任何东西,就是说思维一个对象。"他并且写道:"这个表并非有待于经验归纳的不确定的提示,然后制成的,而是以一单个原理,即判断的机能,亦即思维的机能为基础而系统地制定的。"①更明显地说,它完全是唯心主义的,由康德的想象中炮制出来的。

这是当然的。康德站在他的唯心主义先验哲学的立场上,必然是用唯心主义先验的方法来得出他的一些范畴的。我们就姑且承认他的那些从主观上得出的那些范畴,而问到这些范畴怎能在验前关联到对象?

康德的答案是在其"先验分析论"的"概念分析论"之第二章里,占了52页的篇幅里很烦琐地提出来的。我们只能简单扼要地予以概述。

这一章标题为"范畴的演绎"。

① 《纯粹理性批判》,第二版,原文第106页。

依康德的说法,什么叫做“演绎”?

我们知道,“演绎”原是一个逻辑的名词,其意义就是从一条概括性的原理,说明一个比较具体的事物是如何可以按照这条原理来理解并说明的,康德却从法理上理解“演绎”的意思。他是这样写道的:“在法律中有权利问题与事实问题之分。两者都要证明,但是权利或合法要求的证明称为演绎。构成人类知识极其复杂的网之中,有某些概念是自认为完全可以验前地使用的,而这种要求,自然有待于演绎。”①

可是,我们要知道,思维的主观条件是如何会有其客观的有效性的。康德的答复是:“这些主观条件[在事实上]是一些条件,没有它们,则对象的知识便不成其为可能的。”②他又写道:“第一,在思维一个对象的过程中,除了知性之外,即除了思维本身的机能之外,其他机能还是起作用的;第二,得要解释知性如何有可能作为关于实在对象的知识之条件。因之我们一开始必须考虑构成经验所必需的主体之主要活动,而我们必须把这些活动从其先验的性格上看,而不是从其经验的性格上看。……所以当我们称感性直观为一个概观时,为要指出其内容的复杂性,必须记得在这个概观里是含有一定的综合的,而且只有自发性和接受性相结合,知识才是可能的。这就是何以我们必须说,在任何知识之中都有三重的综合:

第一,在直观里面各种不同的表象之领会的综合——就是说,不管我们心中发生的表象,其来源是由于外界东西的刺激或者是内部原因所产生,它们之作为对象,乃是心灵的一种变状,属于内感官的,而在时间之中,每一部分都是和每其他部分联系着,发生关系,而且是被抓在一起受到安排的。这就是领会[拉丁文的 comprze hendeze,抓在一起的意思]的综合。

第二,想象中的再生——如果我在思维中画一条线,我一定是意识到各线段是一个跟着一个的。可是,如果早出的线段都从我的意识中消失掉,当我过渡到后面的线段时,不能予以再生,我就永远不能意识到整条

① 《纯粹理性批判》,第二版,原文第 116 页。

② 《纯粹理性批判》,第二版,原文第 122 页。

线,所以再生的综合是不可分离地和领会的综合在一起发生的。

第三,概念中认识的综合——如果我不意识到我现在所思维的东西,是和我前一瞬息所思维的东西为同一的东西,那么一系列的表象中之一切再生都是无用的。在任何一瞬息中所再生的表象,对我来说,都会是一个完全陌生的表象。那就会没有一个同一的意识,和一个表象跟着一个表象产生的活动结合在一起;而且因为没有这种同一的意识,对我来说,就没有统一,我就永远不能意识到那一系列的各项是构成一个整体的了。"①

上面就是很压缩地说明康德所说的任何知识之中都是有的那三重的综合,来构成他的所谓认识到的意识对象是怎样成为可能的。在这儿,我们得要注意到他的意识的对象究竟是什么。他在《纯粹理性批判》这书的第一版里第104页上写道:"一个出现只是我们意识到的感觉,而且不能说什么感觉,在意识之外,自己作为一个对象而存在。那么,在我们谈到一个对象和我们的知识相应,因而就不同于我们的知识,我们的意思是什么呢?"②

对于这个问题,康德是怎样解答的呢? 他是反对辩证唯物主义的反映论的。感觉不是由于外界事物的对我们感官的刺激而引起并且是反映那事物的。依他的唯心主义的先验论来说,感觉是意识的一种形态,而意识的对象也是一种意识形态——"心灵的变状"(见上文),那么,一种意识形态(感觉)怎样和另一种意识形态(意识,或说知识的对象)相应? 他写道:"这个对象只可以作为等于X的东西来思维它,因为在知识之外没有什么东西是我们能够拿来和知识相对比,然而又是和它相应的。在知识之中,我们所与之打交道的,无非是我们自己的意识之各种各样的确定;因之,等于X的对象和这些确定相应的,假使我们认为它是有别于意识的任何对象的话,它对我们来说,简直不成其为什么。"③

这样说来,关于意识对象的问题,康德是辞穷了。但是他的唯心主义的先验说又不可不寻找一条出路。这出路就是他的所谓"先验统觉"这个

① 《纯粹理性批判》,第一版,原文第96～103页。

② 《纯粹理性批判》,第一版,原文第104页。

③ 《纯粹理性批判》,第一版,原文第105页。

神秘的观念[①]。

他是不得不承认,任何对象必然是有其统一性的。然而他认为:"在一切必然性的东西之基础上,总是有一种先验的条件的(因为他认为经验的东西决不能说是必然的)。……除这之外,更没有其他方式使我们能有直观的对象;因为那对象无非是那等于 X 的东西,它的概念是含有综合之必要的。这个原始的先验的条件正是先验统觉。"他又接着写道:"我们需要来解释这样的一个先验的预先假定,是先行于一切经验,并且是使经验成为可能的一种条件。离开先于直观一切材料的那个意识的统一,离开脱离与之发生关系就没有对象的意识之可能的那个意识的统一,对我们来说,就没有任何知识,也就没有对象的统一和对象的联系。这个纯粹的、原始的、不可变的意识,我称之为先验的统觉。"[②]在第一版的第 135 页上康德并写道:"统觉的统一性乃是我们一切知识的最高原理。"不但如此,他又提出,"'我思'必须能伴随着我的一切表象;……然而'我思'是自发性的活动,而自发性的活动不可能是从感官而来的。我称之为纯粹统觉,以别于经验的统觉。我又称它为原始统觉,因为它是产生'我思'的自我意识。'我思'必须能伴随着一切其他的表象的,而且它在一切意识中都是同一个;但是除'我思'之外,没有别的表象是自我意识像这样与之结合的。我又称统觉的统一性为自我意识的先验统一性,来表示验前知识的可能性是依存于它的。因为,在某一个直观中给予出来的各种确定,如果不都属于一个自我意识,就不会都在我的意识里面。"[③]

康德在讨论先验统觉、自我意识、"我思"、纯粹统觉、原始统觉、统觉的统一性、自我意识的先验统一性,等等,兜了一整个大圈子之后,才在第二版的第 143 页上回到关于范畴的问题上来,肯定"一切感性直观都从属于范畴,只有从属于范畴作为条件,感性直观的各种确定才能一起在一个意识里面"。

范畴是知性的纯粹概念,既然概念没有直观的印象就是空洞的,所以只是在可能的经验对象的知识中才有其作用。这也就"划定了范畴应用

① 《纯粹理性批判》,第一版,原文第 106 页。

② 《纯粹理性批判》,第一版,原文第 107 页。

③ 《纯粹理性批判》,第二版,原文第 132 页。

于对象的局限了”①。

依康德的说法，自在之物是非感性直观的对象，假定它是有的，“我固能说这对象并没有属于感性直观的任何确定……等等……可是仅仅指出，它怎样不是被知觉到，而不能说明对于它的直观究竟有什么内容，并不得到关于这对象任何实在的知识……而只能够说我的直观永远不能叫我和它接触而已。……对于这种性质的东西，一个范畴都找不出来是适用的”②。这就是康德臭名远扬的唯心主义透顶的不可知论。

可是我们还得要向康德询问：怎样说明自然界的事物必须适应于他所制定的范畴？范畴怎样能验前地决定自然界的种种复杂现象和范畴的结合，而不是到自然界中去发现出现的事物是怎样结合的？

康德的答案是在《纯粹理性批判》第二版27节标题为“范畴演绎的结果”那里作出的。在这节里，他写道：“没有范畴，则不能思维对象；没有和范畴相应的直观，则不能知道所思维的对象。然而一切我们的直观都是感性的，因而在直观出现的我们关于对象的一切知识都是经验的。但是经验的知识也就是经验，所以除了能进入经验中来的对象之外不能有任何验前的知识。可是虽然这样的知识是限于经验的对象，但不因之便完全是从经验得来的。[注意！]因为纯粹的直观[如空间与时间]，和纯粹的概念[范畴]一样，都是在知识里的要素，而[依康德的唯心主义说法]两者都是验前地发现在我们里面的。经验的材料和我们关于经验的对象所形成的概念是必然相符合的，我们只有两种方式来说明这事实：要就是经验使概念成为可能的，要就是概念使经验成为可能的。前一假定是和范畴的性质不一致的，更不必说纯粹的感性直观；因为范畴作为验前概念来讲[即按康德的范畴说来讲]，是独立于经验的，而把它们要从经验得来，便是遁词的发生说，其他一种假定含有可称为纯粹理性的新生论，因之必须采用，而我们必须主张从知性产生出来的范畴是含有任何经验可能性的根据的。”③

康德得出这种结果的方法是道道地地唯心主义先验论的方法，只有

① 《纯粹理性批判》，第二版，原文第148页。

② 《纯粹理性批判》，第二版，原文第149页。

③ 《纯粹理性批判》，第二版，原文第165～167页。

和他同调的唯心主义先验论的思想家才是赞成这种反动的方法的。在本材料里的第5页上，我曾提到康德曾十分自豪地以哥白尼天文学来类比他的先验哲学，而我们大家都很清楚，在天文学史上，哥白尼的日心地动学说是对公元二世纪托勒密(Pfolemeus)的古老过时的地心天动的学说进行革命的。托勒密的古老天文学说，在其理论不能说明天体现象的问题时，就意想出一个又一个的臆造外加的圈轨道来使它自圆其说，这是完全唯心主义的形而上学的办法，已为现代天文学家一致所摈弃了，而康德在认识论中却正正采用托勒密的办法来反对辩证唯物主义的认识论反映论的科学学说，在其理屈词穷时，就搬出一些层出不穷的什么先验统觉、纯粹统觉、原始统觉、“我思”、统觉的统一性、统觉的原始综合统一性，等等，来构成他的所谓先验哲学的认识论，叫人读之不禁头痛，而不知他所说的究竟是什么，不知他所谓证明的又是什么。与其说他的认识论可以和哥白尼的新天文学相类比，倒不如说他是在认识论上回到托勒密的反动的、古老的唯心主义形而上学的立场，因而是必定为站在科学立场上的哲学家和一般有正确思想的人们所摈弃的。

关于康德的先验逻辑的先验分析论之概念分析论部分，本材料只简单扼要地汇报到此为止，下面就要进而汇报关于判断分析论部分。

我们从本材料的上文可以看到，康德对于范畴是如何能够在实际上应用到客观对象的这个问题，到此为止，还是没有做出他的答案的，尽管他已曾搬出了许许多多的不容易叫人懂得的种种唯心主义的抽象概念，而且兜了一整个大圈子。为了勉强解答这个问题，他在“判断分析论”里，再提出另外一些抽象的概念和又一些的办法来。现在我们就要看他是如何进行的。

他首先企图说明(再一次说明)判断是什么东西而为他的所谓“先验判断”奠定理论的基础。我们还是要注意，从他的唯心主义先验论的观点出发，他是必然从纯粹理论出发，而不是从人类的社会实践出发的。

他写道：“如果知性称为规则的能力，判断便是把事例归摄于规则之能力。”又写道：“先验逻辑制定一定的规则[注意：不是从实践概括出关于使用概念的规则，而是由逻辑制定的]，使判断能够正确地而确定地使用知性的概念的。因为先验哲学有一个特性，它不但揭露一些规则，或者说揭露规则的普遍性条件，这都是包含在知性的纯粹概念里面的，而且它又能验前地指出在什么情况下每一条规则是应该应用的。……它所运用的概念是关于验前的对象的。”①

这是康德判断分析论的开场白，说明先验判断的性质的。

他在这段里还说明判断的先验论共有两章：

第一章谈感性的条件，没有这种条件，就不能使用知性的纯粹概念的，这个条件称为知性的图型说；第二章谈综合判断，综合判断是在一切其他验前知识的基础上的。第二章所谈的是纯粹知性的原理。这第二章是很重要的。我们在本材料的第 9 页上已经看到，康德认为，就目的来说，形而上学作为一种纯思辨的学问的命题，完全是验前综合命题，所以“纯理性的真正问题”就是：“怎样可能有验前综合判断?”因此，我们就要看康德最后是怎样解答这个问题，以完成他的先验哲学的任务的。

我们先看康德在第一章里所谈的“范畴的图型法”。

康德不是说过，“判断是把事例归摄于规则的底下的能力”吗? 那就是说，判断乃是判定某事物从属于某一定规则与否的能力。例如说无产阶级革命的任务这个概念，从而得出的马克思主义的规则就是为了推翻资产阶级，破坏资产阶级的政治制度，建立公社式的民主共和国或工兵代表苏维埃共和国，建立无产阶级的革命专政②，那么，我们就判定，在我们的解放战争在 1949 年全国取得胜利之后，就把这个事例归摄于上述的规则，从而推翻国民党反动派的伪南京政治制度，建立我们的中华人民共和国。但是，康德认为这还不能说是他之所谓纯粹普通逻辑的判断应用，因为普通逻辑是抽象于知识的一切内容的。普通逻辑的唯一任务只是来分析表达于概念、判断与推理的知识的纯粹形式，而从这分析来得出关于知性一般使用的形式上种种规则的，而且先验逻辑的任务又与之不同。它是制定一定的规则，使判断能够正确地而确定地使用知性的概念的……能验前地指出在什么情况下每一条规则是应该应用的。……它所运用的概念是关于验前的对象的③。这岂不是玄之又玄，令人难于理解的吗?

---

① 《纯粹理性批判》，第二版，原文第 171～175 页。

② 列宁：《国家与革命》，人民出版社，1971 年，第 107 页。

③ 《纯粹理性批判》，第二版，原文第 175 页。

这岂不是像中世纪经院哲学那样极端复杂烦琐的吗？康德在18世纪还是没有摆脱经院哲学的烦琐气习呢！

可是，让我们再往下看他是怎么分析他的先验判断而得到他的验前综合判断的。

他写道："在一切归摄的情况下，我们所意识到的对象必须和它所归摄到的概念是同质的；换言之，概念必须含有某一确定[即性质]也是归摄在这概念之下的对象所具有的。……例如盘子这个经验的概念是和圆这个纯几何概念同质的。可是，一个纯粹概念，即范畴，和一个经验的直观，其实和任何感性直观，是不同质的，因而纯粹概念是永远不能在直观中实现的。……那么，直观怎能归摄于一个纯粹概念之下呢？怎样能把一个范畴应用于感官的一个对象之确定呢？……所以必须说明知性的纯粹概念是怎样能够有可能应用于出现的。……显然必定有某第三种东西，一方面是和范畴同质，另一方面又和感官的对象同质的，像这样就能使范畴适用于对象。这个中间的表象必须是纯粹的，即没有任何经验的成分的，然而必须同时是知性的。这样的一个观念就是先验的图型。

图型，依康德说来，和意象是要区别开来的。"如果我把五个点，一个跟着一个地摆下来，我……这样就在我的面前有了五这个数的意象。可是，如果我只想到数……比方一千这数……就很难把像一千这么大的数的意象和这数的概念来比较。……用来替概念提供一个意象的想象之普遍过程的意识[重点是编者加的]，也就是我称为概念的图型。"①

依康德的说法，范畴就是知性纯粹的概念。康德认为每个范畴都能有它的图型的。他写道："每一个范畴的图型都是在某一方式上和时间有关系的。量的图型乃是一个对象的相继领会中时间本身的产生或综合；质的图型乃是观察中含有感觉和时间意识的综合，换言之，乃是时间的充实；关系的图型乃是在一切时间上各种不同的直观之相互关系，或者说，时间按照规定的被确定；最后，样式的图型，在其三种形式上，乃是时间本身作为一个对象是否属于时间和它如何属于时间的确定之相关的东西。所以种种图型不过是时间按照规则的验前确定。按照范畴[依上面范畴

① 《纯粹理性批判》，第二版，原文第176～180页。

表]的顺序,我们发现,应用到经验一切可能的对象上,这些规则是关于时间的系列、时间的内容、时间的顺序和时间的范围的。"①

康德是这样企图来说明"感性的条件,没有它就不能使用知性的纯粹概念的"。他称这个条件为知性的图型法。这是先验分析论第一章的主要内容。

在先验分析论的第二章里,康德是谈纯粹知性的原理的。

他写道:"我们发现纯粹知性的一切原理乃是——

一、知觉的公理

二、观察的预测

二、经验的类比

四、经验思维的公准。"

一、知觉的公理

"这些公理的原理就是:一切知觉都是延扩的量。"

证　明

"所谓延扩的量,我指一种量,它的各部分表象必然先于整体,而使整体表象有其可能。一条线的表象,不管它如何短小,不先在思维中把它引长出来,我就不能得到;只有从某一点,把它各部分一个一个产生出来,我才能把线画出作为一种直观。时间的任何一部分亦复如此。……在领会中,这个纯粹要素[空间或时间],只有靠一部分一部分相继综合,才能为人所认识,所以每一个直观都是延扩的量。"②

康德认为:"关于数量,即回答一个东西有多大这问题的那个数量,严格地说来,是没有什么公理可说的,虽然论到它是有几条综合而直接确定的(即'不可证明的')命题。等数加于等数其和相等……这种命题是分析命题;因为我意识到一方所产生的数量和他方所产生的数量是相同的;因之这种命题都没有权利称为公理,因为公理一定是验前综合的命题。……7 加 5 等于 12,不是一个分析命题,因为 7 的表象也好,5 的表象也好,两者结合的表象也好,都不产生 12 这个数。可是,虽然这个命题是

① 《纯粹理性批判》,第二版,原文第 184～185 页。

② 《纯粹理性批判》,第二版,原文第 202～204 页。

综合的，而 7 加 5 等于 12 这个命题却只是个别的(只可称为数目的算式)。如果像这种的算式都要称为公理的话，那么就会有无量数的公理了。”①

关于纯粹知性原理的知觉公理这部分，康德还写道：“凡是纯粹数学关于空间与时间证明是真的，必然就一定是对于一切外部对象都有效的。……如果综合判断不能根据空间的纯粹概念，作为空间种种属性的科学这门几何学本身就没有可能。”②在上面的第 205 页上，他曾写道：“自然的数学这个先验原理大大地扩大我们验前的知识。”

二、观察的预测

“观察的预测之原理就是：在一切出现中，感觉的对象这实在的东西，都是有强弱的量，即有等级的。”

康德在“感觉的公理”的一段上是探讨感觉的量一方面的，而在这当前之一段里，他是研讨关于对象的质的。我们关于感觉的对象的性质，所能预先在验前知道的东西是什么呢？他的答案是：感觉的对象是实在的东西，都是有其强弱的量，即等级的，而等级也就是带有质的量，比如说气候的温度吧，我们说今天白天的最高温度是 16 度。这是指温度强弱的量即等级说的。“16”是量的观念，可是“16 度”的“度”字是指温度的质说的，也就是温暖到什么程度的意思，这就是属于“质”的范畴的。

康德关于这条原理是如何证明的呢？如何证明感性的对象的质是可以在验前予以预测的呢？

证　明

“在出现中的实在总是一个量，但是在[心灵的]领会中，没有关于这个量的意识，因为领会，由于它是从内部感觉而来，是发生于一个瞬息之内，而不是同感觉的相继的综合，因之不是从部分到整体的。……[它]只作为单一性而领会的量，其中[所包含的]多数性[即各部分，因凡量都是有其各部分可分割出来的]，是作为只接近于否定，等于零，而设想的，我

① 《纯粹理性批判》第二版，原文第 205 页。

② 《纯粹理性批判》第二版，原文第 207 页。

称之为强弱的量，所以凡现象中的实在性都有强弱的量，即等级。……例如红色有其等级，不管如何小，总不是可能的最小的；热亦复如是，动力的动量等，无不如是。"①

"感觉的质——颜色、味等——总是经验的，不能先验地知道的。……虽然一切感觉本身都是后验所与的，然而验前能知道，它们都具有着一个等级的这种属性的。关于数量，一般说来，只有一单个质——连续性这个质——是验前知道的，但是关于质，即出现的实在性，所验前能知道的，不过强弱的数量，即等级的具有，而一切其他得要从经验来学习的，这是奇特的。"②

三、经验的类比

"经验的类比之原理就是：只是通过感官知觉的一种必然联系的意识，经验才有可能的。"

证　明

康德在这段所谈到的纯粹知性的原理是关于感官知觉的必然联系的意识的。他想要，而且决定在时间里找到这种必然的联系。

他写道："时间的三种形相就是持续性、相继性和并存性。出现在时间中的一切关系因之就表达为三条规则，这三条规则是在一切经验之先而使经验成为可能的。这些规则说明出现依照它们在时间中的统一性有可能存在所必具有的一切条件。"③

所说的三条规则，也就是下面要谈到的三种类比。

康德接着写道："三种类比的原理是依据时间每一瞬息一切经验的意识之中，即感觉的直观之中的统觉之必然的统一性的。……原始统觉验前与之有关系的，是作为经验的意识之许许多多的确定由之而在时间之中成为有秩序的那种方式的内感官之形式。然而在原始的统觉里面，一切那些确定，在它们在时间中的种种关系方面，都得要统一起来的；因为没有什么东西能够进入我的知识中来，能够变为我的，没有什么东西能够

① 《纯粹理性批判》，第二版，原文第 210 页。

② 《纯粹理性批判》，第二版，原文第 217～218 页。

③ 《纯粹理性批判》，第二版，原文第 218～219 页。

对我来说是一个对象，除非它从属于统觉的验前先验统一性。所以一切直观的时间关系中的综合统一性是验前决定了的，而表达为这条规律，就是：时间中一切经验的确定必须从属于时间中的确定的普遍性规则，所以经验的类比必须是这类的规则。"①

但是康德在紧接着的下一页，即第二版的第 221 页上写道："可是出现的存在不能像这样在验前被知道的。固然我们这样就能知道有某一东西是存在的，但不能确实地知道它是什么，也不能预测当它在经验上被直观时，它和他的对象是怎样不同的。"

康德又把必然的命题分为定理的和定式的两种。"定理是指直接从概念得来的综合命题；定式是指概念的构成而得来的综合命题。"②

我们还记得，依康德的说法，只有综合的命题才是扩大我们的知识的判断之表达③。

康德又写道："虽然哲学的方法不是定理的，但总是可以有系统的。因为我们的理性本身主观上是一个系统，虽然如果我们把它只看为纯粹概念的一种来源，它并不是知识的系统，而只是我们的研究可以凭借来进行的一个系统：换句话来讲，它替知识提供统一性的原理，而必有待于经验来提供材料，然后按照这些原理确定那些材料"④。

甲、第一类比

实体永恒性的原理

"在出现的一切变动中，实体是永恒的，而且它在自然中的量不增加也不减少。"

我们在这儿应该指出，康德讨论纯粹知性的原理时，其"知觉的公理"这条原理是关于感性的量的，"观察的预测"是关于感觉的质的，而"经验的类比"是关于感觉的关系的。在范畴表中，"关系"这一项有三个子目，其第一个子目中的最主要的范畴就是"存在性"，即"实体"，所以第一种类

① 《纯粹理性批判》，第二版，原文第 220 页。

② 《纯粹理性批判》，第二版，原文第 764 页。

③ 见本材料第 8 页。

④ 《纯粹理性批判》，第二版，原文第 766 页。

比就谈到“实体永恒性的原理”，而这条理性是说：“在出现的一切变动中，实体是永恒的，而且它在自然中的量不增加也不减少。”怎样证明呢？

证　明

康德写道：“我们关于一个出现的种种确定的领会总是相继的，因而总是变动的。所以，以领会本身来说，其中没有什么东西，能够叫我们可以说，作为经验的对象而言，那些确定是并存的或者是相继的，经验的一个对象有其可能，只是由于有某种东西总是这样，有永恒而不变的东西，而一切变动与并存不过是那永恒的某东西在其中存在的时间之种种方式。只有在永恒之中才能有同时与相继的关系，而同时与相继也就是时间能有的关系。所以永恒乃是关于时间本身的经验意识之基体（拉丁文的 subotnatum，可中译为“存在性的基层”），而只在基体中时间的确定才有其才能。”①

他又写道：“时间中一切存在和一切变动，必须看为只是不变而常住的东西之存在方式。所以一切出现中的永恒乃是对象本身，即实体（康德用拉丁文的 phaenoznenon 来表达实体，而按拉丁文这词是“现象”的意思，可见康德是把实体只作为现象看而不是事物的本身），而一切变动的、能变的，只属于实体或一些实体存在的方式，因而属于实体的确定。”②

在下两页上，康德又写道：“实体的确定称为偶性。偶性总是实在的，因为它们正是实体存在的方式，而否定[即否定性]只是肯定一个实体在某一定方式上不存在的确定。如果我们想要说，实体中实在的是有一特种的存在，例如运动是物质存在的方式，我们就会说这种存在的方式为依存[参看范畴表“关系”项]，以别于实体的存在，那存在称为潜存（也就是上面拉丁文 subotnatum 这词的意思，其 stnatum 这词根是“存在”的意思，而其前缀 aul 是“基层”或“潜着”的意思）③。

再过两页，康德又进一步发挥了这上述的思想而写道：“只有联及到永恒性这个观念，变动这个概念才能适当地得到理解的。生灭不是生灭的东西之变动，变动乃是同一个对象的存在方式跟随着另一存在方式。

① 《纯粹理性批判》，第二版，原文第 225 页。
② 《纯粹理性批判》，第二版，原文第 227 页。
③ 《纯粹理性批判》，第二版，原文第 229 页。

凡变动的都是永恒的，只是它的状态改变。这个改变既然只影响确定，而确定是能生又能灭的，我们就可以用听来有些像似非而是的词来说，只有永恒才变，而能变的是不会变的，而只会改变，在改变中某些确定消灭而另一些确定开始生出。”①

我个人认为康德在这里不无某些辩证法思维的萌芽或猜测。他的意思是像要说，事物的本质不变而是永恒的，“总是那样的”，但是它的某些“偶性”会改变，而这种改变会影响到它的确定，即属性，但是却不使它的本质变动。帝国主义的本性岂不是不变的吗？然而不能说它的措施，它的手法都是不变的。可是他（康德）在紧跟着的一段所说的话又像是模糊不清的了：“只有以永恒的东西为标准，才能有从一个状态过渡到另一个状态，从无过渡到有的意识，而这些状态，在经验上，只能作为永恒的东西之改变的确定，而为人们认识。”②这好像“永恒的东西”是绝对不变的，而其确定的改变只是表面上的表现，这不是形而上学的反辩证法的看事物吗？我以此质诸于高明。

这就是康德对于第一类比关于实体永恒性原理之前一部分的证明，而关于这原理的后一部分的证明，他所写的是比较简单，我们只从第225页摘引三句：“永恒是在一个出现中的实体，或者说，实在的东西[得要记住‘出现中’]。它作为一切变动的基体总是一直如此的。而实体既然在存在中不变动，所以它在自然中的量不增加亦不减少。”这种说法，无非是一个分析命题的表达，即“永恒的东西是不会增加或减少其在自然中的量的”。那就是说，这命题的宾语是已经包含在其主语里面的，而对于知识并没有任何扩大。

乙、第二类比

因果相继的原理

“一切变动都是遵照因果联系的规律而发生的。”

证　明

“一个出现的各种确定，为人领会时，总是相继的，在意识里面，各部

---

① 《纯粹理性批判》，第二版，原文第231页。

② 《纯粹理性批判》，第二版，原文第231页。

分的表象是一个跟着一个的。至于在对象里是否也一部分跟着一部分，是另一回事。”①

这样，因果联系的问题就被提出来了。

首先要确定什么叫做对象。

康德在《纯粹理性批判》第二版第 236 页上，是这样说明什么是他所说的对象。在那里，他写道：“出现作为一个对象来讲，它和领会之作为一系列的意识状态相对立，只是根据这一点，就是它是领会的一种独特的样式，遵照一种规则，使它的各种确定之联系不得不照某一定的方式的。在出现中，含有领会这个必然的规则之条件的东西便是对象。”

他在第二版第 237 页上，还有这句话：“在我的领会中，知觉依次继起的次序是确定的，而我的领会是为那次序所约束的。”

可是，这还没说明一切变动都是遵照因果联系的规则而发生的这个普遍性的现象与其原理。

康德首先解明原因这个一般概念。他写道：“一向为人所承认的学说乃是，某些事件跟着在它之先的另一些事件发生，多次重复观察与比较了这样的事例，我们首先就发现一种规则——一些事件总是跟随在那些先行的事件而发生的，然后由于这规则的反思，才导致原因这个一般的概念。可是，如果事情果是这样，那么原因这个概念便是经验的而已，而以它为根据的规则，说凡事必有其原因，就会和它所自来的经验一样，乃是偶然性的[中译为‘不必然性的’较确切]，可以这样又可以不是这样的。既然没有它的验前基础，而只以归纳[即形式逻辑所谓‘简单枚举的归纳’]为其依据，它就没有真正的普遍性，而只有一种纯是假定性的普遍性和必然性了。”②

那么，摆在我们面前的问题怎样解决呢？

康德的答案是比较复杂，然而按照他的时间观念，是有其一定的理由的。他写道：“对于一个事件的知觉，乃是一种可能的经验，当我把一个出现看为是在时间中已经确定了它的地位时，就变为一个现实的经验，而当我把

① 《纯粹理性批判》，第二版，原文第 232 页。

② 《纯粹理性批判》，第二版，原文第 241 页。

这个出现看为是在时间中已经确定了它的地位时,也就是把它看为总是在一些知觉,按照一个规则而联系着的之中发现的一个对象。一个东西按照时间的相继续而被确定下来,其所依照的这种规则就是:在先行的东西之中可以找出一个事件总是、而且必然地、跟着发生所按照的条件。"①

这个条件就是:"在后面的东西在时间中的存在,必然地按照一个规则为某一在前的东西所确定这种出现间的关系,即可能的知觉间的关系——总而言之,原因与结果的关系——乃是我们关于一系列的知觉的经验判断客观有效性的条件,因而也就是经验的条件。像这样,因果的原理适用于隶属相继性的各种条件下的一切经验对象,正是因为这条原理本身乃是这种经验可能性的基础。"②

这是康德对于在他之前争论过若干年的因果问题的解答。人们,包括我自己在内,对于这个问题的解答是不满意于康德的说法的。他的主要论点就是,不像他那种说法,经验就没有可能,然而究竟没说出原因是什么。休谟在1739—1740年刊出了他的最重要的一部著作,标题为《人性论》,而在1751年又刊出他的流行最广而内容远不如他的《人性论》的另一部著作,标题为《人类理解研究》。在这两部著作里,休谟曾大力地探索过因果性这个问题,而结果却是以怀疑论而结束。康德曾说过,"休谟是把他从独断主义的迷梦中唤醒的"。可是,在休谟的两部著作,即以其刊出较后的一部来计算,即36年之后,才刊出他康德自己的《纯粹理性批判》的第二版修订本。虽然至少在因果性这个问题上,他还没有蹈休谟怀疑主义的覆辙,然而他所作出对这问题的解答,也不过如此,这是令人失望的,但是始终摇摆在唯物论与唯心论之间而终究不能逃出唯心论樊篱的康德又怎能得出对因果问题的正确答案呢?

现在我们且看看他的第三个类比吧。

丙、第三类比

交互性的原理

我们还记得,在康德的范畴表上③,"交互性"是范畴第三项的第三个

---

① 《纯粹理性批判》,第二版,原文第245~246页。

② 《纯粹理性批判》,第二版,原文第247页。

③ 见本材料的第23页。

目，而依康德的说法，交互性的原理是：

“一切实体，在其能被观察为在空间中并存的限度内，都是处在完全相互作用之中的。”

证　明

“凡是存在一个同一时间内的事物都是共存的。但是我们如何知道它们是存在于一个同一的时间呢？只有在领会的综合中，如果各种确定在意识中发生的次序是不关重要的，就是说，可以从 A 通过 B、C、D 而到 E，或者倒转过来，从 E 到 A，都是一样，那便是共存的。如果那些确定在时间中实际上是依次相继的，是依次从 A 开始而终结于 E 的，领会便不可能从 E 开始而回转到 A；因为在那种情况之下，A 是属于已过去的时间，因而再不能为领会的一个对象了。”①

“只要我们能够意识到是共存的对象，我们必定意识到，它们由于在时间中相互确定着它们的位置，是构成一个整体的。如果这个主观上的交互性是有一个客观根据为其依据的话，或者对于出现是作为实体而有效的话，其理由必定是对于一个对象的观察乃是对于另一个对象的观察之必要条件，而反之亦然……如果对象在经验中能被认识为共存的，就必定有实体间的相互影响，或者说实体的交互作用。通过这交互作用，出现只要是互相外在，而且在那个整体之内在许多方式上关联着的。一切其他关系所从自出的三种力学的关系所以就是依存的关系、连续的关系和合成的关系。”②

康德接着就指出：“这三种就是经验的三种类比。它们不过是出现的存在，按照时间三种可能的方式，在时间中被确定下来的原理。首先就是对于时间本身作为量，即多少的关系，即存在的量，也就是久暂[即实体永恒性的原理，这第一类比]；其次，在时间中作为一种系列的关系，系列的各部分是一个跟着一个的[即因果相继的原理这第二类比]；最后，也是在时间中作为一切存在的总和这种关系，总和的各部分是共存的[交互性的原理这第三类比]……”③

---

① 《纯粹理性批判》，第二版，原文第 258 页。

② 《纯粹理性批判》，第二版，原文第 261～262 页。

③ 《纯粹理性批判》，第二版，原文第 262 页。

康德总结类比的原理时，是这样写道的："'自然'这词，在其经验的意义上，是指种种出现在其存在上，按照必然的规则或规律而联系着的那个体系。所以是有某些规律，而这规律是验前使自然成为可能的。只有通过经验才能发现经验上的规律而使之成立，而即使这些经验上的规律也从属于使经验成为可能的那些原始的规律。所以所谓类比，正当地表示自然在种种出现的联系体系中某些典型下的统一性，而这些典型所表达的无非时间的关系，即时间作为包括着一切存在在其里面，对于统觉的统一性之关系，而这统一性，是只在按照种种规则的综合中才是可能的。总的说来，类比所肯定的乃是，一切出现都属于，而且必定属于，自然的同一个体系，因为离开这个验前的统一性，就没有经验的统一性，因而在经验中就没有对象的确定。"①

我写这份材料到这里就已经写完了《纯粹理性批判》先验逻辑这部分的先验分析论第二卷的第二章关于判断分析论的主要内容。剩下来的还有其第三章是关于现象与本体的区别的，这章的篇幅原本就不是很长，但是其内容是着重表达康德唯心主义的不可知论的，而为了提供对于康德臭名远扬的不可知论批判的材料，我们就得要弄清楚他是怎样企图为他的唯心主义观点进行解释和辩护的。

康德首先写道："知性永远不能把它的验前原理任何一条作为先验的使用，而只能在经验上使用它，这个命题一得到彻底理解时，就可看到它是有很重要的一些后果的。当一个概念出现于关于事物作为事物，即事物自身的一个命题时，这个概念便是先验地使用；当命题只关于出现或一种可能的经验之对象时，它就是在经验上使用的。[注意：出现也就是一种可能的经验之对象。]只有经验上的使用才是许可的。每一个概念首先需要概念或思维的逻辑形式，其次，它需要有它可以适用的而在经验上给与的一个对象之可能性。凡是没有这样的对象能给出来时，概念便是空洞的、无意义的，只包含着那种逻辑的面项[即公式]，可是，一个对象能出现的唯一方式就是在直观之中。而这个由直观而产生的知觉必须是经验的；因为虽然在一个对象出现之先，纯粹知觉是验前地可能的，然而由于

① 《纯粹理性批判》，第二版，原文第 263 页。

它只是不过一种形式，它靠自己没有是它可以适用的对象，因而就不能有什么客观的价值归之于它。因之一切概念，连带着一切原理，纵然是验前地有其可能，然而总是有关于经验的知觉作为对于一种可能的经验之材料的。离开这个关系，它们就没有客观的有效性，而不过是想象或知性的游戏而已。"①

"可见一切范畴都必然地限制于出现为其唯一的对象，如果拿掉了这个限制，它们就失去了一切的意义，失去一切的客观关系，并且没有对象可能的例子可以引用来使概念成为可理解的。"②

"先验分析论已经使我们面对这个重要的结论，就是知性永远不能过于由预测提供出一种可能的经验之形式；而且由于只有出现才能是经验的对象，先验分析论曾叫我们认识到，知性没有可能超出感性的限度，因超出这些限度就没有对象对我们出现的。纯知性的原理只是出现的典型，而作为自认能提供关于事物自身验前综合知识有系统的学说的这门科学的骄傲名称，即本体论，必须改称为纯粹知性的分析这个更谦虚的称号。"③

依康德的说法，自在之物、事物自身、本体，都是同一意义的名词。既然他认为知性没有可能超出感性的限度，而自在之物是彼岸的，非感性的，那么本体就是不可为人类所认识的了。不能认识本体，哪会有本体论？这是康德的论证。

再看看康德是怎样发挥他的这个论证的，他写道："本体这概念，即不能作为感官对象，而只可用纯粹知性来思维它作为物本身，这种概念当然不是自相矛盾的；因为我们不能确实知道感性是直观的唯一可能的方式。[康德是说人类的感性是以直观为其方式的，但是也可能有非人类的感性而不限于直观的。]而且本体这概念是需要来防止感性直观企图扩大到事物自身，而且需要来限制感性知识的客观有效性，可是，到了最后，我们不能理解，这样的本体是怎样成为可能的，并且在现象范围以外的境界[彼

① 《纯粹理性批判》，第二版，原文第297～298页。

② 《纯粹理性批判》，第二版，原文第300页。

③ 《纯粹理性批判》，第二版，原文第303页。

岸]，对我们来说乃是空虚的。”①

“积极地把对象划分为现象与本体，世界划分为感性的世界与知性的世界，因之就是不能容许的。诚然，概念划分为感性的与知性的乃是确当的。但是，知性的概念既然不替自己确定任何对象，它们就不能有客观的有效性。如果从感官抽象出来，范畴便是确定本体的唯一方法，怎样能使人了解范畴是有什么意义的呢？光只是思维的统一性和一个对象的确定并不是同一的一回事；因为要有知识，还得要统一性所应用在它上面的对象，能够在直观中出现。……本体就不是对知性的一种特别的对象，不是知性可理解的对象；正正相反，本体是盖然的，不管有没有知性能够有这种的对象实际上在它的面前。……事物自身是不能用范畴来认识的，只得用一种名称来思想它们，而那名称就是不为人知的东西的。”②

二、《纯粹理性批判》的先验辩证论

导　言

康德在先验辩证论的导言里，首先是说明什么是先验的幻相。

人们在日常经验上是经常碰见一些幻相的，只是有时不感知到它们是幻相而已。例如我时常把较远一点窗户玻璃上爬着的一个小虫看成是相当大的动物。这种光学的幻相是发生于知性正常经验上的使用之中的，是起源于想象力对判断力的误引之影响的。可是这种幻相不是康德所在先验辩证论里讨论的幻相，他所要研讨的幻相是他所称为先验幻相的那种东西。

康德认为先验幻相是起源于把原来与经验没有关系的原理，因而是不能用经验来检查的原理加以使用。这样的幻相，即先验幻相，“引诱我们把范畴应用于经验范围以外”，于是我们就受其欺骗了③。

康德把内在的原理、先验的原理和超验的原理彼此分别开来。他认

① 《纯粹理性批判》，第二版，原文第310页。

② 《纯粹理性批判》，第二版，原文第311～312页。

③ 《纯粹理性批判》，第二版，原文第351页。

为“完全用于可能的经验之限度以内的原理称为内在的”；在关于纯粹知性的原理的那整章里所讨论的原理，就是先验的；这些原理虽然是在验前推演出来，却只能在经验上使用，而绝对不能先验地使用的，因为这些原理不能扩充到经验限度之外。“但是否认这些限度的原理，甚至命令我们越过这些限度的原理，必须称为超验的。”①

在看到康德的《纯粹理性批判》的“先验辩证论”这整个部分时，我们必须经常注意到上述三种原理的区别，而且还得要注意看，据康德说来，理性是怎样错引知性，使其陷入种种的“辩论推论”里去的。

康德说：“知性是把出现归结到规则的统一性之一种能力，而理性就是把知性的规则从属于原理的这种能力。理性永远不直接到经验那里去或者直接到对象那里去，而是企图通过概念，在验前给知性和知性的各种知识以其统一性。这个统一性可以称为理性的统一性，完全不同于知性所能够产生的那种统一性的。”②

在本材料的第 6 页上，我们曾指出过，康德在他的原德文里使用着两个词，一个是 die vevnunft（阴性），而另一个是 den vevstand（阳性）。这两个词都时常用汉语的“理智”来翻译，可是这就会引起很大的误解。依康德的用法，它们是有分别的，可是他自己也有时把前一个词用来包括后一个词的意思在内的，因而就形成词义的混乱。所以我们应该把前一个德语词 die vevnunft 一致中译为“理性”，而把后一个德语词一致中译为“知性”，以示区别。康德在上面所引用的一段里是把知性和理性这两种思维能力区分开来的，我们应加以注意。

康德并指出，理性在其逻辑的用途上，企图达到一个前提，这前提是含有构成三段论式的结论这个判断的普遍条件的。可是“理性又可能是寻找规则的普遍性条件，换句话说，可能是尽其可能用先行三段论式*去寻找条件的条件，所以很清楚，理性的特别原理，在其逻辑用途上，是为知性的每一个有条件的知识去寻找那无条件的东西，来这样去完成知识的

① 《纯粹理性批判》，第二版，原文第 353 页。

② 《纯粹理性批判》，第二版，原文第 359 页。

* 注：“先行三段论式”是形式逻辑的一个术语，指一个复合三段论式里所含的又一个三段论式，用来证明原本的三段论式的一个前提说的。

统一性"①。

"可是，这样的一条纯粹理性的原理显然是综合的；因为虽然无疑地，有条件的是在分析上和某条件有关系，但是不可能用分析的方法从这得出那无条件的。……所以那条原理在本质上必是不同于知性的一切原理，知性的一切原理总是内在的，其目的不过是使经验成为可能。……所以那条原理并不具有任何客观的真理，不过是一条逻辑的规则，叫我们在一步一步地上升到更高的条件时，尽其可能去接近完整性，而这样就把我们的知识引到我们的理性所能达到的最高统一性。"

康德的这种分析是重要的。他是这样对下面的关于灵魂、世界与上帝的谬误推论之批评伏下了一笔。

康德在"先验辩证论"导言写完之后，就开始在第一卷里写到关于"理念"的东西。

先验的理念

"在先验分析论里，我们已经看到，如何……把判断的形式设想为替直观的综合提供了一些概念，我们就导致于范畴的发现，而范畴就是引导知性在其全部的经验使用上的。所以我们便可以指望，从三段论式在其按照范畴而应用到直观的综合统一性时，其形式便可使一特种的验前概念由之而发生，而这些验前概念可称为理性的纯粹概念或先验的理念，是确定知性如何在经验的整个范围内按照种种原理而使用的。"②

康德又写道："所以理性的先验概念，恰恰就是任何被给出作为有条件的东西的条件之总和的概念。可是，只有无条件的才能使条件之总和成为可能的，而反过来说，条件之总和本身总是无条件的；因之一般地来说，理性的纯粹概念之定义，可以说是那无条件的东西之概念，因为它包含着有条件的东西之综合的根据。"③

"知性在它的范畴里有多少关系[即范畴表上第三项]的作用，就有多少的理性的纯粹理念。"④

---

① 《纯粹理性批判》，第二版，原文第 364 页。

② 《纯粹理性批判》，第二版，原文第 377～378 页。

③ 《纯粹理性批判》，第二版，原文第 379 页。

④ 《纯粹理性批判》，第二版，原文第 379 页。

依康德对于形式逻辑的判断和三段论式之形式的分析，直言推论是根据断然综合而形成的。以公式来表达直言推论就是：A 是 B，B 是 C，所以，A 是 C。这里 A 也就是推论的主体，而这主体就是断然综合的无条件的东西。

假言推论是根据假定综合而形成的。以公式来表达，假言推论就是：如 A 是 B，C 就是 D；如 C 是 D，E 就是 F；如 E 是 F，M 就是 N；所以如 A 是 B，M 就是 N。这里有一系列的假定：如 A 是 B，如 C 是 D，等等。到了最后，就有诸假定（即条件）的总和，那就得出那无条件选言推论是根据选择综合而形成的。以公式来表达，选言推论就是：A 或是 B，或是 C；如 A 是 B，D 就是 E；如 A 是 C，D 也就是 E；所以结论就是：D 是 E。这里依选言推论的形式，A 的两种可供选择的条件（可能是更多的，但在这里只以两种为例）必须是穷尽无遗的，否则不能形成一个选言推论，所以在这种体系里，其各部分的选择综合（如 A 是 B，如 A 是 C，等等）就必定有其整个体系的各肢的总合，这综合是穷尽了各种条件的，所以也就是无条件的了。

因之康德就根据上面的分析写道："那么，考验的理念（即无条件的东西）就是理性的盖然性概念［其所以说是盖然性的，因为是预先假定终究能一步一步地上升到更高的条件而尽可能去接受完整性的］，这些盖然性概念，是把一切经验的知识，看作通过一切条件的绝对总和而得到确定的。"然而"它们并非只是虚构，而是产生于理性本身的性质的，因而对于知性的整个用途有着必然的关系的。……纵然这些理念并不通过知性的概念增加我们对于一个对象的知识，可是它们能够指导知性到更清楚而更广泛的知识，更不必说，它们或者能够使我们从自然的领域过渡到道德的领域成为可能的"①。

康德并认为先验的理念是自成一个体系的。他写道："一切先验的理念可以归之于三个项目：第一，思维的主体的绝对的或者说无条件的统一性；第二，现象的一系列的条件之绝对统一性；第三，任何一切思维对象的条件之绝对统一性。思维的主体乃是心理学的对象，一切出现的总和（世

① 《纯粹理性批判》，第二版，原文第 384 页。

界)乃是宇宙论的对象,而包含着一切可思维的事物之最高条件的存在(一切存在的存在)乃是神学的对象。所以纯粹理性对于灵魂的考验学说提供其理念,对于世界的先验科学提供其理念,最后,对于关于上帝的先验知识也提供其理念。"①

康德在这里是沿袭中世纪经院哲学对于"科学"的分类的,可是在他生活纵然是在德国的18世纪,而且早年是从事自然科学的研究从而得名的。他在这三部分的学科所得出的结果,虽然还是不出唯心主义的樊篱,然而是和中世纪经院哲学的学说有很大的分歧的。

他写道:"在三种辩证[康德的辩证]的推论是和三种理念相应的。在第一种推论中,我是从主体的先验的概念到我完全没有概念的那个主体的绝对统一性,这是十分简单的。我称这个辩证的幻相为先验的谬误推理。第二种的辩证推论是推论到任何所与出现之一系列的条件中一个绝对总和的个先验概念,我在这里是这样论证的:既然我的对于这个系列的无条件的综合统一性的概念是自相矛盾的,那么同样是不可思议的那个反面的统一性就必须认为是真实的了。我称这种形式的辩证的推论之理性态度为理性的二律背驰[关于'二律背驰',我们在下文还有说明]。在第三种,也就是最后一种的理性的诡辩推论中,我从思维对象在其能被给予出来的限度内之全部所要求的条件总和而得出一般事物的可能性之一切条件的绝对综合统一性这个结论:换句话说,我从我不能通过只是先验的概念而知道的事物,论证到我知道更少的一切存在之存在,因为先验的概念对于它的存在和它的无条件必须性是毫无启示的。我称这种辩证的推论为纯粹理性的理想 。"②

我们现在就扼要地来看康德关于这三种辩证推理是怎样写的。

甲、关于先验的谬误推理

"有一个概念是我们现在必须把它和包含在范畴表中的先验概念放在一起,但并不改变或增加那个表的。这就是'我思'这个概念,或者有人宁愿说'我思'这个判断。……'我思'这个概念可用来分辨两种不同的对

① 《纯粹理性批判》,第二版,原文第390～392页。

② 《纯粹理性批判》,第二版,原文第398页。

象。……作为思维的我来说，我是内感官的一个对象而称为灵魂，而那个外感官的对象的我就称为身体。因之我这个名词，是指心理学的对象那个思维者。"①

康德在《纯粹理性批判》第二版第403页上写道：

"灵魂的理性学说的主题，一切包含在它里面的其他东西都必由之而得出的，就是如下所述：

一、灵魂是实体。

二、以质而言灵魂是单纯的。

三、以其存在于各个时间而言灵魂是在数目上同一的，即单一的（不是多数的）。

四、它是在空间中和可能的各对象有关系的。

和这些因素相应，灵魂的先验学说包含有四种谬误推理。"②

康德往后几页上还有一些的话写出来：

"我们将以批判的眼光来研究灵魂在其一切的论述上的纯粹学说。"③

"想要认识我自己作为一个对象，光只意识到我自己是在思维着是不够的（是指从前笛卡儿所说的'我思'），我必须意识到我自己这个直观是在思维的功能之关系上确定下来的。可是在思维之中没有自我意识的方式本身是对象的概念或范畴。……要知道我自己作为我自己内部直观的一个对象，我必须意识到我自己作为一个对象，而不光只作为一个能确定的主体。"④

然后，康德就把上述关于灵魂的理性学说的四题逐一进行批判。

一、"我，思维的我，是在每个思维的活动中的主体，而不可能看为属于思维的陈述，这不但是一个必然的命题，而且甚至是一个同一性命题。但是这不等于说，我是这样地意识到我自己作为一个对象，因而我就能够确定我自己为一个自潜在者或说一个实体。后一个命题，实际上是比前

① 《纯粹理性批判》，第二版，原文第399～400页。

② 《纯粹理性批判》，第二版，原文第402～403页。

③ 《纯粹理性批判》，第二版，原文第406页。

④ 《纯粹理性批判》，第二版，原文第406～407页。

一个命题所说的多得多,而且要得到证明,所要求的材料,确定总不会在我作为单纯地在思维着的东西而找得到,而且恐怕就其作为思维着的东西来讲这限度之内,是永远不会找得到的。"①

二、"统觉的我,因之在每一个思维活动中的我,是单一的,而不能分解为多数的主体的,或者说,是逻辑上一个单纯的主体,这是含蕴在思维这个概念里面的,并且只用分析的方法便可从这个概念得出的。但是这并不是说,思维着的我就是一个简单的实体,因为这是一个综合的命题,实体这个概念总是和直观有关的,而在我们来说,直观只能是感性的,所以这些直观是完全在知性与其思维的范畴之外的。但是在我们说思维中的我是单纯的时候,我们所谈的恰恰就和直观区分开来的思维,在一切其他情况下,很难知道,在某一直观之中,什么是实体,而要说实体能否是单纯的,那便更加困难了。"②

三、"光只是主体在它的一切确定里同一性的意识,并不是指一个人的同一性,如果一个人的同一性的意思是指在他的状态一切变动之中,一个人自己的实体作为一个思维者之同一性的意识而言的。光是'我思'这个命题的分析,不能证明这后一意义上的同一性;因为那需要关于自我的一个现实的直观所得来的一些综合判断。"③

四、"我把我自己的存在作为一个思维者,和我以外的东西分别开来,而这些外面的东西之一,就是我自己的身体,这也是一个分析命题;因为所谓其他就是不是我的意思,即有别于我的意思。但是这不能叫我能知道,如果东西不是作为在我的外边而给予的,我能不是意识到我自己,能不能意识到我只作为一个思维者而存在,而又不是一个感性的存在者。"④

康德主要是这样批判了关于灵魂的理性学说,即关于理性的心理学谈到的灵魂的。他在第421页上还写道:"理性的心理学,不是能使我们

① 《纯粹理性批判》,第二版,原文第407页。
② 《纯粹理性批判》,第二版,原文第408页。
③ 《纯粹理性批判》,第二版,原文第408～409页。
④ 《纯粹理性批判》,第二版,原文第409页。

在我们关于自我的知识上增加任何东西的一种学说。”而且在接着下面一页上，他又写道：“所以关于主体作为一个对象，我们是不能有什么知识之可言的。”那就说，灵魂是我们不知道的东西。

康德对于灵魂的研讨，是这样作出他的结论的：

“那么，我们研讨的结果就是，理性的心理学中的辩证的幻相，其起源是由于把理性的一个理念——即纯粹智力这个理念——和关于一般的思维者完全未确定的这个概念混为一谈。把一切现实的经验抽掉之后，我首先把自己作为一种可能的经验之对象来思维，然后就推论说，我甚至离开经验和经验的经验条件，也能意识到我自己的存在，但是这是把我自己经验上的确定的存在和我思维的自我可能分开的存在这种意识，混淆起来。这样一来，就发生这个信念，以为我，对于我作为一个先验的主体里面实体性的东西，有了一种现实的知识，而事实上，我在我的思维中，只有意识的统一性，作为对象一切确定中所预先假定的知识形式而已。”①

康德关于“纯粹理性的谬误推理”的讨论，其主要内容大概是如此。下面我们就要进而讨论“二律背驰”了。

乙、关于纯粹理性的二律背驰

康德在关于“纯粹理性的背驰”一节里，是这样写道的：“背驰［又中译为‘背反’］这个名词是用来表示……两个命题之间的冲突，其中每一个命题都像是真的，可是任何一个都不能比其他一个更有理由叫我们来同意。在我们……冒进越过经验的界限那个时候，便发生某些冒充是理性的命题，是经验所不能确定，也不能推翻的。这些命题的每一个都不但在其本身是没有矛盾，而且它能上诉于理性的本性来支持它的真实性，可是不幸的就是，其对立的命题同样地能够提出很好的理由，要求我们也承认它是必然真实的。”②

在这段话里，康德只说明了他在原德文里所用 Antithetic 这词的意

① 《纯粹理性批判》，第二版，原文第 426～427 页。

② 《纯粹理性批判》，第二版，原文第 448～449 页。

思,而还没有触及“二律背驰”中所说的“背驰”是由何而来的这个主要问题。

康德在“先验的理念”那节里,首先说明“一个系列里各项的假定综合的无条件的东西”这种理念,即“二律背驰”所从发生的这个理念,乃是关于“一切出现(世界)的理念,而这就是宇宙论的对象”①。

他往后又写道:“一切那些有关于出现的综合[世界]中绝对总体的先验理念,我都称为宇宙的概念,我所以称之为宇宙的,部分理由是因为本身原只是一个理念的世界全体这个概念,乃是以那个无条件的整体为依据的,而部分又因为它有关的只是出现的综合,因而是经验的种种对象。另一方面,一切可能事物的条件综合中,其绝对的总体引起纯粹理性的一个理想,而这个理想虽然无疑是有关系于整个世界的概念的,但和这却是不相同的。正如纯粹理性的各种谬误推理是一种辩证的心理学的根源那样,纯粹理性的二律背驰,将要把认为是纯粹的或者说理性的宇宙论所依据的先验原理,摆在我们面前。”②

康德在“宇宙论冲突题的批判解答”那节里写道:

“纯粹理性的整个二律背驰是依据这个辩证的论证的:

如果受条件限制的是所与的,则整个系列的条件也是所与的。

可是感官对象是作为受条件限制而给与的。

所以感官各对象一整个系列的条件是所与的。

如果我们首先纠正而弄清楚包含在这论证之中一些概念,则论证的诡辩性格就会更容易看出来了。”③

康德紧接着就指出:“首先,很明显而不可否认的就是,如果受条件限制的是所与的,我们就不得不回溯它的一系列所有条件。受条件限制的这个概念本身,蕴含着某东西是谈到一个条件的,而那个条件如果本身又是有条件的,它就又涉及一个更遥远的条件,这样一直通过这个系列的所

① 《纯粹理性批判》,第二版,原文第379页,又第391页。

② 《纯粹理性批判》,第二版,原文第434~435页。

③ 《纯粹理性批判》,第二版,原文第525~526页。

有各项。所以,如果受条件限制的是所与的,我们就必须寻找整个系列的条件,这个命题是分析的命题而不能有什么东西是先验的批判叫它可怕的了。”①

往后,康德并作出了许多分析和说明。我们由于篇幅的限制,不多予摘录,而只简短地表示其大意如下:

如果命题中所谈的是物自身的话,不管物自身是什么,它受到的条件限制和所能回溯到的整系列的条件总是一道被给与出来的,因而那无条件的,也是在一起被给与出来的。可是如果我们所处理的是出现,而出现是必须只对于人们的意识才存在的,则除非它们是在经验上已知的,就完全不是所与的了。在这里,我们就绝不能推论出那回溯中的系列的条件之绝对整体②。

据此,我们就看得很清楚,上述的二律背驰所依据的论证[见本材料第 63 页上的引文],“其大前提的受条件限制的这个词是在一个纯粹范畴的先验意义上了解的;而在小前提中,是在只能应用于出现的知性的一个概念的经验意义上了解的。所以这里是词藻的辩证谬误之一个例子。可是这个诡辩不是人为的;它是由于一个完全是自然的幻相,理性才在大前提中盲目地认为,如果某东西作为受条件限制的而为所与,则它的一切条件和这些条件的系列也必定都是存在的”③。

康德这一段话就指明“二律背驰”的原因之所在了。在先验使用上,概念是根据一条规律,而在经验意义上,概念则又依据另一条规律。如果把先验的规律和经验的规律混淆在一起,那就引起二律的冲突,引起二律的背驰了。

康德依他对于宇宙论的理念和范畴的分析研究了先验理念的四种冲突。在本材料里,只根据上面的结论,把第一种冲突作为一个实例,进行分析,至于其他的三种冲突,可以类推,那就从略了。

先验的理念之第一种冲突,照抄如下:

---

① 《纯粹理性批判》,第二版,原文第 526 页。

② 《纯粹理性批判》,第二版,原文第 526～527 页。

③ 《纯粹理性批判》,第二版,原文第 527～528 页。

论　题	反论题
世界有时间上的开始，而且是包住在空间的限界里面的。	世界没有时间上的开始，在空间没有限界，而就时间与空间来说，都是无限的。
证　明	证　明
假定世界没有时间上的开始。那么，截至任何时间上的一点，总是有过永恒的时间之过去，因之一个无穷的系列的事物状态，必然是曾一个跟着一个地过去了而在世界上到了终结。可是，一系列的无穷性正是这样，就是系列的相继综合是永远不能完成的。因之状态的一个无穷系列在世界上是不能过去的，所以世界的一个开始乃是它的存在之必需条件。这是要证明的第一件事。 关于第二点，再假定其反面。那么，世界必定对我们作为并存的事物之一个无限的整体而出现。可是，如果一个量不是作为在某种限度之内在直观中出现，除它的部分之综合外，没有其他方法是我们能思维到它的向量的；而我们思维到这量作为一个整体，只能用重复把单个加在自己上面，一直到综合的完成，因之要充满整个空间的世界，思维作为一个整体，我们必须认定一个无限世界各部分的相继综合已经完成了。但是这就等于说，一个无穷的时间，在并存的事物整体的总结之中，必定是已经过去了。然而这是不可能的。因之现实事物的一个无限的集合，不能对我们作为一个整体而出现，所以不能作为其一切部分是并存的一个整体而出现，所以世界不是在空间无限地延扩，而是在空间的限界之内被包住的。而这就是要证明的第二件事。	假定世界有一个时间上的开始。那么，由于任何事物不能开始其存在，而在它之先没有一个时间是开始存在的事物还未曾存在的时候，所以我们必须主张，在世界开始存在之先必定有另一个时间，那就是一无所有的时间。但是在一无所有的时间中，没有什么事物能发生的，因为一无所有的时间之任何一部分都在它里面没有任何存在的而不是非存在的条件，是把它和其他部分区别开来的；不管我们是假定事物从自身发生或者是为某其他原因所产生的，上面所述都一样是真的。因之纵然在世界上许多系列的事物可能有其开始，世界本身是不能有其开始的，因之以时间而言，是无穷的。 关于第二点，让我们假定其反面，即世界是有限的而且空间上是有限界的。那么，世界必须存在于没有限界的空洞空间里面。所以事物必须不只在空间中发生关系，而且必须又与空间发生关系，但是世界是一个绝对的整体，它之外没有直观的对象，因而没有世界的相关系的东西，能够找出来的，所以世界对空洞空间的关系就会是它对于没有对象的关系。可是这样的一种关系是不可能的，因而世界为空洞空间的限制并非什么东西。所以世界就空间而言，是不能限制的，就是说，世界是无限地延伸的。

康德在这里把互相反对的论题和反论题，都根据形式逻辑三段论式的程序，分别证明是正确的，可是互相反对的两个命题怎能同时是正确的呢？以形式逻辑的规定说来是说不过去的；这就是一种冲突。

那么，这种冲突有什么方法是来解除呢？康德说这是两条思维的规律的背道而驰，是理性自己陷入了矛盾，而依他的说法，这种矛盾是可以解决的。

且拿这第一种冲突的第一部分来看看吧。

康德的证明方法不是直接的而是间接的，即证明命题的反面是不能成立的。

论题的第一部分是说："世界有时间上的开始。"其反面就是，"世界没有时间上的开始"。假定这是真的（大前提）：证明就指出，那就是"截至任何时间上的一点，既然没有一个开始的时间，就总是有过去永恒的时间已过去了"，这在时间上就是一个无穷的系列，然而无穷的系列是永远不能完成的，因之世界没有时间上的开始是不可能的。所以这就是小前提，而结论就是："世界必须有时间上的开始。"

矛盾在哪里呢？

在大前提里，把时间用来论述世界，而世界乃是一个纯粹理性的理念，时间却是感性直观的形式，各自有其规律，不能混在一起，因而冲突就发生了。在小前提里所谓一系列的过去的时段，是一种回溯的观念，而这回溯的过程是多么长，是不能在直观出现之前确定的，因之就不可能说它能完成或不能完成的了。把知性的概念——可能或不可能——和感性直观的形式——时间——用于理性的一个理念——世界——之上，是超验的用法，是违反先验哲学的基本原理的。因此，黑格尔在这点上对于康德的批评是说："康德也解除了这个矛盾，不过是按照先验唯心主义的独特方式去解除的。"①

让我们再去看看第一种冲突反论题第一部分的证明。

这第一部分的反论题是说："世界没有时间上的开始。"

假定某反面"世界有一个时间上的开始"是真的，就把这作为其证明

① 黑格尔：《康德哲学论述》，贺麟中译本，商务印书馆1962年版，第42页。

的大前提。

而小前提就是："在一个一无所有的时间中，没有什么事物能发生的，因为一无所有的时间之任何部分都在它里面没有任何存在的条件，是把它和其他部分区别开来的。"

因之结论就是："纵然在世界上许多系列的事物可能有其开始，世界本身是不能有其开始的，所以以时间而言，世界是无穷的，即世界是在时间上没有开始的。"

这也就推翻了反论题的反面而建立了其主张了。

那么，矛盾又在哪里呢？

其矛盾，依康德说来，乃是在这论证的大前提里，用时间这个感性形式来论述世界这个纯粹理性的理念，已经就是一种超验的用法，是先验哲学所不容许的了，而在小前提里，假设有一个空洞的时间，而是直观所不能触到的，因之就不能说什么在它里面有没有任何存在的条件，所这个小前提也是不能成立的，从而得出的结论也就是无意义的了。这样矛盾就没有了。

当然，康德这种处理矛盾的方法是按照他的先验观点的，正如黑格尔所批评的那样。可是，依康德的先验哲学的说法，人类知性是只能在有限的受条件限制的知识范围里才有其功用，而能得到知识对外界事物的有效性。在理性企图超出这个范围而去摸索那不受条件限制的或者说无条件的存在时，它就必然陷入不可解决的矛盾之中了。现在，我们就引用纵然是比较晦昧难解的康德原话来结束二律背驰这个复杂的问题吧！

康德在《纯粹理性批判》第二版第 533—534 页上这样写道："由于世界[依他说来]并不作为物自身而存在，就是说，并不独立于我的表象的回溯之一系列而存在，那就不能说它在其自身是一个无限的整体，或一个有限的整体了，离开在一系列的出现中经验回溯，世界是毫不存在的。所以如果那个系列总是受条件限制的而因之永远不是完全地给与的，世界就不能是一个无条件的整体，因而就不能作为是在量上无限或有限的一个无条件的整体而存在。……这样一来，纯粹理性在其宇宙学的理念中的二律背驰便消逝了。它纯然是'辩证的'，或者说是由幻相而来的冲突。"

在这里，我们也就结束了关于二律背驰的一章。往后就得要看看康德关于理想的那一章，而结束他的先验辩证论，从而也就写完关于《纯粹理性批判》这本书的认识论的材料了。

丙、纯粹理性的理想

康德在其“纯粹理性的理想”这章里，首先写道：“经验的概念是具体上的知性概念。然而理念比范畴还要从客观实在性远离一步，因为不能找到什么出现是它们可以适用的，于是它们就完全不能在具体上出现。它们要求有超出一切可能经验的知识范围以外的某一定的完整性，而理性在它们里面只有一种系统的统一性，而在这之上就加上另一种统一性，是在经验中尽量可以接近，虽然它永远不能指望把经验和它的理念成为完全相称的。”①但是这还没说到理想。

康德又写道：“可是我所称为理想的好像甚至比理念从客观实在性还要远离一步。我所谓理想就是一个理念，不只是具体上的而且是在个体上的；换言之，我所指的是，纯由理念能确定、甚至已确定的、一个个体的东西。”②

这已经谈得很玄了。但是康德把他的理想这个一个个体对象的概念，还用更玄之而又玄的词句来“解释”。他写道：“我们能有的一个概念只是绝对验前已确定的，即只是一个个体对象的概念，完全只是那个体的理念所确定的。所谓纯粹理性的理想是指这个说的。”③

康德在第二版的第605页上所写的就比较容易理解一些：“理性在它的理想里面找着一个原型，一切东西都是这原型的不完善抄本或模仿，并且从它得到它们可能的质料的。东西或多或少接近这个理想，但是一定还与之有无限大的距离。”④

这就叫我们联想到古希腊柏拉图的理念论了。柏拉图在《国家篇》这篇对话里有这样一小段的话：“日不仅使我看见的事物成为可见事物，并且还使它们产生、成长、并且得到营养，但是日自己却不是被产生的。同样，你也可以说，知识的对象不仅从‘善’得到它们的可知性，并且从善得

---

① 《纯粹理性批判》，第二版，原文第595～596页。

② 《纯粹理性批判》，第二版，原文第595～596页。

③ 《纯粹理性批判》，第二版，原文第602页。

④ 《纯粹理性批判》，第二版，原文第606页。

到它们自己的存在和实在性，但是‘善’自己却不是存在，而是超乎存在之上，比存在更尊严更有威力的东西。”①

康德又写道："理性摆在自己面前的目的作为一个理想的，也称为原始存在；既没有高于自己的存在，就称为最高存在；而它又名为存在的存在(eus entium)，来指出一切其他存在都是为它所限制而从属于它的。”②“然而这就是上帝的概念在其先验的意义上，而这样一来，纯粹理性的理想就是一种先验神学的对象了。”③

康德在他关于“思辨理性关于最高存在者的存在的论证”这节里写道："人类理性在企图证明最高存在者的存在，其自然的过程是下面那样的。首先，理性自己认为某一个必然的存在是必须有的，它把这个存在看为是具有无条件的存在的。然后它就寻找能被设想为独立于一切条件的东西，而在一个本身是一切其他东西的充足条件的东西里面找着它，就是包含在一切实在性的东西。可是，无限制的一切既然是绝对统一性，而带着有一个单一最高存在的那个概念，于是理性便得出结论说，最高存在者必然是要作为一切东西的原始条件而存在。”④

康德指出，“只有三个途径，是在思辨的理性基础上，可以企图证明上帝的存在的。第一是自然的神学证明，第二是宇宙论的证明，第三是本体论的证明。”⑤

1. 本体论的证明

康德写道："如果在一个同一的判断里[同一的判断乃是一个判断，其主项的概念内容是和其述项的概念内容相同的]，在我丢掉了述项之后，还保着主项，矛盾便发生，我便从而认为述项是必然地属于主项的。可是如果我把主项和述项一并丢掉，结果并没有矛盾，因为剩下来没有什么是与之相矛盾的。先认定有一个三角形，然而否认它有三个角，这是矛盾

① 见北京大学哲学系外国哲学史教研室所编《古希腊罗马哲学》，生活·读书·新知三联书店1957年版，第182页。

② 《纯粹理性批判》，第二版，原文第607页。

③ 《纯粹理性批判》，第二版，原文第606页。

④ 《纯粹理性批判》，第二版，原文第614页。

⑤ 《纯粹理性批判》，第二版，原文第619页。

的。但是同时否定三角形和它的三个角,就并无矛盾可说了。关于一个绝对必然存在这个概念,恰恰也是这样。如果否定那东西的存在,东西本身连同它的一切述语同时也在否定之列。怎样含有矛盾呢? ……'上帝是万能的',这是一个必然的判断。只要肯定了'上帝'这主项,就不能否定'万能'这个述项,因为上帝这个概念,即无限存在这个概念,是和'万能'的存在这个概念同一的。但是,如果你说,'没有上帝',那么,'万能'这个述项就没有了,任何其他述项也不存在了;在否定主项时,任何可能的述项都被否定了,所以在说上帝不存在里面,丝毫没有什么矛盾。"

"可是在这里,有人对我说,有一个概念,虽然只一个,是不能否定其对象的存在而没有矛盾的。这个概念就是绝对必然存在的概念。所说的是,这个存在者具有一切实在性,而据我愿意承认的,这样一个存在者是我们有正当的理由来假定其存在是可能的。而持反对意见人接着说,包含一切实在性的东西必须包含存在。所以在这里,存在是包含在作为可能的东西之概念里面的。所以,如果否定这东西的存在,则连它的内部可能性都被否定掉了,而这是自相矛盾的。"①

这就是本体论的证明的主要论证。

康德批判它,是抓分析判断和综合判断的区别来进行的。他写道:"对象的内容和我们的概念的内容必然恰恰是一样的,因而把概念的对象只放在我们思想上的面前而说它是的[即用肯定的系词来说它],我并不在我的概念之上增加什么东西,而只表达对象的可能性。实在的并不比可能的包含多一些。一百个实在的银元不比一百个可能的银元多一分。一个是指概念,另一个是指和概念对比的对象;但是如果对象包含的多于概念,那么概念就不表达整个对象,因之就是一个不适当的概念了。如果我现实上拥有一百个银元,无疑在我的口袋中是多了一百个银元。是比我只有一个概念,即只有一百个银元的可能性,要多一百个银元。作为实在的对象,不是只分析上包含在我的概念里面,而是综合上加在概念之上的。概念本身只是我自己状态之一个确定。但是一百个银元不变为多于

① 《纯粹理性批判》,第二版,原文第622~625页。

一百个银元,不管一百个银元是不是存在于我的概念之外。"①

康德又写道:"一个最高存在者这个概念……正因它只是一个理念,它靠自己是完全不能扩大我们对于现实存在的知识的。"②

"所以花费在从只是一个最高存在者的存在的种种概念而证明的著名本体论,即笛卡尔式的证明上之劳动与精力是白费了的,而一个人只用观念并没有机会来扩大他的知识,正如一个商人不能在他的现金簿上加上几个零就改善他的地位一样。"③

这就是康德关于本体论证明所写的主要内容。他是说明本体论不能证明上帝的存在的,所以"上帝"只是一个纯粹理性的理念而已。

2.宇宙论的证明

康德肯定这种证明是有其一定的说服力的,但还是不正确的,他拿莱布尼兹的证明作为宇宙论证明的一个典型来进行分析与批判。他写道:

"莱布尼兹称为从世界的不必然性[拉丁文的 a Contin gentia mundi 即关于世界的不必然性,有人中译为'关于世界的偶然性']的论证这个证明,我们现在就把这证明说出而加以检查。

这说明是这样的:

如果任何东西存在,一个绝对必然的存在者就存在。可是,至少我自己是存在的。

所以,一个绝对的存在者就存在。"④

康德解释何以这种证明称为宇宙论的证明。他写道:"这个三段论式的小前提含有一个特殊经验[即我自己是存在的]的陈述;其大前提是从任何经验[即任何东西的存在]推论到必然某东西的存在[即一个绝对必然的存在者的存在]。所以这证明是正当地从经验出发,所以它并不完全是从验前地或本体论地进行的。因此之故,而且因为一切可能经验的对象总的称为世界,这证明就称为宇宙论的证明。"⑤

① 《纯粹理性批判》,第二版,原文第 627 页。
② 《纯粹理性批判》,第二版,原文第 630 页。
③ 《纯粹理性批判》,第二版,原文第 630 页。
④ 《纯粹理性批判》,第二版,原文第 632 页。
⑤ 《纯粹理性批判》,第二版,原文第 633 页。

接着，康德便指出，这种证明只是旧论证在一种新形式的粉饰下的诡辩。表面上是诉诸于经验，而实际上还是依靠纯粹验前概念的本体论来证明的，只是利用经验来走第一步，而要达到某种必然的存在者的存在这个结论，依然离不了理性的验前概念。其原因就是，经验不能告诉我们，必然的存在者之性质是什么。可见宇宙论的证明声称“担任引导我们走一条新路，可是绕了一个小圈子之后，它就把我们带回它劝我们放弃的那条道路上来”①。

康德总结宇宙论的证明时，写道：“我们在宇宙论的证明中发现，(1)从偶然性推论到它的原因这条先验的原理，而这条原理无疑是在感官世界中可以应用的，但是在那世界之外，它是毫无意义的。……(2)这个推理是从感官世界中不能有的一个无穷系列的原因，依次一个一个地出现，而达到一个第一原因的，这是理性所不容许我们，甚至在经验范围之内，作为原理而使用的一种推理，更不必说把它推广到经验之外，那里是完全没有一连串的原因的。还有(3)，说系列是完整的……只是假定概念是完整的，因为再没有什么可作为概念的对象的东西。并且(4)，把实在性作为一个完整性的全部的这个概念……和那个实在性的先验可能性混为一谈。对后者来说，需要有一条原理能证明这样的综合的实践性，而那种原理只能应用于可能经验的领域之内的。”②

康德这样也就反驳了用宇宙论来证明上帝存在的所谓从经验出发的证明。

剩下的还有：

3. 自然神学的证明

这种证明，也就是一般称为“目的论的证明”。目的论的证明是从自然界的秩序和协调来证明一个造物主的绝对智慧和能力的。康德是十分尊重这种证明的。其原因就是像牛顿一样，他不能摆脱形而上学的影响，而且又不能脱离他所属的资产阶级的束缚，因而就自然同情于那种目的论的观点，同情于自然神学关于上帝存在的所谓证明。可是康德在《纯粹

---

① 《纯粹理性批判》，第二版，原文第 634～637 页。

② 《纯粹理性批判》，第二版，原文第 637～638 页。

理性批判》里依然是认为自然神学的证明,在科学上是缺乏其所需要的有效性,而且在宗教教义上是不健全的。

康德写道:“自然神学的论证主要”的步骤如下:(1)世界中到处都有适应一定目的的清楚痕迹,这种适应是以极大的智慧而作出,并且在内容上和无限的范围里都有一整套不可言说的杂多中可以追寻。(2)这种适应并不属于存在在世界上事物的本性而来而是外来的,且是偶然的。就是说,如果形形色色的事物,不是特别地为一个理性的原理按照一定预先假定的观念选择出来而适应于那个目的,那些事物不能通过这么无限多种多样的手段,都来一同达到一单个目的。(3)所以必须有一单个或者多于一个的聪明而崇高的原因,而这个原因不能和自然的盲目而万能的能生产性同一起来,必须有一个有理智而自由的原因。(4)在世界中各部分的相互关系所表示的统一性乃是一种巧妙构成的大建筑物的统一性;所以世界的原因之统一性在我们观察所及是可确定的,而甚至在我们观察的幅度之外,按一切类比的原则,也是可能的①。

这是康德对他所信仰的上帝的一首赞美诗!然而他又何以不承认自然神学的证明而说它有缺陷而且在宗教教义说来是不健全的呢?关于这点,他写道:“从设计而立说的那种论证所能证明的只是世界的一个建筑师,而不能证明有世界的一个创造者,是一切东西都要服从他的思想的。所以这个论证远远不足以证明它当初打算要证明的,就是一个无所不是的原始存在者的存在。”②

康德在其“关于一切思辨神学的批判”那一节里写道:“理性在其纯然思辨的使用上是完全不能证明最高存在者的存在的。……最高存在者,对纯是思辨的理性来说,是一个理想而已。”③

关于康德的《纯粹理性批判》,本材料只写到这里为止。

(待续)

---

① 《纯粹理性批判》,第二版,原文第653～654页。

② 《纯粹理性批判》,第二版,原文第655页。

③ 《纯粹理性批判》,第二版,原文第667页,又第669页。

康德《纯粹理性批判》的主要内容及有关问题的提法

编者按：韦卓民先生（1888—1976）是著名的教育家和哲学家。解放前历任文华大学训育主任、文华大学教授、私立华中大学教务长、副校长、校长等职。解放后任公立华中大学校长和改制委员会副主任委员、华中师范学院外语系、政治系教授。他一生矢志教育事业和学术研究工作，在学术界、教育界享有盛誉。为纪念韦先生诞辰100周年，我们特发表他1956年10月作的讲演稿。这份讲稿在发表时经韦宝锷教授和王宏维哲学博士修改、删节过。

一

在康德的哲学体系之中，不能说有什么很重要、很有价值的论点是前人没有提出过的。提法尽管不同，内容大都是继承前人已经讲过的。但能在前人的基础上，把东鳞西爪的东西组织为一个系统而提出，并由此而提出问题，分析问题，即使问题得不到很好的解决，却能提出问题解决方向或者引起更重要的问题之提出，就是对于哲学发展有价值的贡献。康德的影响很重要，一直到现在，谈哲学的人们，不论是赞成还是反对，都还要提到康德。最近二三十年的自然科学哲学书籍，也无一不涉及康德的思想。

在近代第一流的哲学家之中，康德是第一个以大学教授的身份从事哲学研究的。1781年，他的最重要的、最为他自己所欣赏、而又确实是代表康德在哲学史上地位的一部著作出来了，那就是《纯粹理性批判》（Kritik der reincn Vernunft）。这是关于认识论的一本书，和其他两部著作《实践理性批判》（1788年）和《判断力批判》（1790年）一起，被称为“三大批判”。其中，《纯粹理性批判》为最重要，也最难读。原因是它所讨论的是比较困难的问题，其中所用的概念都不容易捉摸，非常抽象。这是难读的原因之一。其次，康德阐述问题的方法是不清楚的。他写这本书经过了 11 年的思想发展,在此过程中,种种看法不止一次变动,前后不大一致。就是看康德的原著,甚至核对他原著德文的词句,也常常拿不准他究竟是怎样讲的。这是困难的第二种原因。再次,康德谈到一个问题的时候,是从各方面来研讨的,不是一下子就拿出他的定见。当他谈到别人的观点时,他也尽力替这个观点辩护,怕有丝毫对不起这观点。所以,康德自己的主张是什么,必须全面地看他的著作才能理解,这是不容易做到的。

康德是一位老教授,写《纯粹理性批判》的时候,是 57 岁,在大学已经讲了 26 年哲学,老教授的作风很难改变。他写作的时候把读者都当作他的学生,他主要不是传授知识,而是锻炼学生的哲学思想方法;不是要学生教条主义地得出结论,而是引导学生去得出自己的结论。这样一来他的书就难读了。更何况康德在写《纯粹理性批判》的时候,他已思考了十一二年,在课堂上讲了许多年,大家都在期待这本书的出版。而康德自己忽然想起快到 60 岁了。时不我待,一下子花四五个月就写出了一部 800 多页的《纯粹理性批判》,利用讲课的空余平均每日要写 6 页,前后不一,材料欠整理的地方,在在都是。这样,他的《纯粹理性批判》焉得不难读?

二

《纯粹理性批判》的主要问题是什么呢? 用康德自己的话来讲,问题是:“综合先验的判断怎样是可能的?”

在这句话里,有几个名词须得说明。

什么叫做“综合判断”? “综合”是与“分析”相对的,一个判断要么是综合的,要么是分析的。如“三角形是有三边的”这类判断是分析的,是拿“有三边的”作宾语来说明“三角形”这个主词。但“三边”原来就是“三角形”的一个属性,就已包括在主词的概念之内。所以,分析判断是把主词所指的对象原有的一个属性抽取出来,来述说这对象。很明显,分析判断是不会错的,而且是必然性的。这种判断在数学里是最突出的,但却并没有增加所认识的东西。康德认为,分析判断不须通过任何经验的验证就可以确定它是正确的,有必然性,所以它是先验的。“先验的”在西洋哲学里,当希腊哲学著作译成拉丁文的时候始,就用 a priori 这个词。

康德以前的欧洲大陆派哲学家，主要的如笛卡尔、斯宾诺莎和莱布尼茨，延续一百多年的推演唯理派哲学就是用先验的方法。根据这派哲学的理论，认识过程基本是分析过程。可是我们要问：分析的先验知识是从何而来的？笛卡尔的答复是：我们的意识里原来就有这些天赋的观念，只要发展这天赋观念知识就出来了。这种说法可以说是从古希腊柏拉图就开始的。分析演绎的方法是哲学家爱用的一套法宝，它很能说服人。可是，这些知识的原始原理又是从何而来的呢？唯理哲学不能说是从经验积累总结而来，因为这样一来，便放弃了唯理的立场。碰到客观事物和现象而不能从它的原始原理来说明，是唯理派的致命伤。例如，何以糖是甜的？我们可以用某一化学公式来表达其成分和结构，而不能说明何以尝到它是甜的，它确是无法从原理推出的客观事实。唯理派在事实面前完全无能为力了。

康德在大学所受的哲学教育是一种特种的沃尔夫(Christian Wolff)的二元唯理哲学，但在康德以后的思想发展中，基本抛弃了沃尔夫哲学的唯物因素，只在主观意识中来找综合判断。综合判断与经验派哲学也有直接关系。

经验派哲学从培根(Francis Bacon)开始在英伦三岛发展。这派哲学从洛克起，通过贝克莱，演变到休谟，就是50年。直接影响康德思想的是1755年译成德文的休谟的《人类理性研究》，这本书是休谟《人性论》第一卷的通俗本，并不能代表休谟的整个思想体系。洛克虽然有些方面和笛卡尔同调，尤其是他的二元论，但他一开始就否定了笛卡尔的天赋观念，并把笛卡尔的物质性质分析为两种；第一性的性质，如占据空间；第二性的性质如颜色等。第一性的性质是属于物质本身的，第二性的性质是依赖人类意识才有的。物质是第一性的性质的负荷物。但贝克莱指出，没有第一性的性质能离开第二性的性质而为人所感觉得到的，所以根本就没有第一性性质和第二性性质之分。性质的负荷物既非物质，就不是人所能感知的；既非为人所感知，根据洛克的说法，经验为一切知识的来源，则物质就是幻想了。洛克不彻底的唯物论到贝克莱手中变成了主观唯心论。

休谟更进一步。认为经验所得的都是互不联系的印象，通过意识的活动，把这些互不联属的印象联系起来，才有作为认识对象的东西。桔子是黄的、圆而扁的、软、香、甜、酸。这里，黄的色、圆扁的形、软的触觉、香的气味、甜酸的味道，一切等等都是印象，我们在意识中把这些联系起来，才有桔子这观念，联系是主观活动，属于主观的意识，而不属于客观的物。但联系才有物，否则只有印象。印象本身是互不联属的，印象不是物体。休谟还认为，因果是一种联系，所以也是意识的活动。甲与乙两个印象本身并无联系，只是意识把它们联系起来成为因果。所以，因果是完全主观的，属于意识而不属于事物。

正因为这一个原因，综合判断把原来不包含在主词所指的对象中的一种属性作为宾词和主词联系起来，是靠不住的，不是必然的。固然，在经验中它们碰到了一起，本身却没有必然性的联系。如经验给我"天鹅是白的"的知识，但"白"原来并不在"天鹅"这个概念之中，天鹅也不一定都是白的。经验知识不能超出经验，只限于经验，而在经验中又没有理由是必然的。所以经验派哲学的判断是综合的，能扩大知识，却是靠不住的。今天在这里根据经验是这样，明天在那里可能不是这样，不知道是怎样。我们一直看到雪是白的、金子是黄的，但为什么一定会总是这样？我们可以有一套理论说明事物必须要这样，但有什么保证说客观事物必然依照着理论那样呢？换句话说，客观何以是和主观一致的？

这就是康德《纯粹理性批判》的主要问题。他对这问题的提法是：怎样能有综合先验的判断？

康德提的综合先验判断，既是能扩大知识的综合判断，同时又是先验的、必然性的判断，显然，这是科学归纳法的判断。要注意的是，康德对问题的提法，不是能不能有这样的综合先验判断，而是怎样能有这种判断？着重点是在"怎样有"，而不是"能不能有"。也就是说，他已经肯定实际上有综合先验判断，然后再提怎样能有这种判断的科学知识。在他看来，不仅有必然性、是先验的，又能扩大知识，是综合判断。在《纯粹理性批判》一书的第一版序言里，他肯定地说，数学、物理这些科学是有其牢固基础的，这些科学的思想方法是不成问题的。康德要问的是，这些思想方式有什么必然的、不可辩驳的根据呢？这就是"怎样能"的问题。

根据《纯粹理性批判》的论述内容，"怎样能"有综合先验判断问题包含的意思是多方面的。第一,从心理方面来讲,通过什么心理活动才能作出综合先验判断呢? 这是书中第一部分先验感性论所讨论的。第二,从逻辑方面来讲,主观的综合判断怎样先验地和客观相符合? 怎样从主观观念到客观现实? 这是理性认识问题。书中第一编第一卷谈到范畴问题,根据康德的《纯粹理性批判》第一版的序言,这是最困难的一部分。第三,数学是从原始命题推演出来的,这些原始命题是怎样建立起来的? 自然科学如物理等,也有些原始命题是科学推演的根据,这些命题又是怎么建立的? 康德认为,应该有一种最基本的科学来研究数学和一切自然科学的基础。这点,康德只提其需要,因为它超出了《纯粹理性批判》的范围,他也没完成这工作,但他认为《纯粹理性批判》已经指出了这一工作的方向和方法。

三

根据《纯粹理性批判》的主要内容,我们再来看康德是怎样解决他所提出的主要问题的。在此同时,我们还得要谈一谈康德哲学的几个主要名词,因为名词不搞清楚,是无从着手来理解康德的思想的。

关于《纯粹理性批判》一书的内容有两种安排,分别如下:

第一种安排:

一、关于认识因素的分析

　　(一)感觉论

　　(二)逻辑

　　　　甲、分析论

　　　　乙、思辨论(即辩证法)

第二种安排:

一、关于认识因素的分析

　　(一)分析论

　　　　甲、感觉论(感性)

　　　　乙、逻辑(理性)

　　(二)辩证法

二、关于先验的方法

在第一种安排中，第一部分是讨论先验方法之运用在经验范围的情况，第二部分只占全书大约五分之一的篇幅，是谈先验方法之用于经验范围以外的。这种安排把“分析论”和“辩证法”作为“逻辑”的分段来讲，是比较不合理的，因为“分析论”是关于经验范围以内的知识，而“辩证法”是关于超出经验范围以外的理性之运用，而“逻辑”在经验范围以内是应该和“感觉论”联系在一起来谈的。根据康德哲学，作第二种安排比较合理，因为在第一部分先谈认识的两个主要因素，即感觉因素（感觉论）和理性因素（逻辑）。这是认识的两个阶段，都可以分析出其中先验的因素，人类认识是有超出经验范围之外的倾向的。康德认为感性是理性的基础，超出感性范围之外来运用理性，这种知识是没有根据的。他称对理性的运用为辩证法，这是他对这个名词的特殊用法，带有批评柏拉图哲学的意味，与后来黑格尔用这个名词的意义完全两样，毫无共同之处。康德曾经用过一个很富有意义的比喻来说明感性认识和理性认识的不可分割。一只鸽子飞在上空，感觉到必须击拍空气才能向上飞腾，而感到拍空气费力，就企图在没有空气的地方飞腾。殊不知空气没有了，鸽子也飞不成了。

康德的认识论，是以怀疑休谟的怀疑论为其出发点的。休谟根据洛克的感觉论，认为我们被动地从外界接受的感觉都是零零碎碎的，互不联属的。所谓的因与果本来也是互不联属的。人们只是主观地、由于习惯而把它们联系起来。而称之为前因后果，因果关系是主观的产物，原本与客观无关。

而康德所受的唯理论哲学教育则不能接受休谟的这种说法，但又不得不承认事物的因果关系是不能在认识过程中作为经验的一种因素分析出来的，不得不承认因果关系的观念是超出原来已有的经验而推测事物未来的发生，自然科学就是这样。在自然科学研究中，我们不只是观察事物而且推测事物，科学需要的是能预测未来，是有规律的知识，是必然的知识。牛顿定律经过 200 多年之后，为爱因斯坦所修正，但修正后的定律还是以推测客观事物的，而不是限于已有的经验范围。对这点，康德有充分的体会，他认识到，科学的成果证明感性的东西到了人们理解它时，所遵循的也是理性规律。不像这样，科学就会破产。那么，科学所依据的究竟是什么认识论的原理呢?

康德的答复是:当我们认识任何客观事物的时候,譬如认识桔子是黄的,或者这堵墙是白的,所认识的不仅有感性成分,同时也有理性成分。就是说,不只有外物所提供的客观成分,同时也有认识本身所加入的主观成分。我们总是超出当时外界所提供的感性材料,积极主动地把所提供的感性材料和我们意识中原有的东西比较一比较、分析一分析,使新来的感性材料与原有的意识发生一定关系,按照主观的方式联系起来,这就是称为理解的活动。我们作出"这是桔子"的判断,是因为我们意识中原有"桔子"的概念。当有了"这个"感觉,便依靠心理比较、联系、归纳等活动作出判断。而主观能有这些心理活动,乃是因为我们意识中具备有这种主观心理活动的原则。

这些原则是总结过去的经验得出来的吗? 康德认为这种说法根本是先后倒置了。他认为这些原则是先验的,不可能从经验得出来,正因为如此,它们也才是必然的。从经验抽取出来的东西,总是限于经验的范围,对于未来事物的预测是不可靠的。人们意识中的先验原则就是认识的主观成分,它决定了经验成为可能的条件。否则,外界事物就不可能成为我们认识的材料。

可是,康德并不是说客观事物是主观创造的。康德认为客观事物是一回事,人的意识又是一回事。意识是心,世界是物,心物二元论是他的《纯粹理性批判》一书的出发点。康德要确定的是心能感知事物、理解事物的必然性之所以为必然的原因。他对这个问题的提法,决定了对这个问题的解答不能用心理观察、从分析中抽取出一般的那种科学方法,因为他认为从经验中得出来的东西只限于已有的经验。而不能作超出经验的科学预测。从认识来讲,只有心是靠得住的,所以要以可靠的主观为标准来认识客观。他认定了,没有主观就不可能有认识中的客观,而且客观不服从主观,关于客观的材料就根本不能到认识中来。

康德把认识分为感性和理性两个不同的阶段,其中有几个重要名词须要解释一下。

康德所谓"心(GemÜt)",是能够为人经验到的,相当英文的 mind,不同于超验的"灵"(德文的 Seele,英文的 soul),也不可和现代心理学中所用的“意识”混为一谈。康德谈到意识时，是用的 Bewußtsein，完全是现象的，而“心(GemÜt)”则是能对自己起作用并产生“内觉(innere Sinn)”的。这样，好像“心”又是超经验的存在，很难和“灵”分别开来。康德把心理活动大致分为三类：

(1)Erkenntniss vermogen 相当于英文的 Intellect (理性)。

(2)das GefÜhl der Lust und Unlust 相当英文的 Pleasure and pain (乐与苦)

(3)das Begehrungsvermögen 相当于英文的 will(意志)。

理性(Erkenntnissver　mögen)分为被动方面，德文为 Sinnlichkeit，相当于英文 sensibility(感性)，是理性的下层部分。理性的上层部分是积极主动的，康德称为 intellektuell Erkenntnissvermögen，其活动是思维(Denken)，是理性的主要部分，他有时用 Veratand、有时用 Vernunft 来表达，《纯粹理性批判》里用的是后者。“理性(Vernunft)”包括着“感性(Sinnlichkeit)”的先验成分。严格地说，Verstand 乃是理性的三种上层活动之一，康德用 Verstand、Urtheilskraft、Vernunft 来分别表示这三种活动，是很难准确翻译为中文的。

在《纯粹理性批判》中，康德谈到了“心(GemÜt)”怎样和作为认识对象的事物(Gegenstand)发生关系，“心”的功能被康德称之为“感性(Sinnlichkeit)”。在关于理性上层部分的探讨中，康德将通过“感性”来到认识中的外界所与(geben)按一定形式为心所理解、并把在判断中得出对象统一性的认识称为 Verstand，一般中文译为“悟性”。我个人认为这种译法不很恰当。“悟”在佛书翻译里用得最多，和“觉”同一意义，“悟”就是“觉”，是认识的最高造诣。对 Verstand，用“理性”是较为妥当的。在感性、理性和悟性之中，悟性是把理性原理作更广泛的概括，使认识达到最高的统一性的层次。

康德认为，提供知识材料的乃是和知识相适应的对象，还不是知识的对象，它只是给予知识一些素材，是杂多和紊乱无纪的，没有定形、互不联属，在与“心”接触时，心是被动和不由自主的。从这点看，康德承认现实之不依赖人的意识而独立存在。对对象所给予的杂多的知识素材，经过“心”所具有空间和时间而得到秩序。这就是说，不管对象所给予的是什么，都必须经过主观感觉活动的“心”，对象才能在空间中有某一个处所，空间不是原来客观事物所有，而是主观加上去的，是先验的(a prioiri)，没有任何感觉对象之先就已经是“心”所具备的为感觉对象所遵循的条件，因此它也是可靠和必然如此的。同样，时间也是“心”的感觉所必须的形式，不是外来现象特有的规定。时间只决定人们内心表象的相互关系，是我们在自己心中表象出一条直线以至于无穷的时间连续。没有时间和空间，是不能有任何感觉的，它们是使认识有必然性的一种先决条件。康德指出感觉必须有空间和时间因素，这是正确的，但他从而要证明时空可以和客观事物脱离，先验地存在着，那是不对的。现代物理学和现代心理学都肯定这种说法是错误的。

《纯粹理性批判》以较大篇幅谈理性认识的问题，是要解决“心”之所以能够把感性的东西联系起来而有其必然性的问题。康德认为，在任何理解之先，就有使理性能够理解的一些方式，这些先验方式被他称为“范畴(Kategorie)”，是把知识的材料在理性阶段上联系起来使之成为有意义的思想形式。否则，感性材料是无意义的，康德称之为“盲目”的。直观一定是感觉的，是我们受到对象刺激的方式，而使我们去思想感性直觉对象的乃是理性，感性和理性这两种功能是不能偏废的。没有感性，就没有对象的给予；没有理性，就没有什么来把所给予的材料加以思维。有句许多人喜欢传诵的康德名言：“思想没有内容是空洞的，直观没有概念是盲目的。”(Gedenken ohne Tnhalt sind Leer, Anschauungen ohne Begriffe sind blind.)要格外注意的是这句话中的形容词，感性直观本身只可能是盲目的，而不会是空洞的。思想如果没有感性来提供材料就没有内容、成为空洞的。通过范畴的形式感性材料才得以联系起来，成为有意义和为人所理解的。

“范畴”这名词原来就是“称谓”的意思。古希腊哲学家已经用过，亚里士多德《逻辑六篇》中就有一篇称为“范畴篇”。亚里士多德、康德和以后的黑格尔用“范畴”这词，都是意味着“基本的重要类”。后来的人用“范畴”这词就太滥、太泛了，是哲学中一件不幸的事。康德的范畴有12个，是判断的形式，是从主观方面着想的。亚里士多德和黑格尔的范畴则指知识对象之间的关系，着重于客观方面。还必须注意的是，康德的范畴虽然表面上是传统逻辑的判断的12种形式,但其中的含义不同于传统逻辑表述的一般意思。研究康德哲学的人大都曾经提出过这种问题:康德有什么理由认为这种判断分类是完备无缺的,而把它们作为理性活动的先验形式,并且只限于此,不须有什么增减呢?他对这个问题并没有作任何解答。

康德提出的范畴,是对休谟怀疑论的一种答复,也是休谟对康德思想上重大影响的证明。休谟说,我们从外界接受的无非是一些零碎的、互不联属的印象。康德的范畴论的答复说,虽然如此,当知这只是感性的知识素材,只有我们接受下来加以理解才成为有意义的认识对象。"它们必须和我们心中原来就有的先验条件相符合,否则它们无以成为我们认识的对象。"①根据康德的说法,客观事物不通过主观规定的先验形式,就不能为我们所认识,不通过空间和时间,就不能到意识中来和为感性所接受。时空、范畴都是人们的意识附加在客观事物之上、用以改造从客观所给予的素材、使之成为意识的东西。这样,康德虽然开头承认客观的存在,以后却一步步地让主观把客观吃掉了。结果就是,人们认识的都是主观的东西。他虽然始终没有否定客观的存在,在其著作里一直可见"物自在"或"物自体(Dingan-sich)",但他说的"物自在"却是人们无从知道的。

要注意的是,康德所说的"物自在"不可知,并不是说关于"物自在"我们还不知道它是怎样的,乃是说,我们不可以知道它是怎样的。问题是:康德怎样知道"物自在"是不可知的?对于任何东西,一定要知道它的许多方面,方可以说对于它的其他方面不可知。也就是说,不可知是从知而来的。康德本人没有解答这个问题。

我个人认为不可知论必定是不能彻底的。如康德认为,"心"的认识物是通过物之首先由"心"把它改造过来。未经过"心"的改造的物,是不可知的,而所知的又都不是物本身,只是物的现象。可是,物必须和"心"接触,对"心"有所刺激,然后才有感触之可能,这就是因果关系。物和"心"发生因果关系时,"心"是得知它存在的,而且不依靠"心"而独立存在。

---

① 见《纯粹理性批判》英文版,麦克米兰公司,1929年,第90页。

其次，康德认为理性的范畴只能用之于经验材料之中，超出经验之外，就不能运用这些范畴了。因果是先验范畴之一，而“物自在”能使“心”的感性有所感触，也就是说，物自在是心的感性受到感触之因。这样康德就已经把一种先验范畴——因果范畴，用于他认为是超出经验范围的“物自在”了，这岂不是与他自己的观点相矛盾吗？所以，我说不可知论是不可能彻底的。

再次，康德承认自我的存在，并以此作为他的认识论的基础。他认为有两种自我：超出经验的自我和经验中的自我。经验中的自我是一时的、瞬刻即逝的；超出经验的是认识这个经验中的自我的。因其是超经验的，所以“我自在”像“物自在”一样，是不可知的。可是，康德既然知道“我自在”是知道现象的自我的主体，至少他就已经知道“我自在”是知识的主体，因此，怎么能说“我自在”即超经验的自我是不可知的呢？

最后，我们还要指出，康德在《纯粹理性批判》中替人类知识加上的种种限制，使“物自在”陷入了不可知论的泥坑。可是到他谈“实践理性”即人们的实际行动和道德实践时，在他的《实践理性批评》中，认识的一切限制又都突破了。在《实践理性批判》中再也找不着康德的不可知论了。可是，康德的“实践理性”是从个人所谓良心上感觉到的称为“无上命令”出发的，因而也是脱离实际的。

康德的第三部“批判”哲学著作是1790年出版的《判断力批判》。在这本书里，人被描写为自由的、不受自然所拘束的。这与他在《纯粹理性批判》中把人看作受自然法则限制、人和自然相隔离、受束缚等等，是相对立的。可是康德认为，这种对立是表面的，在人的本质上可以统一起来。在人审美的情感中，无主亦无客，主客的对立就统一起来了。

这次介绍，《纯粹理性批判》谈得多一些，但还是很肤浅、很不全面的，其他两部“批判”哲学，只提了一下，其余的康德哲学著作就完全从略了，只好待同志们去研究。

纯粹理性批判
——出现的东西与自在之物

康德在《纯粹理性批判》一书里企图要做的工作乃是把人类知识分析为它的要素，因之这部《批判》的第一部分称为“先验原理论”。先验原理论分为先验感性论和先验逻辑。先验感性论是处理直观的，而先验逻辑是处理知性的，在《纯粹理性批判》的导言里有下面的一段话：“作为导言或预先的表白，我们只须说到，人类知识有两个主干，那就是感性与知性，这两者可能是同根生的，可是这根是我们不知道的。通过感性，对象就向我们被给予出来；通过知性，对象就为人所思维到。然而就感性的发现为含有构成对象被给予我们所必具的条件那些验前的表象这一点来说，它是属于先验哲学的。并且由于人类知识对象所必须具备的种种条件必须是先于这些对象被思维所必须具备的条件，所以感性的先验论就构成原理论的第一部分。”①

可见乃至在其提出他的论证之先，康德就已经把一件事认为是当然的，那就是人类知识是依靠某对它给予出来的东西的。这一点是从这个事实推论出来的，就是人类知识需要有两种不同的来源，即直观与知性。就我们一切的知识都依靠直观这点来说，它是依靠某东西，而这个东西并不属于知识而必须是从外边给予于它的。人类知识永远不是完全产生其对象的。这是一种事实，依康德看来，乃是毫无疑义而并不需要任何证明的。

先验感性论是以下面的话开始的：“不管知识是在什么方式上用什么手段和对象发生关系，直观总是它所从而直接和对象有关系的，而且是一切思维所从而获得其质料的。但是只有对象是向我们给予出来时，直观才发生的。并且这之成为可能，只是在心灵在一定的方式受到刺激的时候，至少对人来说是这样的。通过我们为对象所刺激的这种方式而接受

① 见康德：《纯粹理性批判》，第二版，第29～30页。

表象的能力(接受力)称为感性。对象是借助于感性而被给予我们,而只有感性才替我们产生直观;通过知性,对象就被思维,而从知性发生概念。但是一切思维必须直接或间接凭着某些特点终究是和直观发生关系,因之就我们来说是终究和感性发生关系的,因为一个对象不能在别的方式上被给予我们。”①这是康德在其哲学中自始至终保持着的一种信念,而且得要注意,除非我们知道其所根据的假定,特别先验感性论是不能好好地了解的,人类知识不能产生一个对象,而是依靠给予它的某东西的。

康德在感性论中所要做的工作就是指出直观有其验前的形式,而且他相信,只有能够证明,如果对象是要对我们出现,就必须按照直观的某种形式,这种工作才能完成。所证明的就是空间与时间是这种验前的形式,因为除非是使对象从属于空间与时间,它们就乃至不能对我们被给予出来。与此同时,我们并能证明(a)空间与时间是纯粹的形式,而且(b)空间与时间所给我们呈现出来,乃是纯然出现东西的世界,有别于自在之物的世界的。空间与时间是出现的东西的形式上和主观的条件。不依靠这些形式,就没有对象能够向我们出现。空间与时间是验前的形式,因为凡是经验的对象必须按照它们,它们是先于现实的对象的。与此同时,我们必须记住,一切经验的这些必需的和验前的条件所显示我们的乃是纯然出现东西的世界。我们还要预先假定有自在之物世界的存在,而这个世界在性格上根本是不同于我们的世界的,因为它是不依靠我们经验的那些主观条件的。

自存之物与纯出现的东西,这两者之间的区别对于康德的论证是绝对必需的,从这事实就可看到这点,那就是他相信,除非我们是知道我们的世界是纯出现的东西的世界,不同于自在之物的,就没有可能来证明空间与时间验前的有效性。如果我们的对象是自在之物,那就是说,是独立于认识它们的那个心的,按康德的看法,就绝对不可能关于这种对象有任何验前的知识。使之没有可能来把验前的有效性归之于空间与时间的,就是空间与时间的主观性。空间与时间乃是人类的心加在对象之上的;而且因为情形是这样,就能在这种限制的意义上说,那就是,作为应用于

① 见康德:《纯粹理性批判》,第二版,第33页。

纯是出现的东西来说，空间与时间是必需的而且验前的形式，“如果直观是这样一种性质的能把事物作为它们在其自身那样来表现，那么直观就会不能在验前发生而必须总是验性的。因为我只能在对象是存在而被给予我时，我才能知道在它里面包含着的是什么，固然甚至在那时也不能理解，关于当前事物的直观是怎样使我知道这事物像它在其自身那样，因为它的种种属性不能移动到我的表象能力中来；但是乃至姑且承认这是可能的，那种的直观也不会在验前发生，那就是说，在那对象对我被呈现出来之前发生；因为没有这种后一事情，不能想象任何在我的表象与这对象之间的关系的根据；那么它就必须依靠直接的灌注(Eeinaebung)，因之要我的直观能预测到对象的现实性而成为验前的识知也只能在一种方式上有其可能：如果它(直观)所包含的无非是在我里面先行于我为对象刺激所通过的一切现实的印象的那种感性的形式。因为我在验前能知道，感官对象只能依照感性直观的这种形式才被直观到。因而可见，只是关于感性直观的这种形式的命题才是可能而且对于感官对象有效的；正如反过来说也是一样，验前有其可能的直观所有关的，绝不能是别的东西，只是我们感官的对象”①。

由此可见，康德在《先验感性论和未来形而上学的导言》一书的相应各段里好像是说明下面的学说的，我们的世界乃是一个纯出现的东西的世界，我们能够证明直观的某些形式是先于实的经验的，因为我们能够说明这些形式是我们出现的东西的这个世界的必需条件。在这个世界之外还有一个自在之物的世界。关于我们的世界我们所有的验前知识只限于这种知识，就是这个世界是必须符合于某些形式的，包含在这个世界里的质料是属于自在之物的世界的，并且是不能为我们在验前知道的，它纯然是给予我们的，自在之物的世界是在空间与时间的形式上对我们出现的，而空间与时间的形式是主观的，属于把它们加在所予的质料之上的人类心灵的。“在出现的东西里面与感觉相应的，我称之为出现的东西的质料，但是确定出现的东西的杂多使之能安排在一定的关系里，我称之为出现的东西的形式。一种东西，只有在它里面感觉才能被安置并且被安排

① 见康德：《未来一切形而上学 · 导言》，第9节。

在一定的形式里，那么这东西不能本身是感觉；所以，一切出现的东西的质料，对我们只能验后被给予出来，而其形式必须验前存在于人的心中等待着感觉，所以我们就能离开一切感觉而单独去考虑形式。”①

可是，仔细地把康德的论证检查一下，我们所曾对它作出的论述，看来虽然不全是错误的，然而是不够完整，所以是等于康德原本学说的一种误解。我们曾看到康德在出现东西的世界和自在之物的世界之间所作出的区别，就算他只是相信，如果不把对象像它们对我们出现那样和它们在其本身那样就是说，像它们独立于我们的心灵而存在那样，形成对照，我们就没有可能来理解我们知识的性质与其对象，我们也得要严地来考虑这种区别。可是，如果我们认为他是把自在之物作为一种对认识事物的心灵起着某种不可言喻的作用的超感性的物质实体来看待，我们就是完全误解了康德的。这样来解释康德的学说是会忽视了这一事实，就是虽然是深信在我们的出现的东西的世界之外，还必须存在着自在之物，但是他又相信，关于它的性质，我们是绝对不能形成任何概念的。自在之物乃是独立于空间与时间的对象；而由于我们的知识是完全依靠它自己的主观条件的，就可推论出我们关于所说的自在之物是不能获得任何观念的，所以就可断言(a)我们的世界乃是纯然出现的东西的世界而我们是得要假定自在之物的存在的，而且(b)关于自在之物的性质，我们毫无概念的作用，乃至最不完备的概念那种作用都没有。对于康德哲学的解释得要注意到这两种断言，不可偏废；如果我们或者认为他并不实在相信自在之物的存在，或者认为他相信关于它们人类的心灵能有任何知识，那同是会误解他的论证的。

直观与知性

只要我们关心的只是先验感性论，那么使理解康德的学说成为这么困难的就是这个事实，就是康德在那里并没有对于他的学说作出一种详尽的叙述。必须注意，康德自己是说，在先验感性论里，他是把感性独立地来看，而在批判的那一部分里，他并没有考虑到知性的作为知识中的一

① 见康德：《纯粹理性批判》，第二版，第 34 页。

种要素，那也就是何以从感性论的观点来看是不可能理解自在之物这种学说的，因为按康德的学说来讲，像我们在后文所将要看到的那样，我们之所以完全与一切关于自在之物的知识绝缘的主要理由，就是我们不具有一种智性的直观或一种直观性的知性。很明显，只要我们所关心的只是直观而关于人类知识的第二种要素，即知性，毫无所知，我们是不能指望了解这是什么意思的。可是注意到这点是有趣的，那就是智性的直观或直观性的知性这种学说在感性论将要结束时，就已经提到了的。我们在那里认识到一种智性的直观是绝对不同于我们的直观的，因为在智性的直观的范围内，对于具有这种直观心灵来说，直观和思维就会是完全同一的活动。很容易看到，为了理解这种奇怪的学说，我们将要参考先验分析论，就是《纯粹理性批判》研讨知性的那一部分，可是初看起来，可能像是分析论倾向于把我们的问题变为更复杂而不是帮助我们来解决它。因为在那里我们发现一些说法，它们不但是互相矛盾，而且像是和在感性论里所提出的学说不相容的。

先验逻辑得要关心的第一个问题是：直观与知性之间的基本分别是什么？康德的答复就是，我们的知性具有一种自发性的能力。这是直观乃至在其空间与时间这些纯粹的形式内所缺乏的，直观的作为直观来说，只是感性的并且是被动的，认识的心作为纯然直观的一种能力来看是照着对象给予它那样来接受对象而并不动用它自身的任何活动的，为要使一个对象为我们所知道，我们就必须具有一种结合我们的种种表象的能力；而这就是知性的工作。可是我们的知识依靠两种条件：(a)种种表象要能对我们被给予出来，而这是直观使之成为可能的，和(b)这些表象要能结合起来，而这就是知性的工作。

从这就可推论出直观与知性原是在一起的，没有知性则直观一无所成，而没有直观则知性也是一无所成。我们的知性不能产生表象，知性只能把表象结合起来。如果知性的概念不能涉及所与的直观的话，它们就是空洞的，毫无意义的；如果我们不能把直观结合起来的话，它们就是盲目的。这两种心的能力都不能畸重畸轻的，因为没有直观，就没有什么会对我给予出来，而没有知性，我们就不能思维。可是，虽然它们是完全互相依赖的，但是它们不能互换作用，知性不能直观，而直观也不能思维。

“到此为止，只消极地说明知性作为一种非感性的知识能力。然而由于没有感性我们就不能有任何直观，所以知性不能是一种直观的能力。但是除直观之外，没有其他知识的方式，除非是借助于概念。所以知性所产生的知识，或者说至少是人类知性所产生的知识，就必须是通过概念的，因而不是直观性的，而是论证性的。一切直观作为感性的来说，是依赖刺激的，而概念是依赖机能的。所谓机能，我是指着把各种的表象统属于一个共同表象的那种合一的作用说的。概念是以思维的自发性为基础，而感性的直观是以印象的感受性为基础的。”①

到此为止，我们绝无理由来相信，知性概念是我们关于对象的经验的必须的验前条件。所说明的乃是我们的知性是 种论证性的能力，那就是说，它是纯然思维的能力，而且对象是不依靠知性而对我们给予出来的，那么何以我们相信知性概念是我们关于这些对象的知识的必需条件呢？我们已能说明直观的纯粹形式是经验的必需的而且验前的条件，但是这只是因为我们能够说明除非对象是由这些形式所形成，对象就不能对我们被给予，那就是说，它们不能成为现实经验的内容。但是这又如何对于知性的概念还是有效的，因为并不涉及到这些概念，对象还是可以对我们被给予的。“所以对象可能对我们出现而并不必要和知性的一些机官发生关系；因而知性必须含有对象的验前条件。这样一来，我们在感性的领域内不遇见的困难，在这里就呈现出来了，那就是，思维的主观条件怎能有其客观有效性。那就是，怎能提供关于对象一切知识的可能性的条件。”②“感性直观的对象必须符合于验前处于人心里的感性的形式条件，这是明显的，因为不然的话，它们就不会成为我们的对象，但是它们又须符合于知性为着思维的综合统一所需求的条件，这是一个结论，其根据并非那么明显的。”③“但是既然直观并不需要任何思维的机能，所以出现的东西就仍然把对象呈现于我们的直观。”④

这样一来，就好像不可能成立知性概念的客观有效性了。要做到这

① 见康德：《纯粹理性批判》，第二版，第92～93页。

② 见康德：《纯粹理性批判》，第二版，第122～123页。

③ 见康德：《纯粹理性批判》，第二版，第122～123页。

④ 见康德：《纯粹理性批判》，第二版，第123页。

点,只有我们能够说明思维和直观一样对于出现的东西的世界之建成是必需的。在下述的方式上就可说明实际的情况确是这样的。思维所不同于直观的就是思维所具有的把表象结合起来这种能力。而且我们能够说,如果这样的一种表象的结合是发生的话,这种结合不能以之归于对象,而必须看为是由于人类心灵的某种活动的。在一个对象里面任何东西会被结合——这是我们不能依靠直观而成为感知到的,也不是我们能从对象本身得出来的。我们不能以对象里面的任何结合呈现于我们自己,除非是我们自己把它完成的。"但是一种杂多的一般结合(Coujuncto)绝不能通过感官到我们这里来,因而不能是已经包含在感性直观的纯粹形式里面的。因为这乃是表象能力自发性的一种活动;而且既然这种能力,使之从感性区别开来,必须称为知性,那么一切结合——不管我们是意识到它与否,不管它是经验的或非经验的直观杂多的结合,或者是各种概念的结合——总是知性的一种活动。我们可以把'综合'这个一般的名称归之于这种活动,来表示我们不能想象到任何在对象里面结合的东西,而不是我们自己就已是事先结合起来的,而且表示一切表象之中,结合乃是不能通过对象而被给予出来的唯一表象。由于它是主体的自身活动的一种活动,所以除了它为主体自身的完成以外,它是不能被完成的。"①

如果我们能够把不同的表象结合起来,我们是必须具有一种能力是我们借以知道它们的不同和它们的统一的。康德称这种一切综合的基本原理为"统觉",感性与直观只把表象的杂多呈现给我们。如果这些表象是要统属于识知到它们是其自己的表象的一个主体,我们就必须有一条原理是不同于纯然感性的,因为如果我们不能知道这些表象是从同一个心灵发出来的,我们就不能正当地称它们为我们的表象了。

并不须要我们总是意识到事情确是如此这个事实。我们所得要预先假定的,只是心灵具有一种能力把它的表象统归因于它自身,"因为,如果在直观中被给予出来的杂多表象,不都全属于一个自我意识的话,它们就不会全都是我的表象,作为我的表象(甚至我并不意识到它们是这样的,

① 见康德:《纯粹理性批判》,第二版,第129～130页。

它们必须符合于它们能在一个普遍的自我意识里面站在一起所不得不具有的那种条件，因为不然的话，它们就不会毫无例外地一切都属于我的）”①。

我们看到，如果心灵所具有的没有别的能力而只有直观的话，它就会为支离破碎一大堆的表象所充满着。为要称这些表象为它自己的表象，心灵必须能够把它们归因于一个同一的自我意识。不然的话，我们自己也会是像我们的表象那样成为千差万别的了。

可是必须注意到，一切综合的基本原理（统觉）并不等同于综合活动本身，这个原理只是综合活动存在的一种必需条件。如果我们不具有一种把综合的不同活动统一在一个自我意识里面的能力，我们就绝对不能综合我们的表象。而这种能力是不能得自经验的对象的，它是先于我们关于对象的一切知识，而必须看为一切这种知识的验前必需的条件的。

我们现在就能理解，何以必须把直观从知性孤立开来的先验感性论不能替我揭发人类知识的真正性格。只要我只是关心于直观，我们是不能不认为经验的对象是借助于纯然直观而对我们呈现出来的，然而现在我就能作出对象是什么的更确切的一个定义了。“一个对象就是那个东西在其概念里面，一个所与的直观的杂多是统一起来的。”②为了构成感性对象的世界，知性和知性所产生的综合规则是同直观一样，十分必要的，直观给我们提供表象的杂多，而知性则使我们能够把这些杂多表象结合起来；而只有借助于这两种能力，我们才能有经验的实在对象呈现在我们面前。可是一切综合的规则都是以自我意识的基本能力即统觉为其基础的。没有这种基本能力就没有对能对我们出现；而这样，我们现在就看到，经验的一个对象的表象之依靠知性是它依靠直观一样的。“所以意识的综合统一乃是一切知识的一种客观条件。它不但是我在知道一个对象时，我自己所需要的一种条件，而且是每一个直观为了变成我的一个对象所必须服从的一种条件。”③

我们现在已经证明了直观与知性乃是人类知识的必需要素，可是，这

① 见康德：《纯粹理性批判》，第二版，第 132 页。

② 见康德：《纯粹理性批判》，第二版，第 137 页。

③ 见康德：《纯粹理性批判》，第二版，第 138 页。

种说法必不可使我们忽视了它系两者之间的基本分别。我们必须记住这个事实,就是正如直观所能做的只是替我们提供表象的杂多,而完全不能把它们结合起来那样,在知性方面,知性所能做的也只是把给予它的表象结合起来,而毫无能力来产生所要结合的表象,这就是那个理由,何以这两种能力是完全相互依赖的。离开了对直观的关系,知性的概念是毫无意义的。我们只须记得,我们之所以能把客观验前有效性归之于那些概念,只是因为我们能说明,为了把不相连贯的表象变为一个实在对象的概念,这些知性概念是必需的。离开它们对直观的关系,知性的概念并不具有什么意义,除非是一种纯然逻辑上的意义。知性概念不是别的东西,而只是思维的形式。人类知识依靠两种不同质的能力,即直观与知性,而这两种能力分别开来是不能给我们知识的。

先验演绎

我们现在的任务,是再一次提出这种学说是否和感性论的论证相矛盾的这个问题。我们曾看到,只要我们只关心于感性论,我们就得要理解康德所主张的是直观的纯粹形式,完全不依靠知性与其规则,就足以对我们呈现出对象的世界。可是我们对于分析的考查就把它弄清楚了。这并不是康德的意见,而他是深信,离开知性,对象是不能成为我们的对象的,知性是把综合的某些规则加在所与的直观的杂多上面的。我们是怎样把表面上相互矛盾的这种说法予以调协呢?

首先,我们可注意到,不能把这矛盾看为由于康德在分析论中再不主张他写出感性论时所曾主张的一种学说,因为,像我们所曾看到的那样,康德在分析论的本身里面,一开始论证是说,成立知性概念和知性的功用的客观有效性是困难的,因为没有涉及知性与其功用,对象也是能够对我们出现的。他的论证是像下面那样的,要证明直观纯粹形式的必要性比较是容易的,因为可以说明,没有这些形式,对象是乃至不能对我们出现的。要说明知性范畴的必要性就困难得多了,由于对象并不对于知性发生关系,也是能对我们被给予的。这种说法清楚地是完全和感性论的论证一致的,因而就更加令人诧异。康德竟接着告诉我们,只要我们没有借助于知性所产生的某些功用把我们的种种直观综合起来,我们是完全不能有经验的一个对象呈现在我们面前的。在另一段文字里，他乃至说，直观的纯粹形式本身是依靠着某一定的综合，而他称这种综合为领会的综合。“在空间与时间的表象里，我们有内外感性直观的验前形式；而出现的杂多的领会综合必须总是和这些形式相符合的，因为综合绝不能在其他的方式上发生的。但是空间与时间的在验前被表现，不只是作为感性直观的形式，而且又是作为本身就是含有[它们自己的]杂多的直观的，因而是带着这种杂多的统一这种确定被表现出来的[参看先验感性论]，可见在我以外的或在我们里面的杂多综合的统一，因之凡是作为在空间与时间中确定而被表现的东西所必须与之符合的一种结合乃是作为一切领会的综合的条件在验前被给予出来——固然不是在这些直观里面被给予出来，而是和这些直观一起被给予出来的，这种综合只能是在一种原始意识里面的一般所与的直观的杂多结合的统一，这种结合的统一，在其应用到我们感性直观的范围内，是按照范畴而进行的。”①

现在看来，我们像是面临着一种极端模糊不清的论证。一开头是告诉我们，只须直观的形式便足以给我们关于对象的觉知了，而现在康德又告诉我们这些形式本身，不依靠一种综合的原理是不存在的，而且空间与时间是不可分开地和知性联系着的。

为了解决我们的困难，我们得要参考《纯粹理性批判》其他各段落。首先我们得要处理属于先验演绎的一段(第一版)。这段的标题为“直观中的领会的综合”，可以把康德的论证这样来说出：我们一切的表象都属于它们在其里面必须得到安排的一个时间，可是每一个直观都含有一种杂多，如果我们不能辨别它的成分的话，我们就不能想象到这种杂多；如果我们想要想象到一种纯粹直观，我们就必须使它受到一种综合，离开这样的一种综合，心中每一个个别印象都会是绝对的统一体而包含在时间的一瞬息间的。因而当然得出的结论就是，为了达到空间或时间的任何表象，我们必须能够把几个特殊的表象结合成为一个表象。我们必须具有领会的一种纯粹综合，“这种领会的综合必须是验前运用的，那就是说，必须是关于不是经验性的表象的，因为没有这个，我们就永远不会在验前

① 见康德：《纯粹理性批判》，第二版，第160页。

有空间的或时间的表象。这种表象的产生只能通过感性在其原始的感受性中所呈出的杂多的综合。这样,我们就有领会的一种纯粹综合了”①。

在紧接着的一节里所提出的论证像是乃至和感性论的论证更是不一致的,因为在这个论证里,康德是开始去证明我们关于对象的经验是依靠另外一种条件的,那就是我们预先表象的能力。康德是这样论证的:如果我们要能够心中想象到从一个正午到下一个正午的时间,我们必须具有一种再生的能力,这种再生的过程是想象力所引起的。我们得要假定有一种先验的想象力,不是有这种能力的话,我们对于任何事物都绝不会有一个完整的表象,因为在我们现在所有的表象之前的一切表象却会从思想中退去,乃至空间或时间的最纯粹最初步的表象都不能发生。“所以领会的综合是不可分地和再生的综合结合在一起的,而且既然领会的综合构成任何知识一切方式的可能性的先验根据——纯粹验前的知识方式是如此,经验性的知识方式也同样是如此——所以想象力的再生综合得要列为心的先验活动之一,所以我们称这种能力为想象力的先验能力。”②

我们现在已知道每一个直观,不管是经验的或验前的直观,都是和两种综合,即领会的综合与再生的综合,结合在一起的。在跟着在后面的那节里,康德说明还有另外一种的综合,而他称这种综合为认识的综合。他的论证是这样的,如果我们不能意识到这个事实,即我们现时所思维的也正是我们前一顷间所思维的,那么表象的再生也会是无用的。为了这,我们就需要概念来替我们准备规则,再生单靠它自己,结果对于知识是变为不足够的,它依靠知性所完成的第三种综合。这种综合首先替我们再生的能力,准备了它所要完成的工作之种种规则,一切这些规则都是以先验统觉为其根据的,而先验统觉是描述为纯粹的、原始的、不变动的意识。康德并补充地说,先验统觉是配得它的名称的,因为乃至最纯粹的客观统一,也就是验前概念(空间与时间)的统一的为可能,只是通过那些直观对于这样的一种意识统一的关系。企图要深入讨论先验演绎所提出的许许多多困难的问题,对我们来说是自然很不可能的。可是我们应该了解康

① 见康德:《纯粹理性批判》,第一版,第 99～100 页。

② 见康德:《纯粹理性批判》,第一版,第 102 页。

德的论证之所以为基础的一般原理,这是必需的。

我们是不能了解这个原理的,除非我们体会到他一方面认为直观与知性是完全互不相同的,而另一方面又认为就人类知识说来,它们又是这么紧密地互相关连着,因之在人类知识里面乃至不能说它们是分开存在着的,作为在人类知识里的成分来看,直观与知性必须是相互依赖的,分开来看,我们是不能了解它们的。人类知识永远不面临着纯然的直观,它总是同时想要用范畴来使这些直观成为可理解的,为了了解知性和范畴对于知识所作出的贡献,我们就得要体会到,它们的功用是要确定直观的,除非作为综合规则的范畴是应用于直观人类的心灵是完全不会觉知到对象的。

很容易了解,何以康德在先验感性论里不论把这点弄清楚,因为在先验感性论里他所关心的只是直观,而且很容易了解何以在先验感性论里有这么多的说法给读者以这样的印象,以为康德相信直观靠其自己就能给我们以关于对象的知识,但是了解了分析论的学说的人,不会陷入这种错误的,一见而知在感性论所提出的论证只是临时的,它孤立了直观而并不考虑到知性,而知性,如康德在后面所说明,乃是在知识里面一种必要的,而且不可分开的要素。可能要问,何以康德采用这样一种方法,何以他分开来处理直观与知性,因而他的阐述引起一些不可避免的误会呢?我认为答复是简单的。康德认为直观与知性是完全不同的心力,只在人类知识里才使之发生关系的,我们只须考虑到他相信下等动物没有思维的能力,而实际上却具有直观的能力,乃至具有想象力。而且我们将要看到,他的学说乃是,在下等动物里面,感性的各种能力实是单独存在着的。此外,他还相信,至少不能否定,可能存在有在超人类的以及纯然理性的存在者里面,完全不依靠感性的一种知识能力,我们在后面还将要处理这种学说的。但是我们已能看到直观的在先验感性论里分开来处理是让康德有机会来把他的认识论的基本学说弄得很清楚;那就是,一切人类知识都依靠从外边给予它的某东西,因而就必须总是依然依赖它所接受的印象的那种部分被动的能力,这一点是为分析论所证实的,在那里康德说明我们的知性是依靠给予它的东西,而且说明我们能在验前以客观有效性归之于知性的概念,只是因为我们能够说明这些概念,对于所与的杂多的综合是必需的。先验统觉作为综合的基本原理是要看为一切思想的来源,因而是要看为绝对不同于只是被动的直观的,在另一方面,先验统觉乃是纯然功用;它是叫我们能够结合观念的一个原理,但是不能产生观念的。它乃是自我的纯然观念,而关于它对于它的对象的关系,它所包含的不过是一切对象所共同的东西,一种纯然的 X。不错,如果没有这个基本的统一原理,我们就完全没有任何对象对我们呈现出来。另一方面,必须记得,我们只靠思维是不能确定一个对象的,而统觉只以一个一般对象这个纯然的观念替我们预备好,而必须把其他一切留待直观。"这种先验对象的纯粹概念(其实这自始至终在我们的一切知识里总是同是一个样的)乃是唯一能以对于一个对象的关系,即客观实在性授予我们一切的一般经验的概念的,这种概念不能含有任何确定的直观,因而只涉及那种统一,也就是我们必须在任何与一个对象有关系的知识之杂多里面所碰见的统一,这种关系不过就是意识的必然统一,因而又是杂多综合的必然统一,而这种统一是通过把它在一个表象里结合起来的心灵之一种共同功用的。"①

我们现在就可继续考查康德的论证而从考虑下面所引的一段开始:"其实统觉的必然统一这条原理本身就是一个同一命题,因而也就是一个分析命题,然而它显示出来在直观中所与的杂多之一种综合的必然性,没有这种综合,自我意识的一贯同一性是不能想象的。因为通过'我'作为单纯的表象,没有杂多的东西被给予出来;杂多只能在不同于'我'的直观中才能被给予出来,而且只通过在一个意识的结合,它才能被思维的。一个在其里面一切杂多通过自我意识就自然而然地被给予出来的知性就会是直观性的;我们的知性只能思维,而要有直观,就必须依赖感官。"②

在这一段里,我们要弄清楚康德认为我们的知性和一种直观性的知性这两者之间的本质上的差别是什么。一种直观性的知性是一种知性,它含有不只是结合在直观里所给予的杂多的单纯原理。事实上,对于一种具有这样的知识能力的心灵来说,直观与知性的差别是不会存在的,一

① 见康德:《纯粹理性批判》,第一版,第 109 页。

② 见康德:《纯粹理性批判》,第二版,第 135 页。

个配备有这样能力的存在者会能纯是通过思维就产生其对象的，它的知性不只是完成我们的知性所完成的任务，即表象的综合，它同时也会能够把杂多对自己呈现出来，而关于这杂多，我们的知性是完全依赖直观的。

但是，我们可以问，假定一种这样绝对不同于我们的知性的一种知性的存在有什么好处呢？答复就是，这种照比可以帮助我们理解我们自己的知性限度。一种直观性的知性这个理念并不是多余的，其实它是一个必需的理念，但不得把它作为是意味着这样的一种知性是实在存在的。我们是不去管它存在与否这个问题的。

我们的任务乃是说明我们自己的知性的本性，而这种任务是已经完成了。我们已曾看到，为了有任何一个对象呈现在我们面前，我们需要有意识的综合统一，这种统一是我们知性的基本原理。这是我们各表象之同属于同一个自我的条件，可以说这不过是一个分析命题，因为我们先行假定这个命题，并不超出纯然思想的范围，我们所说的无非是我们的一切观念都属于思维到它们的那同一个主体，而并没有确定我们思想的内容，"可是，不得把这个原理作为是适用于每一种可能的知性的，而它只是适用于那种知性，通过它的纯粹统觉，在'我是'这个表象里，没有杂多的东西是给予的，通过它的自我意识就很对其自己提供直观的杂多的一种知性——那就是说，通过它的表象，其表象的对象也就同时存在的一种知性——为着意识的统一，就不需要有其杂多的综合这一种特别的活动，可是对于人类只思维而不直观的知性来说，那种活动是必要的。事实上，它是人类知性的第一原理，而对于是这么不可或缺的，于是我们就毫不能设想有任何其他知性的可能，不能设想其自身就是直观性的这种知性，或者任何可能具有一种在种类上不同于在空间与时间的方式的感性直观的基础方式"①。

在我们考虑到这个事实时，就是人对于一种直观性的知性或者一种智性的直观所会具有那种知识，不能构思出任何明晰的理念来，那时，说到人类知识在本质是含有两个要素即直观与知性，也就变为十分明显的了，然而这并不意味着所说的这种知识的理念是武断地思想出来的。恰

① 见康德：《纯粹理性批判》，第二版，第138～139页。

恰相反,我们从这个事实,即不假定这种理念,我们就不能理解我们自己的知识的特性,就可以推断到那个理性是怎样必需的了。一种直观性的知性这种想法,是和认为在纯然出现的东西的世界后面存在着一个自在之物的世界这种假定,同样必需的。一种直观性的知性必是在根本上不同于我们人的知性的,因为它既然是不依靠事物的对它被给予,它就会由它自己的活动而照着事物在其自身那样来知道事物。

我们现在就能更清楚地看到,自在之物这个概念是什么意思的了,自在之物应该是这种存在者的对象,对这种存在者的知识来说,在所要确定的东西与其确定的能力两者之间,是没有差别的,这是一种存在者,只由它的认识能力的分析,对象就会对它给予出来的。自在之物这个理念和一种直观性的知性这个理念,这两种想法是全然平行的。为了理解我们自己的对象作为纯然出现的东西的特种性格,我们就不得不假定自在之物的存在,但是我们不能乃至问到这些自在之物具有什么属性。同样地,为了理解我们自己的知识的性质,我们就不得不在心中想到一种绝对不同于我们自己的知识这个理念。但是我们不能乃至问到这样的知识是否存在或者问到它是怎样发生的。

常常有人问到,自在之物这个学说是否要当真地来考虑,而有许多康德的解释老是曾想把它作为无关重要而取消的。可是丝毫没有任何证据来说康德在任何时候放弃了这种学说的,在所有他的著作里,他始终维持他的基本立场,就是我们的对象是单纯出现的东西而在其后面还必须有自在之物世界存在着,但是这不得使我们忘记——而这是同等重要的一点——康德又坚决深信我们关于自在之物的性质丝毫不能有所知而且关于它们与我们的出现东西的世界两者之间的关系是并不知道的,我们乃至不能说它们是出现的东西的原因,因为在这样说时,我们就会把康德认为只适用于出现的东西的一种范畴应用于自在之物了。康德对这种信念是完全肯定的,就是他认为人类的心所能形成任何概念的对象无非是可能经验的对象,而所能形成的知识无非是像我们的知识,是含有直观与知性作为它的要素的。

康德认为要人类的心,关于不以直观和知性而构成的知识来形成任何明晰的概念,是完全不可能的,而我们认清这种事实,是极其重要的,如果我们只是为了避免这种错误,即把康德对于人类知识的分析误认为一种心理学的分析。把一种知识和另一种知识对立起来,康德是使之好像他相信我们的知识依靠直观与知性这个事实也就是由于人类的心的特种构造而发生的心理学事实。康德的许许多多的说法是提示关于他的学说的这种解释的。例如他说直观只在一个对象对我们被给与出来这个范围内才发生的,而且是说,这之成为可能,至少对人来说,只是在一定的方式上受到刺激的范围内的①,后来他又说从人类的观点来说,我们才能说到空间,而时间只是我们人类直观的主观条件②。再则他说,感性乃是我们人所特有的一种知识,不一定是为每一个存在所分享,虽然是一定为每一个人所分享的③。这些只是许多可能举出的几个实例,而我们得要考查一下这个问题,就是这些说法是否意味着康德相信他的人类知识的分析是一种心理学的分析。如果我们认为事情果是这样,我们就将要相信康德在《纯粹理性批判》一书里所做的乃是要发现人类心灵的特种属性了,他在这批判中所找到的乃是人类的心灵碰巧是依靠知识的两个来源,即直观与知性,而且它是具有一种特别的直观和一种特别的知性的。看来,这就意味着,康德的意见乃是我们人具有某特种的知识,而很有可能,还有别的存在者,其知识也无非是那能认识的存在者碰巧具有的特种心灵的产物而已。

很容易说明对于康德的论证这样的一种解释是完全错误的。首先,我们可以注意到,在我们所引用的那段里,康德谈到人的心灵,并不是和别的有限制的存在者的心灵相对立,而是和能够照事物在其自身那样知道事物的一种心灵相对立,那就是说,和禀有一种智性的直观或一种直观性的知性这种超人类的存在者的心灵相对立的,我们已经看到,何以康德相信必需想到一种完全不同于我们的知识这种观念,而且我们又曾看到,何以他相信我们关于这种知识是绝对一无所知的。一种有限制的而不同于我们的知识这个理念,在我们想要了解我们自己的知识的性质有个企图之中,对我们是没有帮助的。对我们来说是实在的唯一种知识就是我

① 见康德:《纯粹理性批判》,第二版,第 33 页。

② 见康德:《纯粹理性批判》,第二版,第 51 页。

③ 见康德:《纯粹理性批判》,第二版,第 59 页。

们自己所具有的那种，也就是依靠直观与知性的知识。直观与知性包含着一切知识的验前客观条件，直观的形式以及知性的规则都不只是人类心灵的主观属性，而且是客观经验的验前条件。通过它们，我们就有服从客观的而且必须的规则的一个世界呈现给我们，而心灵的心理学属性绝不能具有任何验前的有效性的。先验哲学的方法是根本不同于心理学的方法的，因为先验哲学是设法要发现经验的必然的必然验前条件，而心理学是完全依靠经验事实的观察的，所以我们不能以任何必然的、普通的有效性归之于心理学所发现的规律。

如果我们是要了解康德以之归于心灵的心理学属性的这种主观性和他以之归于直观的纯粹形式与范畴的这种主观性这两种主观性之间的基本区别，我们就必须把握住他关于客观性的概念之特种意义，经验的验前诸条件——直观的纯粹形式，即空间与时间，以及知性的种种规则，即诸范畴与种种原理——是主观的，乃是因为它们并不使我们能够知道事物像它们在其自身里面那样的。另一方面，它们是客观有效的，因为没有它们，关于对象的经验就没有其可能的。这就是说，我们得要否定它们的绝对客观有效性，而断言它们在其对于每一个对象的关系上的客观必要性，这样说出来就够了，由于我们关于一个独立于直观的形式和诸范畴的对象，是不能形成任何观念的，但是心理学的规律是属于不同的情况的，即令我们借助于心理学的探讨，曾发现我们所曾研究过的人类心灵都具有某一种属性，我们能有权来叙说的只是一条一般的规则而不是一条普遍必然的规则，因为我们不能确信我们不会碰见一种是这条规则所不适用的实例。可是我们完全确信我们知识的能力是必须包含着直观与知性的。

想象力——综合

直观与知性是彼此不同的，这个事实就提出一个新的问题了，因为我们不禁要问到，这样基本上不同的两种能力如何能使之合作呢？康德的答复是：想象力使之成为可能。完成在直观中给予我们的种种表象之综合的不是知性而是想象力。首先我们必须问到，何以康德认为知性本身不可能完成这个综合，而且要认为必须在直观与知性之外还得要假定心的一种第三个能力的存在呢？答复就是，康德相信知性是单纯思维能力，它只能产生综合的规则，而这些规则不过是一些功用。为了指出它们作为单纯功用的性质，康德如我们所曾看到，称那为它们结合起来的东西为先验对象——一个单纯的 X。同样地，先验统觉也可说是一个单纯的 X；而这的意思就是，正如对象只要它是只看为知性的对象，并不包含任何杂多，同样地心之作为思维的能力，就是说，心的就其不过是知性来说，乃是空洞的，乃是单纯一个 X，而关于它的思想内容，就完全依靠在直观里所给予它的东西的。统觉单以它自身来说，乃是用综合的某些规则来确定杂多的一种能力，而要被综合的东西是不能属于那能确定的能力的，直观就不同，它是完全被动的；完全不能确定的，想象力就必须填补这个空隙；而它又是有资格来这样做的，因为依康德的见解，它既能确定而不能被确定的，就其能使我们从一个表象过渡到另一个表象来说，它是心的一种能确定的能力，因而它是完成在直观所与的表象的综合的；然而它依然是在单纯可确定性的范围内，也就是说在直观的范围内想象力本身并不产生任何综合规则。它所完成的综合是毫无确定的；而那就是何以康德称它为灵魂的一种盲目作用。"一般的综合，如我们将在后面所看到，乃是想象力单纯的结果，是灵魂的一种盲目的，可是不可或缺的作用，没有它，我们就没有任何知识，但是对于它，我们是几乎不意识到的，把这种综合带到概念那里去乃是属于知性的一种作用，而我们第一次获得真正可称为知识的乃是通过知性的这种作用的。"①

康德把两种综合分辨开来：(a)智性的综合和(b)形象的综合范畴单独来考虑，含有智性综合的原理，那就是说，一种没有直接涉及直观式杂多的综合。其综合的各种不同活动乃是思维的单纯作用。如果我们的思维要得到内容，我们就必须使知性的规则和直观与其所给予的东西有关系。这之成为可能乃是由于和直观直接联系的那种心的能力，即想象力。想象力是和直观联系的，由于它是有关于感性表象的；而它又是和知性联系的，由于它使我们能够联系表象，因而就具有一条自发性的原理。但是，因为它缺少综合的明确规则，它就不能产生任何知识，而是完全依靠

① 见康德：《纯粹理性批判》，第二版，第 103 页。

要给它准备规则的知性。“但是形象的综合，如果把它只在其对于统觉的原始综合的统一的关系上来看，那就是，在其对于在范畴中所思维的先验统一的关系上来看，而为了和只是智性的结合区分开来，就必须称为想象力的先验综合。想象力乃是在直观中表现一个本身不在当前的对象的这种能力。然而由于我们一切的直观都是感性的，所以想象力，由于只有在它之下才能给知性的概念以其相应的直观的这种主观条件，就是属于感性的。但是就其综合是自发性的一种表现来说，而自发性是能确定的而不像感官那样是只可确定的，因而是能关于其形式在验前按照统觉的统一性确定感官的，想象力在那种限度内就是验前确定感性的一种能力；而它的直观综合，纵然是依照范畴的，但是必须是想象力的先验综合。这种综合乃是知性对感性的一种做作（Winking）；而且是它对于我们可能的直观的对象的第一种应用——因而也是它的一切其他应用的根据。作为形象的综合来说，它是从智性的综合区别开来的，智性的综合只是由知性单独进行的，并无须想象力的帮助的。”①

看来很奇怪康德在这里把想象力下定义为在直观中表现一个本身不在当前的对象能力。可是很容易看出何以他这样做，因为表现一个本身不在当前的对象的这种能力归之于想象力，他就清楚地指出想象力是介于直观与知性之间的，而且是和两者都有其共同之处的。直观是完全被动的：它只接受互不相干的一些表象。想象力说是使我们能够想到一个不在当前的对象的一种能力。如果它是要能做到这点，它所能做的必须是多于只是接受一些表象。我们必须还有一种把不同的表象联系起来的能力，而这就意味着想象力提供我们以综合的某一定的原理。但是不得把这种原始的综合和知性的规则所已经带到概念那里去而确定了的综合混淆起来，想象力的综合依然还在感性的范围内，而在我们说想象力使我们能够把一个本身不在当前的对象在心中想象出来，我们的意思不是说这种对象是严格意义上的一个对象。想象力所能做的无非是使我们能够把感性的表象叫转来而把它们结合起来；而那就是康德何以说它是在直观中表现一个本身不在当前的对象的能力。

① 见康德：《纯粹理性批判》，第二版，第151～152页。

必须记得，康德认为表象的综合和给它以统一性的属性是属于心的两种不同的能力的。综合是由想象力完成的，而综合的统一是知性与统觉所达到的。“表象的综合以想象力为基础；而判断所需要的而为它们所具有的综合统一性是以统觉的统一性为基础的。”①依康德的见解，这两个事实是不容置疑的：(a)综合实际上是想象力所完成的；和(b)想象力的综合必须以概念来确定，只要这点还没有做到，而综合没有为范畴与统觉所确定，就不能有关于对象的实在经验。如果我们是要有一个对象呈现出来，我们就必须能够使我们的表象和一个自我意识有关；而那是知性的工作而不是想象力的工作，因为想象力只是感性的能力，迫使我们以综合的活动归之于想象力的也就是想象力的这种感性的性格；因为想象力的直接和直观与感性联系是由于它具有这种性格的。这也是一种理由何以我们不能把统一的原理归之于想象力；因为我们除了借助于思维就不能发生观念的实在统一，因而我们关于这样的统一的观念不能得自一种感性的能力，“必须要加在纯粹想象力之上而使得它的作用成为智性的，就是这种统觉，因为既然想象的综合只像杂多在直观中出现那样把它联系起来，例如在一个三角形的形象里，所以虽然它是在验前运用的，但是它以其本身来讲总是感性的，而属于知性的概念是通过杂多和统觉的统一的关系而使之活跃起来的，但是只有借助于想象力，它们才和感性直观发生关系”②。

何以能使直观与知性合作这个问题现在已经解决了。康德的解答乃是这种合作是想象力使之有其可能的。想象力乃是直观与知性之间的中间环节，而因它，人类心灵就能把心的否则是绝对不同的两种作用联系起来。看来可能是，如果康德不相信直观，想象力和知性是作为心的独立部分而存在的，他就不会提出这个问题。可是，如我们已曾指出，情况并不是这样的，康德是深信人类知识的各种要素是相互不同的，但是他并不把在人类心中独立的存在归之于它们的；其实他是进行说明它们是相互依赖的。为了发生知识，直观、想象力与知性是要结合的；事实上，它们总是

① 见康德：《纯粹理性批判》，第二版，第194页。

② 见康德：《纯粹理性批判》，第一版，第124页。

结合起来的。除非直观以一种所与的杂多呈现给我们，知性把这所与的杂多从属于综合的规则，而想象力又使知性和直观互相发生关系，知识就不会存在的。这一切都是同时发生的，所给与先验哲学家的乃是人类知识的整体，而直观、想象力与知性是这个整体的各部分。

判断与图型法

跟在先验演绎后面的分析论之那部分(先验分析论的卷二)康德标题为原理分析论。后来他增补了这个标题，而称之为判断的先验论(或称原理分析论)。

为要了解何以康德这样修改，我们就得要参考两段的导言，在那里康德是解释他用“判断力”的词所指的是什么意思。

他告诉我们说，判断力乃是那种心的能力，它使我们能够决定某一特殊事例是否一条普遍规则的一个实例。不能把这种力量归之于知性；因为知性只能产生概念，不管是经验的概念或验前的概念，而一切概念都是普遍规则①。

知性是和特殊东西的范围毫无关系的；而要决定一个特殊事例是否一条普遍规则的实例，我们就需要一种特别的能力，那就是判断力。

使我们能够把特殊东西包摄在概念之下的乃是判断力。康德用实例来说明这点。一个医生可能掌握了许多极好的病理规则，然而在检查一个特殊病症时，还不能决定这个病症是否他所知道的一条普遍规则的一种实例。一个政治家可能背熟了许多规则，然而可能还对于决定哪些特殊事例从属于它们是无所措手足的。

这两个人是缺乏判断力的。他们是“抽象地理解普遍，而不能在具体上辨别一个事例是否从属于这个普遍的”②。

到此为止，我们是有关于一般的判断力的一般的判断力。一般判断力可描述为把特殊包摄在概念之下的那种能力，决定特殊事例是不是普

① 注：“一个概念，以其形式来说，总是普遍的某东西，作为规划用的。”(《纯粹理性批判》，A106)

② 见康德：《纯粹理性批判》，第二版，第173页。

遍规则的实例的能力。谈到经验的概念，是不难看到包摄是怎样完成的。只有特殊和概念有其共同之处，我们才能把一个特殊包摄于一个概念之下的。一定要在特殊与普遍之间有某种同质。在一个经验的概念的情况下，很容易了解在一个个别对象和一个普遍概念之间这样的一种同质是怎样能存在的，我们形成我们经验的概念乃是借助于从个别对象的抽象的。我们拿不同的个别对象，按它们共同的特征，进行比较而这样就达到一个经验的概念，并不奇怪，我们在个别对象中，认识到某东西是它们和它们是其实例的那个概念所共同的，例如我们在我们所看见的一条个别的狗里面发现一些特征，使我们能够把我们的这个表象包括在狗这个普遍概念之下。

但是对于先验哲学有关的一些概念，也就是验前的概念，或者说范畴，上面所说的怎能仍然是有效的呢？我们如何能说个别的对象是范围的实例，而且我们如何能够把所与的直观包摄在范畴之下的能力归之于先验判断力这个心的能力呢？范围的根源是在心里而不是得自个别对象的抽象的。那么怎能在个别对象中有其与范围相应的任何东西呢？我们曾知道，为了有一个对象呈现出来，人类的心灵必须有通过它而一种杂多可以对它被给予出来的直观力量和借助于它这个杂多可以作为一个对象而被确定的思维能力。这样，问题就发生了：知性的验前概念，关于对象的知识的必需条件，怎能应用于直观呢？假定有某东西在直观中被给予而和一个纯粹范畴相应的，这岂不是悖理的吗？我们怎能对于一个特殊的事例说它是一个验前概念的实例，使得它能包摄在这种概念之下呢？说到一个范畴，认为它能通过感觉被直观到，或者说它是包含在出现的东西里面，是悖理的；而其结果就好像没有可能，来相信范围是能应用于出现的东西的。

康德对于这个问题的解答，是在关于知性纯粹概念的图形法这一章里作出的。他的论证可以如下来述说，为了使出现的东西有可能包摄在范畴之下，就必须有第三种东西，它在有些方面是和范畴同质，而在其他方面是和出现的东西同质的。这种中间的表象必须在一方面是智性的像一切范畴那样，而在另一方面是感性的，因而显有某东西和所与的出现东西共同的。介乎出现的东西与范畴之间的这种表象，康德称为“先验图形”,他把它描述为“时间的先验确定”。

“知性的概念含有一般杂多的纯粹综合的统一。时间作为内感官的杂多之形式条件,因而作为一切表象的联系之形式条件,是含有纯粹直观中的一种验前杂多的,然而时间的先验确定,以其是普遍的而以一条验前规则为基础的,所以在这个限度内它是和构成它的统一的范畴同质的。但是,在另一方面,由于时间是包含在杂多的每一个经验的表象里面,所以在这个限度内它又是和出现的东西同质的。所以范畴的应用于出现的东西,是由于时间的先验确定而变为可能的。这种时间的先验确定,作为知性概念的图形,就成为出现的东西之包摄在范畴之下的中介。”①

为要了解这点,我们首先得要说明康德用“时间的先验确定”这个短语是指什么意思的。得要注意,他所指的不是时间以其自身来说所有的一种属性,而是我们所有一切表象,就其是被知道在一个时间里面被结合起来而具有的一种特征。我们从先验演绎中是已知道,我们的表象在时间中的结合乃是由于想象力的先验综合而成为可能的。使我们能够把我们诸表象的杂多是一个时间中结合起来的乃是想象力,但是又曾说明,如果人类的心灵要成为觉知到对象的,诸表象的这种结合必须为明确的规则所确定,关于图型法这一章的基本问题可以这样来提出。我们如何在感性的对象中,发现使感性对象符合于纯粹范畴的那些特征?可以把康德的答复这样来概述。如果想象力在实行我们表象的结合时,是按照范畴而确定它自己,那么就要产生某东西,在一方面是和我们的感性表象同质的,或者更简单地说,是和感性对象同质的,而另一方面是和范畴同质的。这种某东西就是先验图型:它乃是想象力加在纯粹杂多上面的一种特征。康德明显地说,图形在其自身说来,总是想象力的产物②。不同的图形所共同的东西就是它们都全是和纯粹范畴有相互联系的感性东西,而且它们都是想象力所产生的。可以用一个例子来说明,根据和后果在其本身来说乃是思维的一种单纯形式。它和时间是没有关系的;而只从这个范畴的分析,我们是不能看出它是否适用于时间中的对象的,可是我

① 见康德:《纯粹理性批判》,第二版,第177～178页。

② 见康德:《纯粹理性批判》,第二版,第179页。

们能引入对时间的关系，这是想象力使之成为可能的，因为想象力产生“时间中必然相继”这个图型，这个图型就把这个范畴限于时间中的对象。根据和后果这个纯粹范畴就得到了一种更确切的意义。它变成了图型化的范畴，变成了总是在时间中先行于其后果的根据这个概念，即因果的范畴。除非想象力产生出来必然相继这个图型，那纯粹的范畴是不能变为这个图型化的范畴的，因为这个图型提供出来纯粹范畴的感性相关物而使这个纯粹范畴对于出现东西的应用有其可能。必然相继这个图型指出一个事件 A 总是为 B 这个事件所继续；如果我们在出现的东西中发现这样的一种关系，我们就可把它看为是包含在这个纯粹范畴里面的那条规则的一个实例而且能把它包摄在因果这个图型化的范畴之下了。

不管是怎样困难来在细节上了解康德的论证（这在这里并不是我们的事情），而把握住他的主要思想是可能的。

按他的哲学来说，范畴乃是纯粹思维的产物，它们是得自判断的各种形式，而就其本身说来，是和感性的出现的东西没有关系的。用他自己的话语来说，范畴乃是智性的而出现的东西是感性的。这样一来，这个问题是必须发生的，我们怎能说出现的东西是对范畴有关系的呢？纯是智性的范畴与纯是感性的范畴如何能结合在一起呢？他的解答就是先验的图型使之成为可能，因为先验的图型是先验想象力的产物而含有感性成分又含有智性成分的。先验的图形和范畴与出现的东西都是同质的，而这样就使范畴对于出现东西的应用，或者说出现东西的包摄在范畴之下，有其可能。

只要我们是以为康德相信心灵不同的能力的存在而且它们相继地完成某些操作的，关于图型法这一章像先验演绎一样，是一直完全不可理解的。康德在《纯粹理性批判》一书里所从事的乃是分析包含在人类知识里面的东西。他绝不相信，我们获得关于对象的知识首先是由直观领会到在一个时间里的种种表象，然后借助于先验想象把它们在这个时间中结合起来，然后又把它这些像这样结合起来的诸表象和范畴发生关系而使得能够把统一性给与加在杂多上的结合。

康德给我们的不是关于我们知道一个对象时，在实际上发生的东西的一种心理学的分析，他是分析思维而说明在它里面包含着的是什么；而在关于图型法这一章里,他关心的乃是这个问题,即我们怎能把感性对象看为是表示范畴出来的,或者用专门的术语来说,我们如何能包摄出现的东西在范畴之下。

我们可以反对康德提出他的问题的方法,我们可以知他对问题的解决不同意,而且可以因他阐述的模糊不清而埋怨。但是我们不得忽视这个事实,就是他和一个实在的问题在挣扎着,这个问题是在一切的时代里占住了哲学,是关于普遍与特殊的关系这个问题,是关于思维与实在性两者之间的关系的问题。

理性——辩证论

不去管分析论的其余部分,我现在就转到辩证论来了。我将设法把它的一般原理提出来而特别关心对于理解第三部《批判》不可缺少的那些论点,先验辩证论所讨论的心灵能力乃是理性,按照康德的定义,理性乃是原理(pnin gipicn)的能力。以别于规则能力的知性,康德是以下面的方式来描述他所谓从原理而来的知识是如何理解的。"从原理而来的知识单独是指……那种知识在其里面,我是通过概念而在普遍中认知(lnhenne)其特殊的。"①我们曾看到,依康德说来,知性乃是使(在直观中所与的)特殊从属于某些普遍规则的那种能力,这是为想象力的综合使之成为可能的。理性所遵循的是一条完全不同的原理,因为知性以普遍规则而确定直观,并不去管特殊与普遍这两者之间的联系,而理性则要求特殊在它们的存在方面和它们的秩序方面完全为普遍概念所确定,理性是先行假定有从单纯概念而来的综合知识之存在的。这样的概念才是本来意义上的原理,而知性的普遍概念和原理(Gnundiatge)只是比较意义上的原理。"那么,知性绝不能提供任何从概念得来的综合认知;而这样的认知才正当地、毫无条件地称为'原理',可是一切普遍性的命题都可以一种比较的意义上说句'原理'。"②

理性把知性的概念从直观孤立开来,而就它们是概念来说,才知它们

① 见康德:《纯粹理性批判》,第二版,第357页。

② 见康德:《纯粹理性批判》,第二版,第357~358页。

有关的。它是不管它们作为经验的条件的，那就是说，不管它们作为必须应用于直观的综合的普遍规则这种性格的。理性预先假定知性的规则作为这种规则来说是应该从属于某些更高的原理的。

发现康德相信理性只和知性的概念有关，可能好像是奇怪的，可是并不很难明白何以他得要假定这点。我们刚才看到他认为理性是原理的能力，而且认为原理的有别于任何一个概念就是因为它使我们能够从它得出特殊来。我们称某东西为原理，意思是说我们有可能从一个普遍概念了解在它底下的特殊的完全性质。如果只要在特殊与普遍概念之间的这样的联系是有可能，那么这些特殊与普遍就一定是属于一个范围的了，直观所给予我们的无非是单纯特殊。这些特殊是从外边给予我们的，而心关于它们内部性质是不能确定什么的。知性的概念只是安排好所与的特殊直观，而并不把它们作为这样的直观加以确定。因此之故，我们必须认为自然的要绝对为一个普遍概念或者说一条原理所确定的特殊不能属于直观的范围，直观的作为直观来说，是不可确定的。可以为一个普遍概念所确定，而且从这样的一个概念而单纯得出并被知道的东西必须是知性概念的本身，既然是知性概念的范畴、知性是理性概念的原理都属于一个范围，那么认为有可能范畴是完全依赖原理，这不像是不合理的。理性实际上所要求的就是知性所获得的一切知识都到了最后要依靠某一些最高的原理，因为只有是这样，理性的基本理念，即知识的完全体系这个理念，才能看为是能实现的。“如果我们在其全部范畴里考虑知性替我们获得的知识，我们就发现在其对于知识这个全体的态度上是理性所特别与别不同的东西乃是理性规定出来而且设法去完成它的系统化，也就是说表示出它的各部分按照一单条原理的联系。理性的这种统一性总是预先假定着一个理念，那就是知识全体的形式这个理念——这是先于各部分的确定知识的全体，含有在验前给每一部分确定其地位以及对其他部分的关系的条件的。据此，这个理念就在知性所获得的知识中作为先决条件而要求有一个完整的统一，由于这个统一，知性所获得的知识就必须不是单纯的一种偶然的一大堆，而是按照必然规律的一个体系。”①

① 见康德：《纯粹理性批判》，第二版，第673页。

如果我们关于理性所知道只是它要求有系统的统一,我们也就能够只从这点推论出理性不能是有关于经验的世界的,因为这个世界所能有的唯一种的统一乃是知性所加在它上面的统一。固然知性所产生的规则在其身里面含有统一的,因为知性乃是给想象力的综合以其统一的那种心的能力,但是这种统一不是系统的统一。知性不能产生一种直观的体系,也不能想到这样一种体系的理念,知性不能问何以它必须完成直观的综合,它完成这个综合是依靠它本来的性质的。试举一个例子来说:知性预先做定每一个所与的事件都必须依靠决定它的某东西。它是从一个事件进行到另一个事件,而且总是假定某另一东西作为这所与事件的条件。因为这样,它就不能想到那些条件的体系这个理念。它并没想到要使它们依靠一个最初的条件,但是条件的一个体系的存在是依靠一个最初条件的存在的,依靠是无条件的某东西的。我们的理性所作出的假定乃是说一定有这样的一个最初的条件的。在它的一种体系这个理念的指导下,它就推断自身受着条件限制的东西不能是其他条件的始因。在其里面每一个对象都是依靠着某另一东西的感官世界之外,必然是存在有某东西不依靠任何感性的条件的,知性一直是无限制地追求条件。而从来不问所有条件的总和能否为人所知道,在另一方面理性就不容许这样的一种无限的回溯。它推论说,除非所有的条件的全部被给予出来,从来就没有什么对象是实在为我们知道的,并且事实上就没有对象能存在,所作出的推论是这样的,所有条件的总和不能被给予出来,除非是有不属于这个系列的第一个项。因此,无条件的东西就必须存在。“所以理性的先验概念无非是任何所与的受条件限制的东西的条件总和这个概念。可是,既然使所有条件的总和有其可能的唯有那不受条件限制的东西,而且颠倒过来说,所有条件的总和,其本身总是不受条件限制的,那么理性的纯粹概念一般就能以无条件的东西这个概念来说明,这个无条件的东西是想象为含有受条件限制的综合的根据的。”①

有不同的三类理性的概念,或者说先验理念,都是基于推理的同样一条原理的。在每一种情况下,理性都是推论说,既然受条件限制是被给予

① 见康德:《纯粹理性批判》,第二版,第379页。

出来，其所有的条件的总和，因而那不受条件限制的东西，也必须是被给予出来的。这样一来，就发生了三个理念：(a)认识的主体的一种绝对的条件这个理念，即灵魂作为思维的一切活动的绝对条件这个理论；(b)对象(世界)的绝对条件这个理念，即宇宙论的诸理念；和(c)一切一般东西的绝对条件这个理念，即上帝理念。这样，我们就有三种不同的科学：理性的心理学、理性的宇宙论和理性的神学。先验哲学家尽力想要做的工作就是要发现理性在其所有的要求上是否有其正当的理由，而且全都是依靠理性的概念的有效性的理性心理学，理性的宇宙论和理性的神学是否概据于正确的原理的。

理性的心理学——谬误的推理

我们可以从康德对于理性的心理学的批评开始。他说，“自称为科学的理性心理学，实际上是基于‘我思’这一单个命题的”①。思维，如果是要成为思维的话，必须是出自一个原来的主体的，一切思维的活动必须属于思维的一个原来的主体。思维的主体必须是实体，那就是说，是对于它的关系来说，一切思维的活动只是从它而发生，为它所产生的偶然的东西。一切思维的活动都是受条件限制的，而且是依靠思维的自我以存在，而这个自我作为它们的原本根源乃是不受条件限制的。一切思维必须以之为标准的自我这个理念的为可能，而且事实上是必要的，这个事实就证明所思维的那个杂多必须从本身是单纯的一个灵魂出来的。这样，灵魂作为思维的主体乃是(a)实体，(b)单纯的，(c)在数目上，关于它在不同的时候而存在，是同一的，而且(d)在其对于空间中可能各对象的关系，在数目上也是同一的②。

先验哲学家对于这样的一种论证，有什么可说的呢？他并不否认，除非所思维的是能以一个原始的，同一的自我为标准，“我思维着某东西”这个命题是完全无意义的。可是，他知道，一切思维的活动都必以一个同一的自我意识为标准这样必要性，所证明的不过是一切概念都必须根据于

① 见康德：《纯粹理性批判》，第二版，第400页。

② 见康德：《纯粹理性批判》，第二版，第402页。

先验统觉而已。然而先验统觉以及从它得出来的知性概念，如在分析论所说明的，乃是纯然作用；而这些作用，如已又是说明了的那样，是不能靠其自身确定什么对象的。

所以在其肯定说，除非我们能够把我们的诸表象在单一的一个自我意识里统一起来，就没有对象能为我们所知道，先验心理学是正确的。然而这并不意味着我们借助于单纯的思维就能确定一个对象。要明白这点，我们只须记得，我们的能够证明知性概念的有效性和它们作为统一的基本原理而依靠的统觉的有效性，是靠说明它们乃是一个出现的东西的世界的构成，也就是所与的直观和把它们联系起来的综合功用所对我们呈现出来的这样一个世界的构成，所必需的作用，范畴是有效的，因为它们是我们之能在一个自我意识里统一我们的各种直观所需要的条件，而且因为没有这样一种能力，我们就不能有经验的对象的，理性的心理学犯了一种基本的错误，乃是在于它认为可能把思维从直观分开，它从思维的活动中拿走了它们的唯一目的，综合直观这个目的。它正确地推断说，一切思维活动必须以一个同一的自己意识为标准，可是把思维的活动从直观孤立开来，它就错误地推断把思维的原本根源作为一个独立的对象确定下来是可能的。它妄想在这种方式上它获得了关于灵魂作为一个对象的知识，但是在这点上，它是完全错误的。“我的知道一个对象，并非只是由于我有所思维而只是在于我关于一切思维所在于的那个意识的统一，确定一个所与的直观。”①先验心理学所用的论证完全失败，因为它没有估计到这个事实，就是为要知道一个对象，不管是外部经验的对象（如一个物理的对象）或者是内部经验的对象（人类灵魂，即先验心理学所想要确定的对象）。我们必须使用两种不同的心灵能力，给与我们来确定的杂多的直观，和给我们以确定这个杂多的规则的知性，在分析论里已经说明，人类心灵不能知道自在之物，其理由就是我们不能借助于单纯思维而知道对象。我们现在能够看到，为着同样的理由我们不能如我们实在是那样而知道我们自己，只能如我们出现那样而知道我们自己。“思维到一

① 见康德：《纯粹理性批判》，第二版，第406页。

个对象和知道一个对象并不是同一回事”①,这是曾经作为一条一般的真理说明过的;而现在我们弄清楚了,这是适用于经验的每一个对象的,适用于灵魂正如适用于其他对象一样。在康德关于谬误推理的批评所用的论证②和他在演绎中的论证,两者之间的一致在原属于演绎的下面一段里是能看到的:“可是为了知道我们自己,除了思维的活动之外,那是把每一个可能的直观的杂多带到统觉的统一去的,还须有直观的一种确定方式,即这种杂多从而被给予出来的方式:所以就自然推断出来,虽然我的存在事实上不是出现的东西(更不是单纯的幻想),但是我的存在的确定只能按照我们结合的杂多在内部直观被给予的特别方式,符合于内感官的形式,才能发生的。因之我对于我自己所有的知识,不是如我是什么那样,而只是像我对我自己出现那样的。这样一来,虽然是有了一切[用来]通过杂多在一个统觉里的结合而构成一个一般对象的思想的范畴,关于自我的意识仍然远远不是关于自我的知识。正如要用关于不同于我的一个对象的知识,我除了关于自我已有的意识之外,还需要我用来确定那个一般概念的直观,同样地,要有关于我自己的知识,我除了关于我自己的意识之外,还需要在我里面关于这个杂多的直观,是我用来确定这种思想的。我的存在是作为一个只意识到其能结合的这种力量的智力;但是关于它得要结合的杂多,我是为一种限制的条件所制约的(这条件是称为内感官的),那就是说,这种结合是能按照时间的关系被弄成为可直观到的,而这些时间的关系是完全处在严格看来的知性概念以外,所以,这样的一种智力,关于一个不是智性的而不能为知性自身所给予出来的直观,就只能如它对自己出现那样知道自己,不是如它的直观是智性的那样知道自己。”③

在这段里需要加以解释的唯一论点,就是康德对时间的强调。这种强调的理由就是所讨论的对象乃是自我,而自我不是外感官的对象,乃是内感官的对象。然而按照先验感性论的学说,时间乃是一切出现的东西

① 见康德:《纯粹理性批判》,第二版,第146页。

② 见康德:《纯粹理性批判》,A341～405,而在B406～432则更简单地重述。

③ 见康德:《纯粹理性批判》,第二版,第157～159页。

的形式上验前条件，而空间只是外面出现的东西的形式上验前条件①。何以一切出现的东西必须符合于时间，其理由就是我们对于一个出现的东西的觉知是在时间中发生的。此外，我们必须记得在《纯粹理性批判》里处理范畴的图型法的一段中，康德说明范畴作为范畴来说，乃是单纯逻辑函项，而它们是从它们的应用于作为内直观的形成的时间获得它们作为经验的条件这种意义的。这就是何以范畴必须图型化，而图型，依康德的定义，不过是时间的一种先验确定而已。

我们可以引用两段文字来结束我们关于纯粹理性的谬误推理的阐述，这两段文字是清楚地说明康德用来驳斥先验心理学所提出的各种论证的。“那么，关于我自己在一般思维中的意识的分析，其所产生的、毫无有助于关于我自己作为一个对象的知识，一般思维的逻辑阐述被误认为对象的形而上学确定。”②“在范畴基础上的意识的统一在这里被误作主体作为一个对象的直观，而实体这个范畴就因之应用于它了，但是这种统一只是思维的统一，只靠它，没有对象被给予出来，因而那总是预先，假定有所与的直观的实体范畴就是不能适用的，结果就是这个主体不能为人所知，范畴的主体不能由于思维这些范畴，而获得关于它自己作为这些范畴的对象的一个概念。”③

理性的宇宙论——二律背驰

我们现在就可转到康德关于宇宙论的理念的学说了。康德称之为“二律背驰”，因为毕竟理性总不会想出一个宇宙论的理念而同时不想到另一个理念是肯定某东西正面和第一个理念所肯定的相反对的。宇宙论的理念，其目的是要把客观的综合从属于绝对统一的原理，客观的综合是有关于一个所与的出现的东西的客观条件的综合，它追求使所与的出现的东西成为可能的一切条件。康德称这为回溯的结合。他描写理性用来论证这一类型的综合的方法和它所得到的结论。一个受条件限制的出现

① 见康德：《纯粹理性批判》，第二版，第 50～51 页。

② 见康德：《纯粹理性批判》，第二版，第 409 页。

③ 见康德：《纯粹理性批判》，第二版，第 421～422 页。

东西，那就是说一个依靠着使它发生的那些条件的出现东西，除非它的一切条件都是先于它而存在，是不可能存在的。其次，条件系列不能是无限的，因为一个无限的系列，也就是说，一个含有无限数的项，而一项都依赖某另一东西作为它的条件的，不能在有定限的时间内得到完成。结果就是，我们就得要预先假定系列有一个第一项的存在，在第一项是不依靠任何另一东西的，因而就能称为不受条件限制的。像这样，理性就想出这个理念，以为世界在时间中必有一个绝对的开头，而关于空间又必须是有限制的①。因为除非是有空间与时间中一种绝对界限的存在，在这种界限以外，回溯的综合是不必进行的，就没有空间或时间的有限部分能够存在，回溯的综合之可能是依靠有达到其始点之可能的。回溯的综合不能永远继续进行。关于时间是比较容易了解这点的，因为容易看到"任何所与的受条件限制的东西，其条件系列的绝对总和这个先验理念只有关于一切过去的时间而依照理性的理念，作为所与的东西的条件的过去时间必然是被思维作在其整体上被给与的"②。我们在这里看到，对理性来说，是自然要推论说，既然每一所与的片刻都是依靠过去了的时间，那么全部过去的时间必然是被给予的，而时间的系列就必然是有限的了。

要明白何以理性会相信上述的同样是适用于空间，那就困难得多了，因为空间各部分是并存的，因而并不属于一个系列而是构成并存各部分的一个单纯集合而已。可是，看来虽然空间各部分是同时并存的，但是领会到它们的综合是相继的，那就是说，它是在时间中发生的。如果空间的不同部分的这种综合是要在任何时候得到完成，我们就必须加以限制，这就是何以理性预先假定空间的每一部分都为一切其部分所限制，而且假定有回溯的综合能在其上面截止的空间的第一部分的存在。"所以关于限制方面，空间里的进展也是一种回溯，而在条件系列里的综合的绝对总和这个先验理念同样是适用于空间的，我关于出现的东西在空间里的绝对总和能同样合理地进行探讨，正如探讨过去时间中的绝对总和一样。"③

---

① 共一个冲突的正题，从 B454 起。

② 见康德：《纯粹理性批判》，第二版，第 438～439 页。

③ 见康德：《纯粹理性批判》，第二版，第 440 页。

理性在这样证明了空间与时间必须是有限制的之先，又能以同等的说服力来证明这不能是真的，这是一件值得注意的事实。理性想出直接和那第一个理念相反的一个第二个理念，而且尽力去证明它的有效性，那就是说，证明世界在时间中不能有任何绝对的起头而空间又不能有其界限。其论证是如下面那样的，不能有时间中任何绝对的起头，因为如果我们假定有这样的一个起头的话，我们就得要承认一个空洞时间的存在，而这样的一个空洞时间就是绝对未确定的，那就是说，有与无的分别对它是不能说的。可是，如果这样的一个空洞时间存在的话，那就任何东西都绝不会发生；因为所谓“发生”的意思就是指在所与的片刻存在的东西，在以前一片刻是不存在的；但是一个空洞的时间不会有什么性格是我们能借以把它辨别为前于某其他一下片刻的。一个空洞的空间这个理念是同等悖理的，因为如果我们是假定世界为空洞的空间所限制的话，那么世界对于那个空洞的空间的关系就会是它对于没有对象的关系了。“但是这样的一种关系是虚无，而其结果，世界为空洞的空间的限制也成为虚无了。因此，世界在空间里不能是有限制的；也就是在其广袤方面，世界是无限的。”①

我们不必去逐一考查所有的二律背驰，因为在每一个二律背驰里，康德所从事研究的都是同样的事实，就是这个事实，即我们的理性发现不可能容许回溯的综合是有限制或无限制的。理性证明空间与时间是有限制的，每一个物体都是单纯的部分所组成的，按照自然律的因果作用不是唯一种存在的因果作用，而另有别一种因果作用，即自由的因果作用，而且存在着一个绝对必然的存在者。而在已经证明了这些命题之后，理性又进而证明其反面：即空间与时间是无限制的，物体是无限可分割的，按照自然律的因果作用是存在的唯一种因果作用，而且没有绝对必然的存在者在世界中存在。

如果我们要解决纯粹理性的二律背驰，我们就必须估计到两个不可争论的事实：(a)在二律背驰中所显示的宇宙论理念都是基于错误的假定的，因为不然的话，它们不能互相矛盾的；和(b)宇宙论理念都是有某种意义的，因为它们是理性的必然产物，像范畴是知性的必然产物一样，而作

① 见康德：《纯粹理性批判》，第二版，第457页。

为理性的必然产物是能合理地使用的①。

在我们检查所有宇宙论的理念的时候，我们发现它们所共同之处就是它们从为回溯的综合像是本身被给予似的。从这个综合的整体是所要求的这个事实就推断它的对象，即世界，必须是有限的或无限的。可是我们在这里只须记得，按照先验哲学的原理，不能把世界看作自在之物的世界，就是说不能看作一个独立于知道它的心而存在的一个世界，世界是纯然出现的东西，而当我们研究这样一个出现东西的条件时，我们不是研究独立于那回溯的综合而存在的对象。那些条件不能和研究它们的心分开。如果对象的世界是独立于我们的心而存在的话，我们推断说受条件限制的对象只有由于一个不受条件限制的东西的存在而才能存在，这是正确的，但是对于出现的东西来说，这就无效了。

在正题与反题中所犯的错误是同样的，在正题中，理性以为有可能来确定世界为有限的大小量的一个对象，因为综合的原理像是使这样的一种假定成为必需的，而在反题中，理性以为有其可能来确定世界为无限大小量的一个对象，因为综合的原理从不同的方面考虑又像是使那种假定成为必需的。二律背驰的发生是因为没有估计到这个事实，即"条件系列只是在回溯系列本身里才能碰见，而不在出现东西[外领域]里碰见，看作先于一切回溯而作为在其自身并且靠其自身给予出来的一个东西"②。

我们现在就看到，世界是具有有限的或无限的大小量这个问题是完全无意义的。世界只在追求其条件的那个经验的回溯中才对我们给予的；而且既然这种回溯永远不在其绝对的完整性上被给予出来作为是有限的或无限的，所以关于世界的作为这样一个世界是有限的或无限的这个问题是不能提出的。

理念的制约性使用

我们曾说过，康德认为它完全不可能，理性是偶然想出它的理念而这

① 理念的一种主观演绎必定是可能的(B383)，按照理性的原本规律，理念乃是理性的必然产物(B396)。它们不是虚构的并且不是偶然发生的，而且是从我们理性的本性得其根源的(B397)。

② 见康德：《纯粹理性批判》，第二版，第533页。

些理念对于人类知识说来是毫无好处的。所以我们下面的任务就是要确定理念的意义。

像所曾说明的那样,在理性的一切理念的基础上的原理乃是总体性这条原理,宇宙论的理念把这条原理应用于我们对于所与的一个出现东西的条件的追求。在设想一个宇宙论的理论的活动中,我们假定一个所与的出现东西的一切条件,其本身一定是被给予出来的。我们已经看到,这是一种错误的假定,理性错用了总体性这条原理,这条原理的给予人类理性,不是要使它想象它的对象的一切条件都是给予出来的;而是为要刺激它去寻找它的对象的所有条件,我们所当然要做的乃是尽力寻找一切条件的总体,但是这并不是说这些条件是对我给予出来的,乃至不是说我们在什么时候将要能够完成理性的要求的,总体这个理性乃是一个理想的极点,在感性的世界里是永远不能达到的。它是为我们布置的(aubgcgcbnn)任务,而不是给予(glyeben)我们的东西。“既然感性世界的条件系列没有看作自在之物的最高项是通过宇宙论的总体原理被给予出来,而只能作为一种任务被布置而需要在条件系列中进行追溯的,所以纯粹理性的这条原理,得要照这些情况加以修正,然后它才保持其有效性,固然不是作为我们实际上在对象中思维的总体的公理,是作为知性的因而也就是作为主体的一个问题,使之按照这个理念所规定的完整性进行而且继续其任何所与的受条件限制的东西的条件系列之回溯。”①

只要我们把理性的理念作为一条组织性的原理,那就是说作为能够使我们确定一个对象的原理来看,我们就是误解了它的。我们所能确定的唯一种对象乃是属于感官世界的对象,因而是受条件限制的,所有理念所涉及的对象都是不受条件限制的。作为这样的对象来说,它是永远不能为我们确定的,理性的理念必须只看为制约性的原理或者说思想的规则。既然要设想这样的理念,我们就得要超出感官的世界,但是我们不得想象这就给与我们关于超感性对象的知识。理性乃是一些规则推动我们来从一个条件进到另一个条件,而绝不承认这一系列的条件之任何一个是一种绝对的条件。超感性的理念在我们探讨感性世界与其条件的过程

① 见康德:《纯粹理性批判》,第二版,第536页。

中证明其功效,因为它使我们体会到我们所必然一定想到的不受条件限制的东西是永远不能在经验的世界中发现的。“所以理性的理念所能作的不过对条件系列的回溯综合规定一条规则,而依然这条规则,这种综合就必须从受条件限制的东西,通过一切从属的条件,一直进到不受条件限制的东西的那里去。然而它是永远不能达到这种目标的,因为绝对不受条件限制的东西在经验中是不能碰见的。”①

康德的理念学说很明显是和先验感性论与先验分析论的学说紧密地联系在一起的。我们对于这些段落的检查曾把它弄清楚,他的论证的本质就是一切人类知识都含有两个要素,即直观与知性;而是因为这样,所以我们就不能有关于自在之物的知识。我们又曾看到,康德在先验感性论和先验分析论里说明这样一个自在之物的世界之存在这种假定是必须的。在辩证论里,这点就变为乃至更是明显了,辩证论所钻研的心灵能力是理性,而理性按其本性是必须超乎单纯出现东西的世界之上的。它没想到一个纯然理性世界这个理念。我们关于这样一个世界不可能有任何知识,这是自然从感性论和分析论的论证推论出来的,而在辩证论中,康德只能证实这种推断,但是关于理性的理念这种消极的批评,不叫他免除他的责任而不去确定理念的实在意义。截至此为止,我们主要是谈到宇宙论的理念,因而如果我们现在检查一下康德在其里面作出关于他的理念学说的一般概述而且说明一切理念都要看为制约性的原理的那段文字将是有好处的。他在标题为《纯粹理性的理念的制约性使用》的一段中详细地说明这点,而这段文字是包含在先验辩证论的附录中的②。

康德的论证可以转述如下,理性绝不和一个对象直接有关系,它是对知性有直接关系的。这就是何以它的概念,即先验理念,总不容有任何组织性的使用。可是它们有一种重要的而且事实上是必需而不可缺少的、制约性的使用,就是把知性指向某一定的目标,那是它的一切规则所划定的路线集中于它们交叉的一点,这一点乃是单纯的一个理念,是知性的种

① 见康德:《纯粹理性批判》,第二版,第538页。

② 见康德:《纯粹理性批判》,第二版,第670～696页。

种实际上不从而出发的一个想象的焦点，但是它仍然可用来给这些概念以其最大的而结合着最广泛的统一①。在这里康德把关于理念的幻相，那就是说，我们认为它们使我们能知道在可能经验知识的领域以外的实在对象的这种信念，比之于这种幻相，就是在我们相信在镜子中反映的对象实际上是在镜后的时候所发生的那种幻相。在两种情况下，幻相都是必然的，在一种情况下，就是如果我们把知性指向到任何可能的所与经验以外从而想得到它的最大扩充，而在其他一种情况下，就是如果我们除了摆在我们眼前的对象之外，还看见远在我们后面的那些对象②。

康德接着说，理性使用理念只是作为假设的。理念不是组织性的原理而只是制约性的原理，理性是以知性所拥有的知识的系统统一为目的的，但是不得看这个统一为给予的而只能看为一种设计的统一③。在另一段文字里，康德声称必须只把感性世界的事物认为像是从一个最高的理智得到它们的存在似的。所以这个理念只是一种启发性的概念而不是一个实授性的概念④。理念不是从对象的素质得来的主观原理，而是从理性对于对象的知识某一种可能的完整所具有的关心浮出来的主观原性，必须把它们作为单纯准则来看待⑤。对于我们是否有正当的理由来假定一个神圣的存在者的存在这个问题，其答复是以我们所指的是什么意思为转移。因为一方面，我们毫无权利来绝对地假定它，但是另一方面，我们有充分的根据来在一种相对的意义上去假定它，相对地对于我们的理性以及对于理性在其经验的使用上所追求的统一原理来说，上帝这个理念是必要的⑥。

毋需要解释乃至列举康德作为他的主要学说的例证所提出的各种不同的论证，因为很清楚，他在每一个情况下所想要证明的都是一样的，那就是，在理念作为组织性的原理，就是作为能给我们以关于自在之物本身

---

① 见康德：《纯粹理性批判》，第二版，第 671～672 页。

② 见康德：《纯粹理性批判》，第二版，第 673 页。

③ 见康德：《纯粹理性批判》，第二版，第 675 页。

④ 见康德：《纯粹理性批判》，第二版，第 698～699 页。

⑤ 见康德：《纯粹理性批判》，第二版，第 694 页。

⑥ 见康德：《纯粹理性批判》，第二版，第 703～704 页。

的知识的原理来看,和理念作为只是制约性的原理,就是作为对于能认识的主体的心灵的关系上所需的原理来看,这两者之间是有一种基本的区别的。我们刚才曾看到,康德把绝对的假定与相对的假定分别开来。关于这种区别,他这样说:“我们在这里碰见一种区别,对于思维在处理同一个假定的进行上是有其关系的,这是一种有点微妙、可是在先验哲学中是有巨大的重要性的。”[①]这是一种饶有兴趣的说法;因为它说明(a)康德是非常重视理念的组织性使用和制约性使用的区别的,而且(b)他完全识知到这个事实,就是承认这种区别是要依靠承认基本的先验原理的。

我们不能把康德的理念学说和这个学说所依据的组织性原理与制约性原理这两者之间的区别从它的前后文孤立开来。这是一种哲学的一部分,这种哲学是把人类知识看为局限于经验的对象,但是同时也相信经验的世界不能是所存在的唯一世界而且相信必须假定有另一个世界的存在的,这是先验哲学所特有的一种学说,每一种其他的哲学体系要就相信理念给我们以关于实在对象的知识,要就相信理念是毫无意义的。经验主义主张后一种见解,而独断主义则主张前一种。只有我们是假定我们先验的原理才能否定这两种见解而主张虽然理性的理念不给我们以关于自在之物的知识是仍然使我们能够服从属于一个超自然的世界的对象这些理念而探究自然的对象。

依肤浅的见解看来,康德的理念学说是充满着种种矛盾的,而且只要把孤立的说法进行对比而不考虑到整个来说的这个学说,总是会有这种前后不一致的假相的。例如我们可以这样问:依康德说来,先验理念是主观的原理吗? 关于这一点,我们是听见说,理念不过是主观的原理[②],而且它们与对象无涉,所以它们的客观演绎是没有可能的[③],然而在另一段里,康德主张理念是具有未确定的客观有效性的[④];而我们又发现其他的段落,在其里面,他是像把客观有效性归之于它们的。例如在 B679 里面,他论证说我们按照着来寻找统一性的种原理的这条规律是必要的,因为

① 见康德:《纯粹理性批判》,第二版,第 704 页。

② 见康德:《纯粹理性批判》,第二版,第 644 页。

③ 见康德:《纯粹理性批判》,第二版,第 393 页。

④ 见康德:《纯粹理性批判》,第二版,第 691～693 页。

没有这条规律,我们就完全不能有理性,没有理性,就不可能有知性的首尾一贯的使用,而结果就是我们不会有经验性真理的标准。

可是当我们把这个论证整个来考虑时,我们所提到的各种不同的说法之间的前后不一致的假相就消逝了。康德的论点乃是必须以一特种的有效性归之于理念以及理念所根据的系统统一的原理。如果所谓客观概念只是指一个概念,它是使心灵能够确定一个明确的对象的。那就是说,如果我们以客观有效性只归之于知性的组织性原理,那么就必须称理念为只是主观的原理。但是,如果我们把客观原理这个名称也给与制约性原理,即这种原理,它们是理性所必然产生,而没有它们,则我们(那包含着理性为一种必需的要素)的知识就会是不完整的,那么理念就是客观的。

从下面一段文字就可看出康德认为他在范畴(知性概念)和理念(理性概念)之间的区别是何等重要的:"作为在类别上起源上和使用上完全不同的识知的理念即理性的纯粹概念与范畴即知性的纯粹概念,这两者之间的区别,对于要包含着这些验前识知的体系的科学的成立,是这么不可缺少的,因之如果没有把它们这样来分别开来,那么形而上学就是一种绝对不可能的事情或者至多也不过是一种无目的的、笨拙的妄图,想要造成一座厚纸制的房屋而不知道所使用的材料是什么,或者不知道这种材料对于这种或那种用途是否适合,即使《纯粹理性批判》所作的没有别的,而只是把这个区别弄清楚,那么它在形而上学的领域内对于我们[形而上学的]概念的澄清以及对于自然科学的指导,所作出的贡献,要比那一切想要解决纯粹理性的种种先验问题的徒劳无功的努力,即在一切时代中从来没有一点知道他们是在根本上不同于知性的领域的一个领域里工作,因而就把知性的概念和理性的概念相提并论,正像它们是同一个类似的那些人们的努力所作的贡献更多。"①

我们过去在讨论先验辩证论的附录时,曾没有理列的一段是我们现在必须处理的,由于在那里所讨论的问题将要在《判断力批判》里所再提出来的。我们在后面将要看到康德在第三部《批判》对于这个问题的解决

① 见康德:《纯粹理性批判》,第二版,导言第328~329页,第41节。

是不同于他在这里所提供的解决的，而我们应该熟悉他原来的解决，这是重要的。康德的问题可以这样来叙说：自然科学能否利用自然的系统统一这个理念，如果能够利用的话，是怎样利用的？他的论证是这样进行的，理性乃是从普遍推论出特殊的能力，可是在这里有两种可能：要就是普遍的概念是已知的，而在这种情况下，我们所需要作的只是把特殊包摄于普遍的概念之下；要就是普遍不是给与的而只是假定的，即就是说，特殊是确实的，而普遍还是一个问题，只是一个单纯理念，那么我们的任务就是要考查好几个特殊的事例，为的是要把它们统属于一条普遍的规则。我们在这里是有关于理性的假设性使用，因为所包含的理念只是还有问题的概念。

康德接着就说明"理性的系统统一"只是一条逻辑的原理。它的唯一功用就是在知性单靠自己不能成立规则的那些情况下借助于理念来帮助知性，假定对象的素质具有系统的统一，我们就把一条逻辑原理变为一条先验的原理。那就是说，我们就相信这条原理不但是主观有效或者说在对于人类理性的关系上有效，而理性必然是寻求概念的系统统一的，而且又是客观上有效作为对象的原理了。

可是重新一想，理性像是不能假定系统统一这种逻辑原理而不同时假定一条先验原理的。理性只有在这种条件下才能使用它的逻辑原理的，那就是它要预先假定自然对象本身是属于一个系统，或者说大自然本身是遵循一条系统统一原理的。而这显然就是，不能从关于自然对象的经验知识得出来的一条验前先验原理。"我们也不能说理性在按照其自己的原理而进行时，通过对自然的偶然构造的观察就达到关于这种统一的知识。"①

这条先验原理，在事实上，一直总是为自然的哲学家和自然科学家所使用，虽然有时是不为他们所意识到的。从这个事实就可看到这点，就是一直总是假定着自然是按照三条基本的规律而起作用的，而这些规律的每一条都意味着自然的系统统一这条先验的规律的。(a)第一条规律是在这个假定里表达出来，就是说自然中的各种各样的种必须只看为少数

① 见康德：《纯粹理性批判》，第二版，第679页。

的类的不同确定,自然对象表面上的无限多样性并不妨碍我们认为在这种多样性的后面有着基本性质的统一。在一切各种各样的种的后面只有少数的类,而这些类终究是能归结为一个最高类的。这就是同质性的原理。这条原理所规定的规则就是:事物的多样性不得增加(Eautiuw vaitetatlo uoneaal nuwltikplicaudak)。(b)这条类的逻辑原理为另一条原理所平衡,而这另一条原理是要求事物中有其多样性与驳杂性,即令它们在同一个类之下是有相同之处的。按照这条原理,我们就会想到有东西的无限异样性,认为在我们从类开始而递降到包含在这类之下的杂多时,我们是要发现无数的种与亚种,而且我们必不可把任何种看为是最低的。这就是细分的原理而是能这样简洁来陈述的,物品的多样性不得随便减少(Eintuvmvaniltuteo ton teaulil eooe minueudao)。(c)我们的理性所假定的第三条逻辑原理就是连续的原理,这条原理是说原本的诸类并不是互相孤立的。可以把它这样来简洁地陈述:种类之间是没有空处的(wan datum uacum bonmanum),许许多多的类不过是一单个最高的普遍的类的各种划分。类之下的不同的种都是互相连接的,不容有从一个种跳跃而过渡到另一个种的,其过渡都是通过差异的较小的一连续系列的等级的。我们可以清楚地看到,这条连续性原理,又称柔和性原理,是介于类原理与细分或说多样性原理之间的。

这三条原理,按其本身来说,只是逻辑原理:那就是说,它们是为着逻辑的划分起见而被应用的。然而它们是以三条不同的先验原理或者说验前的原理为其根据的。"所以,如果类的逻辑原理要应用于自然……它就预先假定一条先验的原理,而按照这条先验的原理,就必然预先假定在可能的经验的杂多中有其同质性……因为如果没有同质性,则经验的概念,因而经验本身都没有可能。"[①]"细分的规律不能从经验得出,因为经验绝不能对我们视线敞开这样广阔的展望。如果不为先行的细分先验规律所指导,经验的细分很快就停止在杂多的区别上面,而细分的先验规律作为理性的一条原理是引导我们一直总是寻找更多的差别而且乃至在感官不

① 见康德:《纯粹理性批判》,第二版,第682页。

能揭示这些差别时，还是有点觉得它们的存在的。”①“可是种的连续(eontiwaenc zhlciluous)即逻辑的种类的(fomeatuw logicawon)的连续这条逻辑规律预先假定一条先验规律(lea con tinui iu notuna 自然中连续规律)。如果没有这条规律，则前一条规律只会把知性引入歧途，使之遵循一条可能完全和它自己的本性所规定的相反的途径，因之这条规律必须依据纯粹先验的根据，而不依据经验的根据，因为如果它依据经验的根据，它就会迟于所有系统，而现实的事实上，是它自己使我们关于自然的知识中一切有系统的东西发生的。”②

由此可见，康德并不怀疑那些预先假定自然的系统统一的理性原理是真正先验的原理，并不怀疑它们是先于经验而为经验的条件的，然而必不可忘记。他也相信，它们作为理性的原理，不能是别的而只是制约性的原理。

一般的理念——目的论

康德在标题为《一般的理念》的这一段中叙述了柏拉图的理念学说③，它足以说明他理解柏拉图所谓理念是什么为开始的。“对于柏拉图来说，理念乃是事物本身的模型而不是像范畴那样只是可能知识的锁匙。”④他论证说，柏拉图深知道我们的知识能力所觉得需要的是这过于只是按照一种综合——把出现的东西拼出字来，以便能把它们作为经验而读出(Euaeblinengin nach ryntletio cbecEin beit gu buchataeie an guw vie ole Eofahunuy teaen gukonnen)。他体会到我们的理性按其本性是必须超出经验的界限的⑤，而且理念确不是大脑的单纯幻想(Hitngcekukte)。

然后康德说明柏拉图是在实践的领域里发现其理念的主要实例，而处理了柏拉图的道德理念并表示了他和柏拉图关于这些理念的说法同意

① 见康德:《纯粹理性批判》，第二版，第 685 页。

② 见康德:《纯粹理性批判》，第二版，第 688 页。

③ 见康德:《纯粹理性批判》，第二版，第 368 页起。

④ 见康德:《纯粹理性批判》，第二版，第 370 页。

⑤ 见康德:《纯粹理性批判》，第二版，第 370～371 页。

之后，他就接着如下说下去："但是不只是在人类理性显出有其真正的因果作用和理念是(行动与其对象的)作用的地方，即在道德范围里面，而且又关于自然本身，柏拉图都正确地看出从理念而来的一种起源的明白证明。一草一木，一禽一兽，宇宙的安排有条不紊——因之可以说整个自然世界——都清楚地说明它们都是按照理念而有其可能的，而且说明虽然没有一单个被造物，在其个别存在的条件上，是和其品类中最完善的东西这个理念相一致……然而在那个最高的知性中这些理念是完全把每一个被造物作为一个个体，而且把每一个被造物作为不可改变的确定下来，而这些理念就是事物的始因。"①如果我们从这些话推论说，康德在他自己的理念学说中显出对于一个按照理念而创造自然对象的最高知性这个概念有同样的欣赏，那么我们就错了。事实上，他几乎绝不提到这个概念，而唯一的迹象，表示他是赞成这种概念，或者至少表示他并不认为它是不合理的，就是他批评以从设计来论证作为基础的关于上帝存在的那种自然科学证明，比诸他批评其他证明是远不如那么厉害，虽然他是深信，即令自然神学的论证都不能看为一个最高存在者的存在的充分证明，但是他是完全准备来承认。从我们现世界的多样性，从它的秩序，从它的有意图性和美丽，我们是自然要推论到这个世界的最高原因的存在的②。他说："这个证明总应值得以尊重的态度来提出的，它是为时最久远，最易理解，而最适合于寻常的人类理性的。它使自然的研究活跃起来，正如它本身也从自然研究那个来源取得其存在和与日俱新的活力那样，它提示目的与意图时，是我们单靠对自然的观察所没有侦察出来的，而借助于其原理是在自然以外的一种特别统一性这个有指导性的概念，就扩大了我们关于自然的知识，这种知识又对于它的原因起反作用，就是说对把这种知识引导出来的理念起着反作用，而这样就加强对于[自然的]一个最高创造者的信念，其结果就是这个信念取得了一种不可抵抗的说服力。"③康德继续着说，企图用任何方法来贬损这种论证的权威是极端无用的。我们不能说出什么来反对在这种论证里所包含着的合理性或效用，然而我

① 见康德：《纯粹理性批判》，第二版，第 374 页。

② 见康德：《纯粹理性批判》，第二版，第 650～651 页。

③ 见康德：《纯粹理性批判》，第二版，第 651～652 页。

们不能承认它的要求是确实到不容置疑的程度的。“如果那自以为了不起的诡辩家，其独断的口气变为温和一点，而达到足以缓和我们的疑惑，虽不足以令人无条件屈服的那种信仰的适度而谋和的要求，也不致损害这种良好的事情。”①

对于熟悉康德理念学说的主导原理的人来说，康德的这样不承认自然神学证明连同一般的目的论原理的自认为不可置疑的种种抱负，是不足为奇的。他承认目的论原理是扩大了我们关于自然的知识，由于它提供我们以一种特别的统一性这个指导性概念，其原理是在自然以外的，然而这条原理是完全不同于知性的原理的。它只是依据一个单纯理念的，意图这个概念不是知性的概念而是理性的概念，而作为这样的一个概念来说，它不过是一条制约性原理，那就是说，不使我们能够确定一个对象的原理。理念的给予我们，不是叫我们从一个超自然的来源得出我们的世界来，而是叫我们利用这些理念作为我们探究自然世界的原理。

我们必须注意，在《纯粹理性批判》一书中，康德并未适当地把目的论的原理从理性的其他理念分辨开来。这就是何以他应用在它上面的批评是和他应用于其他理念的批评一样的。他用他的批评想要避开的危险就是这个危险，怕我们认为我们能够使用这条目的论的原理作为一条能给我们以关于超感性对象的知识的组织性原理。避免这样的错误是很重要的，因为不然的话，我们就总想去放弃我们深入自然的探究而去依赖我们毫无所知的超感性原因，“这些有害的种种后果，在我们关于一个最高智力这个理念的独断处理上，和在错以它的基础的自然神学系统(即自然神学)上，就越发看得更明白了。因为在这种探究的领域里，如果不去在物质的机械作用的普遍规律中寻找原因，而直接求助于最高智慧的不可摸捉的天意，那么那些在自然中表示出来的目的连同只是我们以之归之于自然的许多目的，就使我们对于原因的钻研变为很容易的工作，而这样就使我们在事实上不过是不用理性时，反认为理性的努力已经完毕了，而理性的使用所需要的指导是完全依靠自然的秩序和一系列的变更，这些变

① 见康德:《纯粹理性批判》,第二版,第652～653页。

更都是按照它们发现为显示出来的普遍规律的"[①]。康德是在许多其他段落里表达这种看法的,我们可以以一段为例——即他在其里面反对独断论而为经验辩护的这一段[②]。他在这段里说到,经验论的不为人所欢迎,以及一般的了解宁可要独断论,这都是由于这种事实,就是独断论让我们离开经验的世界翱翔到远远跑到我们的洞见与理性能力前面的概念上面去,"如果它[即一般的了解]关于这些事情了解的很少或者全无,那么就没有人能以了解更多为夸口的;而且即令关于这些概念,一般的了解不能像那些有特别训练的人那么在学院式的正确方式上来表达它的意思,然而它所能提出的表面上讲得通的种种论证是滔滔不绝的,其实只是在单纯理念之中漂荡着,而关于这些理念没有人知道什么,因而关于它们是可以随意乱说一通的;其实问题是包含着自然的钻研时,一般的了解定要保持缄默而承认它是一无所知的,所以怠惰与虚荣相结合就顽强支持这些原理"[③]。

在另一段里康德说自然中的秩序与意图性必须以自然原因为准标来解释,而且最狂妄的假设,只要它是物理的假设,比一种超物理的假设,像诉之于神圣的创造者的那种假设还较可容忍些。这后一种超物理的假设乃是一种理性怠惰的(igviauavateo)原理,因为我们是不顾一切,其客观的有效性是能在经验的过程中可以确定的原因以便休止在一个单纯理念上的[④]。康德称理念的一切组织性使用为理性怠惰的原理,即不愿做其应有的工作的这种理性的原理(例如 B717 和 B801)。

在另一段里,他谈到滥用的理性(bevuwaxeatvo),他说明曾指出一切理性的理念所以为依据的系统统一这条原理应该只作为制约性的原理来使用。唯有在我们能够在经验中证实它时,我们才应相信我们在它的使用上是接近了完整性的——这完整性是我们永远不能达到的。他接着说,"不用这种方法,就采用相反的进程,有意图的统一原理的实在性不只是预先假定了而且是实体化了的;而且既然一个最高智力这个概念,按其

① 见康德:《纯粹理性批判》,第二版,第 718～719 页。

② 见康德:《纯粹理性批判》,第二版,第 496～501 页。

③ 见康德:《纯粹理性批判》,第二版,第 501 页。

④ 见康德:《纯粹理性批判》,第二版,第 800～801 页。

本身来说，是完全存在我们的理解力量以外的，我们就进行以拟人论的方式来确定它，而这样就强迫地专断地把目的加在自然身上，而不是由物理的探讨途径，来继续探求这种目的更合性的进程。并且这样一来，原是要只帮助我们按照普遍律以完成自然的统一的目的论，就不但趋向于取消这样的统一，而且又妨碍理性完成它固有的意图。这个意图原是要依照这些规律从自然来证明最高可理解的原因的存在的"①。从这一段和其他许多段，都可以见到，在《纯粹理性批判》一书中，并没有在自然的有意图性这个理念和其他的理念这两者之间划分什么界线的。

我们现在可以结束我们对于先验辩证论的检查的，我们从它弄清楚了康德对于理性和它的种种概念的研究证实了这个事实，就是人类心灵是和一切关于超感性对象的知识无缘的。我们的领域乃是经验的世界。另一个世界的存在这个理念对于我们原有世界的知识是必需的，但是作为有限的存在者来说，我们乃至不能企图获得关于我们原有的范围以外的知识。

康德对于这个事实所采取的态度是他的特色，依他的意见说来，我们的不能知道任何关于我们自己的世界以外的东西是不应该使我们沮丧或受到挫折的，与此相反，我们应该感到高兴发现了我们能在其里面工作的范围。我们一切理论知识的局限性是事实，但不是我们要埋怨的一个事实。"如果那自以为了不起的诡辩家，其独断的口气变为温和一点，而达到足以缓和我们的疑惑虽不足以令人无条件屈服的那种信仰的适度而谋和的要求，也不致损害这种良好的事情。"②在《视灵者之梦》一文里，那是第一次揭示先验哲学的问题的一文，我们发现下面的一段话："随着好奇心的每一个冲动而只让我们的无能来限制我们的知识——这是一种野心，对于一个学者来说，并不是不体面的。但是从无数的摆在面前的问题中，选出那些，其解决是为人类打算的，这是智慧的特点。在科学到了尽头，它就自然达到一个适度谦虚的阶段而对于处境不满地说：我不懂得的东西是这么多呢！可是经验成熟了的理性变成智慧时，就以苏格拉底的

① 见康德：《纯粹理性批判》，第二版，第720～721页。

② 见康德：《纯粹理性批判》，第二版，第652～653页。

身份出现很镇定地在市场的百货当中说：我不需要的东西是这么多的！"[①]"但是，既然我们在来世的命运大抵是多半看我们是怎样在今生尽到我们的职责，那么我就可以用伏尔泰使他的忠诚的康蒂德(candiale)在许多无用的学术辩论之后所说的话来结束：让我们照料我们的福利，到花园里去做我们的工作罢。"

① 见康德：《视灵者之梦》，第368～369页。

读黄子通先生《康德的二元论语不可知论》一文的几点意见

韦老在1961年那次座谈会上的发言稿，原有三部分，约1.4万字，经删改，把后面一部分，即对康德哲学中的认识论的看法部分，全部删掉了，并且前两部分也大段大段地删掉了，现在看来(1)第三部分全部删去了，虽然无损于对黄子通先生文章的不同意见，但保留此部分，更阐明了发言者的思想。(2)前两部分大段大段地删节，把一些企图说明问题的内容删掉了，对讨论黄子通先生文章来说是可以删的，但对很多读者来说，似乎尽量保留还更有好处。

我建议编辑组的同志能否考虑更多地保留原发言稿的内容，使读者更能看出当时韦老的思想方法。

希望查一下，这个发言是否已发表过，是否为着发表时要缩短些而删节的。

韦宝锷

1988.1.28

湖北省社联哲学史专业小组举行哲学史问题讨论会，而以黄子通先生在1961年《新建设》9期发表的一文为题，约我参加并提出意见。我对这篇文章准备谈两部分的意见：

1. 关于黄先生所得的结论，和他在论证中所引用的材料的一些意见。

2. 关于黄先生对于康德哲学所提出的见解我的意见。

一

黄先生文章中最后一段所提："康德的哲学体系完全是唯心的"这个结论，没有人会不同意。可是黄先生说，"康德竭力地在摧毁客观实在"，我个人就要根据康德的原著，提出质问了。康德果真是"竭力地在摧毁客观实在"吗？我认为不但根据康德的"星云说"不能得出这个结论[①],而且,即令以康德自己认为完全可以代表他的哲学思想的三大《批判》来说,也不能得出这一结论。《纯粹理性批判》的感性论能够离开外来的东西对感性的激刺而说有直观吗?能够简单地把他的感性论和休谟的现象论等同起来吗?我们只拿他《纯粹理性批判》辩证论里面二律背驰(背反)一章的"先验理念的第一个冲突"来讲,他在那里所谈的"世界"难道是把客观实在摧毁了,或者说是"竭力地在摧毁客观实在"吗?不能这样说,只可说,他承认有客观实在的存在,而不能通过知性(悟性)的形式而知道它。我们知道,康德是一而再、再而三地强调指出:意识到东西的存在和知道东西的存在是两件不同的事情。他屡次强调这个分别,用他爱用的两个拉丁文短语来说明 natio easendi 和 natio cogacocendi 的分别。据我对康德哲学的认识,康德并没有"竭力地在摧毁客观实在",只是主张根据他所说的人类的知性,根据思辨的科学知识而言,客观实在是无法知道的,这确是他的不可知论。但是我们要认清楚,他所说不可知的到底是什么东西,何以那些东西是不可知的;并且要弄清楚,他所说可知的又是什么一回事。这在后面我们再谈。再拿康德的《实践理性批判》和《判断力批判》这两部著作来讲:他谈到人类的意志,谈到道德律,能说是"竭力地在摧毁客观实在"吗?没有客观实在,而只有个别人的欲望,他能谈道德律,能谈无条件的命令吗?再看他的《判断力批判》。让我翻译其中"崇高感的分析"一小段来看看罢:"悬崖峭壁,黑云密布,雷电交作,火山爆发,狂风怒号,海洋澎湃,瀑布飞腾,江河奔放,诸如此类,都是叫我们的抵抗力和大自然的伟大无边比较起来,觉得渺小的。"这里是康德"竭力地在摧毁客观实在"吗?在他的几十部著作中,这种例子是举不胜举的。

关于康德的二元论,从本体论来说,康德哲学确是站在二元论的立场的。但是他的本体论,并没有摧毁客观实在,摧毁客观实在的不是康德而是他以后的康德流派。客观实在摧毁了,便成为黄先生所谓的"现象论"

---

① 那篇文章极为恩格斯所称道,说是在旧的形而上学打开一个缺口,在科学上划时代的一篇文章,在后来天文学上和拉卜拉斯的名字联系在一起而称为"康德拉卜拉斯星云说"的一篇文章。但是这篇文章是康德 1755 年用匿名而发表的一篇文章,是他 1770 年哲学思想转变后,认为不能真正代表他自己的哲学思想的,至少认为是不十分重要的了,那么,对于客观实在存在与否这个问题,就不好拿这篇文章来质问他了。

了。在本体论上讲，康德是现象论者吗？这个问题还有研究的必要。对一个伟大的哲学家是不能简单地随便地给他戴上一顶“帽子”的，因为每每他的哲学思想是多方面的。即令在他谈到一个具体问题时，倒如在康德谈认识论时，也有谈法的阶段性的。可是，谈到康德的认识论，却又当别论。康德认为我们在知性活动上，所知道的到底是什么呢？简单地说，康德认为我们知性所知道的是现象，而不是自在之物。这就可以说他的认识论是一元论，而不是二元论。因为知的是意识，所知的是意识的东西。因之黄先生说康德的“二元论”不同于笛卡尔的“二元论”，虽然这“辩证论”是编在“分析论”之后，而实际上写作是在“分析论”之前的，却不失为他认识论的主要组成部分。我却认为笛卡尔的知识论是二元论，但康德的知识论是一元论，康德和笛卡尔不是在二元论上的不同，而是一元与二元的不同。康德的知识论既然是一元论，又认定所知道的只是现象，现象在康德那里又是与客观实在完全对立的；那么，实在当然不会是意识中的实在，乃是不能进入意识中的实在。其实还不是被驱逐，而是不能进来。客观实在，本体世界的实在，既不能进到意识中来，当然无法可知。但在康德看来，不可知的东西却不等于就是虚构的。

黄先生认为康德的认识论，是正适合资产阶级的需要的。这是黄先生在文章里反复申明，再三论证的。我同意这点：康德的认识论，尤其是康德以后，他的哲学流派把自在之物设法取消了之后，成为本体论的现象论之后，是适合西欧资产阶级的口味的。

可是，我不能同意黄先生说“康德必须为当时的科学创造一套理论。同时，正因为要为当时占统治地位的资产阶级服务，又必须在新的科学基础上为宗教创造一套新的麻醉人民的理论”。

黄先生说“康德接受了笛卡尔的看法”，说“笛卡尔生在资产阶级上升时代，康德则生在资产阶级巩固时代”，请注意：黄先生说的当时，是指德国的18世纪。黄先生的这些话的情况是不符合的。笛卡尔的时代是1596年至1650年，康德的时代是1724年至1804年；笛卡尔生活在法国，康德生活在德国。康德生活在30年战争（1618年到1648年）之后。30年战争是以卫斯特法里亚和约而告终的，实质上是法国的胜利。当时法国的势力向外膨胀，首当其冲的是德国。战后留下来的德国分崩离析，一个烂摊子由于种种外因内缘，经济恢复，还须相当些的时候。恩格斯谈到德国历史的这个时期说道："谁也不觉得好过。手工业、商业、工业和农业都衰颓到了极点。农民、商人和手工业者遭受下面两层压榨：敲骨吸髓的政府和萧条的贸易……一切糟糕、不满情绪笼罩全国。没有教育，没有启发群众智慧的工具……没有多少大量的国外贸易……一切都腐败了，摇动了，眼见就要崩溃了，甚至不能有好转的希望，因为在民众中没有一种能够扫除这种过时制度的腐朽尸骸的力量。"①这像是资产阶级巩固时代德国的描述吗？黄先生那样说的康德时代背景不知是有什么根据？

看起来，黄先生像是要把康德扯到当时的英国去的。不错，18世纪的英国是资产阶级巩固时期。所以黄先生在文章里说："我们在批判康德的时候，不可将康德局限在德国以内……康德企图解决的问题正是英国资产阶级所要解决而不能解决的问题。……康德能读到休谟的著作，英国人也能读到康德的著作。在英国的上层分子中间懂德文的人是很多的，英国人平时对于德国的哲学是非常注意的。"这是事实吗？

首先，请问黄先生，康德当时能读到的是休谟哪些著作呢？休谟1739年出版《人性论》，1748年出版《人类悟性的研究》。根据德人爱尔特曼1888年的《哲学史档案下》和1900年的《康德研究》这两书的记载来看，康德的英语知识是不太深入的，他读休谟的著作是通过德文译本的，而休谟的大著《人性论》要等到1790年至1791年才有雅可白的德译本，而且按康德关于休谟的叙述，像是不知道休谟在《人性论》里谈到数学的见解。足见他在写《纯粹理性批判》的1781年，甚至这书在1787年第二版时，他也还是没有读过休谟的这本书，而只凭卑亚提耶关于休谟《人性论》写得很肤浅的《真理的性质与不变性》一书来理解休谟的。研究康德的专家所得的结论如此，而黄子通先生说"康德能读到休谟的著作"，不知根据何在？

我没有研究过，究竟18世纪"英国的上层分子中间懂德文的人"，而且能读康德哲学作品的是否很多，但我知道黄先生所说"英国人平时对于

① 转引自特·伊·奥则尔曼著《德国古典哲学是马克思主义的理论来源之一》，上海人民出版社，1956年，马兵中译本，第8～9页。

德国的哲学是非常注意的”,这话是不太正确的。他所指的到底是近几十年或是 18、19 世纪呢? 黄先生所说的话十分笼统。他举出爱德华·恺耳特的《康德的批判哲学》出版于 1889 年,麦克司·杜勒的《纯粹理性批判》的英译本出版于 1881 年。

但是,这些书的出版不能证明康德哲学在 18 世纪就畅行于英国了,因为它们都是 19 世纪的出版物,而我在康德文献中就找不着一本英文关于康德的哲学书是 18 世纪出版的。我们应该知道一直到 19 世纪的 70 年代,康德哲学在英国的影响却是微乎其微的。就拿日本人康德哲学的研究者桑木严翼《康德与现代哲学》一书来看罢,该书 12 章曾经谈到康德哲学在西欧各国的流派和影响,谈到英国时,也只提过柯利基(1772—1834)、克利尔(1795—1887)。他们这两个人是诗人和文人,不是正面提倡康德哲学思想的。在哲学思想界中提倡康德哲学的格林为最早,而格林的年代是 1834 年至 1883 年。且听英国牛津大学的教师爱温是如何谈到康德哲学在英国的影响吧。(爱温还算得英国的康德哲学研究者后起之俊,曾著有《〈纯粹理性批判〉简明注解》一书,该书为牛津大学哲学专业学生重要参考资料之一种。)他在《二十世纪哲学》一书中“康德主义”那章里的一段话节译如下:“从来没有英国的哲学家有什么重要派别是称为康德派的。德国的新康德派,大体来讲,在英美的影响是很微薄的……康德思想在英伦三岛可分为四个时期。在第一个很长的时期里,直至 19 世纪 70 年代为止,康德哲学,除伦理学之外,在英国是无人过问的,更谈不到理解它。19 世纪 70 年代开始,康德思想是通过黑格尔的研究才在英国发生影响的。英国的黑格尔流派包括有格林、恺尔特等人,而康德不过是作为到达黑格尔的踏脚石。这是第二个时期……第三个时期是在 20 世纪初,反对唯心主义的时期,人们又注意到康德了。到了唯心与唯实之争快要过去(前 40 年开始罢),大家才再来真正地研究康德。”黄先生由于当时的印象就认为“英国人平时对于德国的哲学是非常注意的”。可是把时代远远地弄错了。

黄先生说:“康德哲学的核心与英国哲学是分不开的。”在某种意义上,和在康德谈到因果律与道德律这两个问题上,黄先生这个提法,大体上是正确的,而且是研究西洋哲学史的人都知道的。康德不是说过休谟把他的迷梦打醒了吗？可是，黄先生遥溯英国哲学从洛克起到休谟的时候，对于贝克莱一字不提，好像洛克的物之两类性质“到了休谟，就取消了第一类物性与第二类物性的分别”(黄文第52页)。凡研究西洋哲学史的人都知道贝克莱在1710年出版的《人类知识原理》一书里已是取消了洛克两类物性的分别，那是休谟的《人性论》出版的前29年，黄先生何以从洛克一跳而到休谟？

说“康德哲学的核心”是否和英国哲学分不开，就要看黄先生把什么看作康德哲学的核心了。如果以因果律的研究为康德哲学的核心，那就把主从混淆了。不错，休谟关于因果律的见解曾把康德的眠睡唤醒，康德自己是这样说过的。但是他的眠睡是什么呢？我们知道是伏尔夫(1679—1754)所修改了的莱布尼茨哲学，在康德时代称为莱布尼茨伏尔夫的哲学的。这是康德在大学时期他的导师克鲁曾所传授给他的哲学体系，虽然他一直想在自己的思想中摆脱这个影响，可说是他的“眠睡”罢，而始终还不能完全对它无情，却从它的轮廓中挣扎出来自成他自己的哲学体系的。很奇怪，黄先生在谈康德哲学产生的历史背景时，花了文章中比较长的篇幅，而不提到莱布尼茨和伏尔夫，这是令人不解的。

二

黄先生对于康德哲学体系的批判，据我看是从“康德的哲学都是以主观经验为基础的”(黄文第56页)这句话出发的。这是正确的。但是黄先生接着就说，“范畴等等是掩护主观经验的方法”，这就有问题了。什么叫做“掩护”？难道主观经验不需要“范畴等等”吗？黄先生关于这点，翻译了斯密司《纯粹理性批判》的英译本第223至224页的一段。黄先生的译文是不大正确的。为便于了解，我把这段文字翻译如下：

“有一条规则，按照着它各个意识中的表现在其相继续之中，就是在其发生之中，是为其前面的情况所决定的。我得要以这条规则为准标，才能使我的领会的主观综合变为客观的。只有在这个假定上，关于事情的经验(就是关于任何发生的东西的经验)才成为可能的。”下面接着就是按黄先生翻译的一段原文，我重新译的如下：“大家承认的见解乃是，只有通过感觉到事情多次重复着紧紧跟在前面发生的表现，而又通过这些事情发生的比较,我们才能发现一条规则,是一定的事情始终按照着来紧密跟在一定的表现之后的。而且大家并承认,我们为自己第一次构成原因这个概念是按着这种方法的。可是,如果是这样形成的概念,这概念就会只是属于经验的,而它所提供出来的规则,说凡发生的东西都有一个原因,那就会是和它所根据的经验那样,成为可以是这样又可以不一定是这样的了。既然这条规则的普遍性和必然性不是在经验之先就有根据的,而不以归纳法为根据,规则的普遍性和必然性,就不过是假定的,而没有真正的普遍有效性了。关于规则的普遍性和必然性是这样,其他纯粹验前的表象,例如空间与时间,也是这样。我们之能从经验抽出关于它们的清晰概念来,只是因为我们事先已经把这些概念放在经验里边去,而且经验本身是只借助于这些概念才能发生的。无疑的,决定一系列事情的规则这种表象的逻辑清晰性,只是在我们曾把这规则用在经验上之后才是可能了解的。然而对于这条规则的认识,作为在时间中诸表现在意识中的东西之综合统一的条件,也就是经验本身的根据,因而验前就已是在经验之先的了。"

黄先生根据康德这一段文字,就得出结论说:"康德在这里无非要说明在经验中并无必然性的先后,因此,也就是没有因果律。因果律是主观的规律反射到经验中去的。康德所谓'先验'(我译为'验前的',和译为'先验'的德文名词有别)'规律'不过在主观作用上加上一玄妙的名词而已。"我们能够接受黄先生的这种见解吗?就是只是仔细看看黄先生所引的一段文字,我们也不能同意黄先生的说法的。首先,康德不是说:只以归纳法为根据,昨日,前日,一直到现在事情在经验中发生的先后次序是这样,我们有理论的保证,原理上的保证,明日事情的发生不会是另一个样子吗?欧洲人曾有一个很长的时期认为天鹅都是白的,如同我们说天下老鸦一般黑那样,可是发现了不是白的天鹅了。天下之大,我们能保证没有不是黑色的老鸦吗?"天下老鸦一般黑"这条规则,依康德说来是"可以这样,但不一定是这样的",一般说是"偶然的",而这里的"偶然的"从德文一词即"不一定"的意思来看,为了求得科学知识的保证,康德才进行《纯粹理性批判》的研究的,他要知道在什么条件之下,从经验得来的规则和规律不会像是经验那样是不一定的,而是有其普遍的必然性的。康德从来没有否认过在某些科学部门里,如他所举出的数学和自然科学,尤其是物理,实际上是已经有了普遍有效的必然知识,在这点上,他不是怀疑论者,更不是不可知论者。我们看看他在《纯粹理性批判》一书里所提出的主要问题,不是验前的综合判断有没有可能,他绝对承认是有无数的事实证明这种判断的可能而且是现实的,可是他的主要问题是:验前的综合判断是怎样成为可能的? 他的问题不是事实存在的问题,而是求知道如何保证我们必然是认识事实为这样的问题。不弄清楚这个分别是不容易理解康德的哲学,尤其是他的认识论的。

康德不是否认因果律,他是要问因果律从何而来。如果说是从经验归纳出来,他首先就认为归纳法不是科学知识的保证。其次他又认为,不先有因果律这个范畴的预先假定,就无从得到和了解某些经验。孰先孰后,验前验后才是康德问题的焦点。黄先生好像不十分注意到这点,于是提出那种不了解康德思路的说法。例如他说康德的因果律不反映客观实在。其实,我们在上面已经谈过,以认识论来说,康德是一元论者,在人们的意识中没有不是属于意识的东西,本体论的客观实在不能到意识中来,而因果律,作为康德的范畴之一的因果律,怎会和这个本体论的客观实在有关呢? 黄先生说:"在康德哲学中很难找到唯物论的东西。"还说到:他的经验只是主观的经验,这种经验是没有来源的。对黄先生的这种说法,我也谈谈个人的看法。

康德所说的经验的确是属于意识的。从这点说来,可以说他的经验是属于"主观"的,可是不能就说这种经验没有来源。康德有一句被人们喜欢传诵的名言:"没有思维的直观是盲目的,而没有直观的思维是空洞的。"意思是说,要使从外边的存在(客观实在罢),所得的感性素材有其意义,为人所理解,就必须加上理性(或说知性)的成分,但是只凭知性的活动而得到的东西,如果不是在感性素材的基础上,不是有其不可或缺的从客观实在而来的素材,那种思维,那种光凭知性活动所得的东西,是空洞的,因之《纯粹理性批判》首先就有"先验感性论"。它称为感性论,是因它所谈的是经验的来源部分,而它又称为先验的,是因它要有先验的成分与来源的部分相结合,才能到经验中来。问题不是从何而来(这一点康德已经肯定,并且一贯坚持地肯定是从自在之物而来的),问题乃是怎样来的?

如果根据客观实在的东西，不由人们的意识而独立存在的东西可以称为唯物的东西，那么何以在康德哲学中很难找到唯物的东西呢?

黄先生说，“康德的经验是不能达到‘实在’的”。根据我上面的意见，如果没有曲解了康德的思想的话，康德一元论的知识确是不能达到本体论的实在的。但是不能因之就说康德的“实在”是“矫揉造作的虚构”。康德哲学的“实在”有两种意义：一、人们的悟性所不能达到的自在之物；二、不是因人而异的认识，而是在相同条件下“人同此心，心同此理”的认识，人类可以一致承认的知识。我们能够说这种实在是“矫揉造作”的吗? 如果是“矫揉造作”的，康德就会说它不是实在而是虚构的了。我认为康德的现象不是像黄先生所说是和实在隔绝的，可是依康德的说法，我们意识中的东西都是现象，都是在意识中表现的东西，但是这些东西不是幻相乃是表现，英文有翻译为“表现”，又有翻译为“现象”的。而意识中的现象，或说表现，是有感性素材为其基础，与实在有关的，否则康德就称之为“幻相”。表现以之为来源的实在是存在的，可是却不能为意识经验把它纳入自己的系统中来，因而是不可知的。康德之所谓不可知就是不能纳入知性知识中来的意思。它是可以思维得到，但是不能通过知性而知道的。因为不能知道它，所以就不能以范畴，即知性的纯粹概念，来述说它，所以从“纯粹理性”的观念来说，它是不可言说的，像佛学中“如来”、“涅槃”这种观念一样，不可说，无可说的，因为不是属于我们可说的系统的，但它的存在虽是不可思议，却是不能置疑的。

黄先生又说：“‘实在’根本不存在，因此，除主观的现象以外就没有别的东西了，除了经验以外，也就没有实在了。”关于“实在”根本不存在这一个论点，上面已谈得不少了，我们不能认为不能知道的东西就是不能存在的东西，我们不像贝克莱那样说，存在是被认识。至于黄先生说“主观的现象以外就没有别的东西了”，这句话更值得商量，因为黄先生肯定了康德在现象以外所承认的实在 noumeuon 是虚构的。黄先生(在第 55 页)并说“康德所创造的这个词原是从希腊文 noeo 来的，只是‘现象’的反面，即‘非现象’的意思”。他是根据《牛津简明词典》的说法的。《牛津简明词典》并没有说 noumeuon 是康德创造的，而是说“康德用来作为和‘现象’对比的”。我顺便翻翻我书桌上一部希腊文词典，有 nou-menia 这个希腊词，是“觉悟”、“思索”的意思，原来是柏拉图在他的《理想国》一书 508C 上用作为和感觉对象相反的意思用的。这正是康德用 noumeuon 这词的原意。我们不应随便批评康德使用古典语文的方法。他精通拉丁文而兼通古希腊语。他的所谓 noumeuon 或 noumeua(复数)确是作为和“现象”相对比的名词用的。在这种地方，他就用这个词，而是作为感性素材的来源解。他一般是用自在之物。这两词在他看来，一是希腊语，一是德语，是同义词，而用法不同。“自在之物”这词才真是康德自己创造的。在《纯粹理性批判》第一版第 248 至 249 页，他下了“现象”和“本体”的定义。他说：“表现，就其按范畴的统一性作为对象思维时，就称为现象。但是，如果我设定某些东西只作为知性的对象，可是能够作为知性对象而给予一种直观，但不能给予一个是感性的直观的——因之是给予直接智性的直观的——这种东西就名为‘本体’(即可由理智而理解的)。”那么能说 noumeuon 是虚构的吗？毋宁说是康德不能把人类的思维活动死死地局限于感性世界。综合的统一性，力求人类知识的完整，把统一性贯彻到底，势必冲破感性经验的樊篱，而达到超感性的境界，那就是本性的境界，这是理性活动由果索因必然的趋势，根据人类理性的本来性质，不是康德故意虚构的。理性的这种活动，把知性的认识，科学的领域，一直向前推动，不以现有的知识为满足，是有其积极作用的，否则人类知识永远不能发展了。

但是康德的自在之物，究竟如何去理解，这问题就大了。康德以后的哲学家，费希特、黑格尔、叔本华一直到许多康德哲学的流派，有的是这样理解，有的是那样理解，聚讼纷纷，莫衷一是，还有许多人想要把它取消掉的。可是至少不能把这个理念取消，取消了它，就是康德所反对的贝克莱主义了。他是始终坚持自在之物的存在的，因之他自己称他的哲学为先验观念主义。

最后，关于黄先生的文章，还有一点得要提到的。黄先生说，康德反对笛卡尔所谓从中古时代遗留下来的用本体论证明上帝存在的方法，这是正确的。康德把经院神学家 12 世纪安瑮提出而为笛卡尔采用的本体论证明予以推翻，一并把其他流行于当时的证明也推翻了，这是康德的得意之作，主要是指出“存在”这个观念不能包含在概念之内，而必须从感性的直观得来。但是黄先生说康德“用自由意志来代替形而上学”那就错了。康德的自由意志这个理念不能证明上帝的存在,他只是说有道德律就有“应该”,而“应该”是以自由意志为先决条件的。可是“应该”的完全做到得要有某些设定,而上帝的存在是这些设定之一,但是设定不是证明,这是康德交代清楚的,一般西洋哲学史教科书和西洋伦理学教科书,把这点弄模糊了,而黄先生也就以讹传讹。

黄先生在文章里(第55页)说“康德的道德学说是反映了资产阶级的个人自由主义。这是资产阶级自由竞争,个人图利的核心”。果真是吗?黄先生大概至少是读过康德的《道德形而上学基本原理》(唐钺译为《道德形上学探本》)和《实践理性批判》这两本书的。康德首先把欲望和道德律的遵守严格地分开,因满足欲望而作的行为是完全没有道德价值可言的。能把这和“资产阶级自由竞争,个人图利”等同起来吗?

黄先生在文章里又很简单地谈到“康德所谓‘目的的王国’”,而说“在‘目的的王国’之中,在猎取利润的自由王国之中,康德是一个一元论者”,我不知黄先生这句话是什么意思。我手边可惜没有唐钺先生的《道德形上学探本》,姑且自己翻译康德在那本书里关于“目的的王国”一段,请大家根据它来评定黄先生说法的是否正确罢。康德写的是:

“因为所有有理性的存在者都从属于这条规律,即每一个有理性的存在者必须把自己和一切其他的有理性的存在者永远不只作为一种手段,而是在一切场合中同时也作为本身是目的来看待。结果就是有理性的存在者由于共同的客观规律而结合为一个有系统的统一体,就是一个王国,这可以称为自己的王国。”能够根据康德摈除了一切私欲的严格道德律而在有理性的人一个有系统的组织里自由竞争,猎取利润吗?黄先生在他的文章里提出的论点,大都是用这种论证来说明的,有意无意地作了曲解,甚至不管康德的原文。这是令人不解的。

我没有足够时间好好地组织这次发言稿,啰啰唆唆地谈了一大堆,是否妥当?请教正。

康德在学术活动的四十多年岁月之中刊出过好几十篇论著,始初他是从事于自然科学的研究的,而很快地就把主要的注意力转向到方法论来,批判了当时的形式逻辑。到了1770年,他46岁中年的时候,在他的教授职论文里,就正式开始批判哲学的探讨,以莱布尼茨的哲学体系为基础,受到休谟的启发而写成他的三部《批判》和与之有关的,不能说是完全次要的著作。《判断力批判》一书是他66岁时才写成,完成三《批判》越来越唯心主义的思想体系,可是始终没有完全放弃他以之开始的唯物思想这一方面的。73岁高龄的老教授退休了,这之后三部书,包括他的《逻辑》一书在内,都是别人编纂他的讲稿而成的。《形而上学讲义》一书还是他死后17年经过别人的编纂方出版的。

康德的著作中所涉及的学术面很广,我因时间和水平的限制,只按他的三部《批判》来谈谈。

三部《批判》是有机地联系着的,不能孤立地分开来看,但为了介绍起见,姑且分别来扼要地提出几个重点。

在《纯粹理性批判》的《先验感性论》里,康德是要得到他所称为的客观真实性。这不能由经验的分析而得出来,而是在经验的综合过程中表现出来,有普遍可靠性的东西。依康德的说法,空间与时间的真实性只是现象的,因为只是在经验的范围里边,而不能把它们扩充到经验范围以外的,不能拿来谈自在之物的。这是他的数学学说的基础。

在全书的先验分析论里,康德研讨的是概念验前的形式。这些验前的形式是经验范围里一切知识所必需的,是现象性的真实所必具的形式,只能如空间时间一样,只是在经验的范围内才能使用的,因之关于自在之物,知性是无能为力的。康德只得说,关于自在之物,我们凭着知性,是无所知的,我们在知性的知识范围之内,也不必去知道它的,故不知亦不为书。这是康德认为为自然科学奠定了基础。

可是,康德认为对一切知性的知识来说,综合是它的普遍形式,综合的统一性是一切知性活动的先决条件,康德称之为纯粹统一性。《纯粹理性批判》的先验辩证论就是从这个纯粹统一性出发的。理性把这个统一性贯彻到底,由事物发生的条件追溯条件的条件穷追到现象范围以外,势必冲破经验的樊篱而达到超感性的境界,那就是本体的境界了。但是自在之物不能通过空间时间和知性的范畴,按照知性知识的原理,而到我们的意识中来,因之就不是,也不能是经验的对象。我们对于自在之物,只能有一些没有感性认识基础的理念,而产生的问题都是一些纯思辨的问题，是经验所不能解答的。特别二律背驰是这样发生的。康德的认识论，以《纯粹理性批判》一书来讲，是这样的结束的，结束出来一些盖然性的东西，是知性不能予以积极的肯定的。

到了《实践理性批判》，上面留下来的盖然性东西，不能靠知性予以肯定的东西，通过道德实践的意识，就成为可以确定的了，虽然不是在知性知识的形式上得到确定，而是在人们行动的实践上，作为行动的指导性的信念而得到确定的。

人们通常把信念和宗教的信仰联系起来，而说康德提到信念就是谈宗教信仰。不错，康德是一个宗教信徒，然而不是一个顽固的正宗宗教的信徒，他 69 岁出版的《单纯理性范围内的宗教》一书就证实这一点。而他在《纯粹理性批判》的第二版序文曾说过："因之我觉得有必要来扬弃知识，为得要使信念有其他位。"他这句话引起了多少误会，原因是在于这句话里面两个词的解释和翻译。一个是德文的 aufhehen，一般译为"废去"，其实应该译为"扬弃"，即提高因质变而消失其原有性质的意思，是黑格尔后来在辩证法里很爱用的一个词。像蓝公武先生把它译为"否定"，就失去了康德的原意了。第二个是德文 glauben 这词，它是复数前置词受格，原词形为 glaub，可作为"宗教信仰"用，也可作为一般的"相信"用，例如"我相信你所说的"。康德说这句话时，不是在谈宗教而是在谈形而上学和道德的实践，所以我们应从第二种意义来理解他的 glauben 这一词。他是要说，在道德的实践上，我们不能拘于知性的知识，要每每是要相信某一种行动是应该如此的。纯粹理性和实践理性不是完全同一的，因为所谈的问题在性质上不相同。

可是，纯粹理性和实践理性，同是人类的理性，知性的知识和道德实践上的知识，同是人类的知识，是不是相互矛盾的呢？康德在他第三部《批判》，即《判断力批判》里就想要调和知性的意识和道德实践的意识，使它们在更高的统一性之下统一起来，他想要通过情的作用而把知和意统一起来。所以《判断力批判》是表示他的人生观和宇宙观的，是他哲学体系的顶峰。因之我们在上面说过，康德的三部《批判》是要联系在一起来看，不能把它们割裂开来，否则就是以管窥豹了。我的冗长发言就到此为止。

康德哲学——附录:新康德主义

新康德主义和康德哲学不是同一回事而是两回事,虽然在某一定意义上新康德主义是从康德哲学演变出来,但是它根本上是不同于康德哲学的。

我过去在学习和研究康德哲学和康德的原著时,并没注意到新康德主义,即在世界第二次大战后,美英各大学的哲学系课程中,也没有列入新康德主义的。因之我对于新康德主义的知识,极为缺乏,搜集的材料和参考书籍等于零,但是,新康德主义在19世纪后半叶颇为盛行,其流毒延蔓到日本,从而输入我国,但没有引人多所注意,因为美英派的留学生对之不感兴趣,而一般的知识界在偶尔接触到它时,只把它作为康德思想看待,也就忽略过去并未加以分析区别开来。

我在这段的附录中,主要是根据卢波尔等著李申谷中译的《五十哲学思潮》这书,生活书店1939年版第251~384页的。

早在1847年,德国的神学家们便提出"回到康德去"的这个口号,其主旨是在于反对当时在德国流行而盛行于法普战争以后的各大学里的黑格尔派的。到了19世纪90年代,新康德主义便成为德国大学的正式哲学,即成为德国大学的官方哲学了。更严重的,那时第二国际的官式哲学也就是新康德主义,因为其时新康德主义的观念已浸入了自然科学、数学和社会科学了。以后,新康德主义并浸入到苏联的一般哲学界里,而且在世界第一次大战后,资产阶级就越来越多地利用黑格尔,助长了新黑格尔主义,所以宗教界的僧侣和神学家就更加努力宣扬新康德主义作为一种对抗的手法。

关于康德本人所讲的哲学,我们曾在本文里作过一般肤浅阐述与批判。康德标榜他的哲学为所谓批判哲学,在认识论中,他始终认为关于刺激人类感官而引起感性直观外在东西,是人类理性所无法认识到的这种不可知论,而且认为人类知识的基本原理,不能是从经验得出而是在一切经验之前便得要认定为原理的,于是就形成他的反动唯心主义的先验论。

这些观点，就是康德哲学的最主要的观念，导致哲学，尤其是导致认识论的一些极难解决的困难的。

即在康德还没死以前，德国哲学家，赞成他的也好，反对他的也好，都感觉到他的“自在之物”是叫认识论最为苦恼的障碍物，势必要予以否定的。例如费希特在1799年就已明白地声明“不可能有独立于思维主体的‘自在之物’的存在”。这是在康德死前的五年，几乎和费希特同时而稍后的另一个德国唯心主义哲学家谢林是宣扬其所谓“同一哲学”的。依他的“同一哲学”说来，谢林断定，存在与思维、物质与精神、客体与主体的绝对同一作为万物的始基，“最高的本原既不是主体，也不能是客体，又不能是主体和客体，而只能是绝对的同一性”，那么康德的“白在之物”当然是被在摈除之列的一个观点了。黑格尔的哲学体系是从绝对精神出发的，几百年无不是这个绝对精神或说绝对理念的表现，从而形成他的绝对唯心主义哲学体系，存在与思维是绝对同一的，这就不能给“自在之物”以任何的地位了。新康德主义是沿着这条唯心主义哲学路线在19世纪70年代开始蓬勃地在德国发展起来的。

19世纪70年代是德国的一个什么时代呢？简单地说，1848年革命，替普鲁士打开了资本主义发展的道路，到了19世纪50到60年代，德国的经济进步便开始了，然而德国还远远没成为一个资本主义的国家，德国在政治上还是分裂的。为了德国的经济发展，国家的统一是其先决的条件，而1871年普法战争的结果实现了德国的统一，而且从法国获得了五十万万的赔款，作为经济发展的资金，使德国在一个较短的期间内从一个落后的国家转变为一个先进的、强大的殖民主义帝国，和当时的英法并驾齐驱了。可是德国的这种资本主义的经济发展造成了二千万无产阶级，有着其自己的党、自己的革命传统和自己的革命理论，就是马克思主义，这对于当时德国的资产阶级和掌握政权的地主阶级是一种威协。新康德主义于是就应运发展起来，为统治阶级服务，成为资本主义和帝国主义的哲学。

新康德主义是什么样的一种哲学？其特点是什么呢？

新康德主义并不是“回到康德去”的唯心主义哲学，而是比康德哲学更为唯心、更为反动、更加反对唯物主义的一种哲学流派。它首先主张要取消康德认识论中唯一薄弱的唯物主义的“自在之物”这个基本环节，完全以唯心主义的认识论作为其思想体系的中心，极力使哲学理论和外在的物质相隔离，并且认为本体论不是哲学，因之就拒绝不去理会它，然而却妄图利用实验科学的新成就作为掩饰，声言是把哲学建筑在实验科学上面的，到了近代在数理逻辑蓬勃发展时，并尽力使用数理逻辑的种种公式与原理而且拉拢了某个别的数理逻辑家为它张目，例如英国数理逻辑权威罗素就已滑到新康德主义的边缘去的了，我回忆听罗素的课，就发现这种情况。

然而新康德主义和康德哲学却是有其血缘的关系的。新康德主义者，像康德一样，认为物质实际是不可认识的，物质这个观念由于它是不可认识的，就应该从理论哲学范围里排除出去的。

其次，新康德主义者是采取康德的先验论的。他们一致认为认识的形态和认识论的基本原理，在其对认识的素材来说，是在一切认识上，至少是对人类的认识来说，是先定的，是使认识成为可能的。

复次，这还是最关键的一点，新康德主义者主张要把康德的批判思想贯彻到底，使之达到康德本人没能达到的逻辑结论。他们宣扬要“根据休谟来改造康德”，这就说，他们认为，比如康德对“自在之物”的不可知论还不如休谟的彻底。他们是从右面批评康德的，认为休谟才比较正确，拒绝不谈任何认识关系上的客观宇宙，直截了当地只宣布经验以外的范围为完全不可知的范围。他们自己认为整个宇宙为纯粹形而上学的范围，和纯认识，和实验科学毫无关系的范围。

新康德主义有各种不同的派别，其最主要的是两种：

(1)马堡学派，(2)佛锐堡学派。

每一个学派都是按照自己的方法加深康德哲学的唯心主义趋向，丝毫不考虑到与当前的实际结合的。

(1)马堡学派——H. Cohen　　kindel

Paul Natorp　Ernst Casscer

1)马堡学派的代表人物。

2)马堡学派的不可知论：它不否认外在世界的存在，然而也不肯定其存在，它认为这是形而上学的问题，可以置之度外的。

3)马堡学派是代表唯心主义的,因它宣布科学中的宇宙是思想自发活动的结果,因而用理想的宇宙(认识的结构)来代替实际的宇宙。

4)马堡学派是反辩证法的形而上学。它的一个代表托尔卜(Natorp)说:"我们在极大程度上接近于伟大唯心论者,特别接近于黑格尔。"另一个代表雅科芬科并说:"黑格尔与康德都是科亨(Cohen)的相同来源。"而且又说:"科亨根据黑格尔改正康德……以黑格尔来增进康德并以康德来增进黑格尔。"他认为康德给科亨以科目,而黑格尔则给他以方法。可是,马堡学派及其所属的修正主义营垒中的新康德主义者实质上是轻蔑地糟踏着黑格尔的辩证法的,纵然黑格尔的辩证法原是唯心主义的。

(2)佛锐堡学派——W. Wundt 冯德

吕克迪=李伽尔特

(Rickert)

1)佛锐堡学派的代表人物。

2)佛锐堡学派比诸马堡学派更为注重认识论。但是这个学派和马堡学派之不同:马堡学派是借口从自然科学出发,标榜为把哲学建筑在自然科学最新的成就之上的,而佛锐堡学派则认为哲学(即认识论与逻辑)的等义科学不是自然科学而是历史。其任务是:确立认识的自然科学所构成的界限,从而捣毁自然科学方法的普遍性与唯一科学性这个观念,来消灭它认为是对自然科学宇宙观的幼稚信仰。"逻辑学理论是反对自然主义的斗争的武器,是促进唯心主义哲学建筑在历史上的武器。"①

佛锐堡学派的另一个代表人物芬得尔板(文德尔班)指出,康德的最大功绩是在于他证明了数学方法之对于哲学的欺骗性与不适合性。他认为,必须绝对反对以数学来限制哲学,并说不能称逻辑为数学,而应该称数学为逻辑②。

佛锐堡学派是从一般否认马堡学派的理性主义出发的。他们否认马堡学派所倡导的思想自发活动以及自我发挥的纯理性的与逻辑的科学知识。他们坚持必须使认识的直觉的经验材料区别于认识的理性的逻辑因

① 见佛锐堡学派代表人物吕克迪的《认识的自然科学构成的界限》。

② 见芬得尔板的《新哲学史》。

素。吕克迪指出:"对康德来说,感觉是无形态的材料,是简单的内容,而对于我们来说,它是在已定性形态内的内容。"①这是和佛锐堡学派之否认"自在之物"联系着的。

3)但是何以佛锐堡学派必须使哲学依据历史呢?他们认为,事物仅只在观念的活动中才存在。并没有什么"自在之物"。事物这个范畴("自在之物"就更不用说)是认识论所绝对不需要的。认识论仅只涉及人类经验,利用纯形式以改造这经验,而与"自在之物"毫无关系。

4)然而既否认了外在宇宙之存在,佛锐堡学派又怎样解决主体—客体问题呢?

吕克迪是用一种极端复杂的办法来解决这个问题的。他把主体—客体问题的一切可能的了解分为三个系列,而对每一系列加以考察,从而找出那最能适合批判主义的理论认识问题提法的一种,结果是获得认识论主体的范围以及认识论客体的范畴。由于这种办法的复杂性,我们在这里不去管它了。其实,佛锐堡学派之扩大康德的"先验统觉"的意识,是在于他们主要地模仿了费希特,把这意识转变为"我",转变为认识论的主体,而认为这主体就是整个客观宇宙的接受器,而这个客观宇宙也就是"我"这个主体的内在内容,这样来企图克服存在与意识的"形而上学"二元论。但是,依佛锐堡学派的说法,"除了那些成为认识本身或认识的主体的内容之客体以外,就没有其他的客体了。……除那直接已定于观念中的存在之外,再不承认其他存在了"(吕克迪语)。这显然就是赤裸裸的唯我论。

那么,吕克迪又怎能避免唯我论呢?

他说:"宇宙不是我的意识,是无间断的意识,因为这不是个体的经验的主体的内容,而是在个体之上的超经验的认识的主体的内容,是一般意识的内容。"(见吕克迪的《认识的对象》),另一个佛锐堡学派的作者修培(schuppe)也是这样写道。详见他的德文本(省略一组德文——编者注)②。

---

① 李凯尔特:《认识的对象》。

② 吕克迪:《认识论概论与逻辑》,第34页。

为了避免唯我论，吕克迪还提出他的双重真理论的学说，这也就是哲学理论和科学实践的分裂（整个资产阶级哲学的特点）。“哲学不停顿科学。自然科学理论在其自己的范围内是好的，但是在认识论里却是无意义的。哲学的趋向、方法与对象，是完全与特殊科学不同。”

这不是遁辞又是什么呢？

佛锐堡学派反对马堡学派之把哲学建立在自然科学的基础上而提出他们自己从历史出发的说法，结果是在主体—客体问题上陷入唯我论的泥沼中，于是就又企图以双重真理的说法来弥补他们的缺陷，终之只有以上述的遁辞为结束。由此，我们就又得到一种实证，说明唯心主义的认识论是无法说得清楚，真理究竟是什么一回事的。他们和其他的唯心主义认识论者一样，绝对不能懂得马克思主义辩证唯物主义的反映论的，不懂得根据这个正确的为科学所反复证明的反映论，并不是肯定实际中的全部杂异性是可以在一个或几个认识行动中所能了解无遗的，而是表现着一个历史发展的过程，不是一个子的行为就每次都能掌握着真理的，而只有在相对真理的积累中，人类才能认识到绝对真理，而且绝对真理是一道长河，越发展就越加深其体系的。

由于佛锐堡学派是一种新康德主义的极端唯心主义的流派，他们不但不能接受马克思主义的辩证唯物主义的反映论，而且千方百计地去寻找自己的另一种认识论的出路。

首先，他们如我们所看到，曾试图利用费希特的“我”这个观念来构成他们的宇宙观而陷入唯我论，终究不能自拔，于是他们就再想发挥费希特的意志中心论和目的论。

诚然，康德在其三部《批判》中，尤其是着重地在《实践理性批判》中，曾表示出实践的理性是重于理论的理性的，但没有明显地把实践的理性作为原则而包括于认识论本身和纯粹理性之内。康德也曾发挥过，特别是在《判断力批判》的最后一部分里发挥过他的目的论，但是始终却未曾把目的论看为是构成其认识论的因素。因此，新康德主义的佛锐堡学派就只得在费希特的哲学里寻找其意志中心的认识论根据了。

费希特认为“我”的实践特性是作为意志有其活动的倾向的。因为“我”的本质是“自为的存在”（即只反映自己的），而反映需要客体，因而

"自为的我"就要求有客体的存在,而"我"的实践活动就创造客体出来以满足其本身的要求,从而说明"我"作为意图的性质。"我"的实践活动是工具,经过实践活动,最高的道德律就表现出来,绝对的、无条件的存在,神(上帝)的存在也从而表现出来,而这也就是目的的达到,这也就产生了费希特认识论中许多意志中心论的目的范畴,例如意愿、逻辑的感觉、良心、必然性,等等。我们很容易看到佛锐堡学派是如何努力于使用这一些费希特式的范畴的。芬得尔板写道:"意志是认识的基础;认识的主体首先是意志的主体,因为它意愿真理,而且企图得到真理。"芬得尔板和吕克迪又曾写道:"只有存有目的的地方,才有知识……真理是统治一切认识之上的目的与理想。"这不是意志中心论和目的论,又是什么呢?

这就更加说明佛锐堡学派是何以要反对马堡学派而把他们自己的新康德主义哲学建立在历史上面的。

他们认为,"自然科学与历史的差别是在于前者企图叙明实际而且从因果上解释实际,而完全不顾及这实际是否与任何超时间的标准和价值联系着的。它是与价值无关的科学……自然科学是纯理论的、超人类的科学(Tnans-Anthropology)。它的内容是与伦理的道德实际问题无关的,而且又不是目的论的。历史就不是这样的。人作为创造价值的实质,是历史注意的中心。历史是研究人的,研究人作为价值的创造者是怎样影响他人本身以及怎样影响环境的。历史是价值所在的地方,是价值结晶的过程"①。然而佛锐堡学派的吕克迪又指出,历史与自然科学的差别是在于历史研究价值创造的一般过程中并不选出那些永恒的与非过渡的标准。这种选择是哲学的事情:哲学是借着历史作为材料的。可是,历史的趋向是怎样的,他们这些新康德主义的代表人物却毫无积极的主张,完全迷失方向了。

总而言之,新康德主义者,以上述两个学派的代表人物来说,都是不可知论者,乃至加深了康德的不可知论,扩大了其范围的。他们又是沿袭康德的"批判"观点,认为在宇宙的认识中不可能超过已定的范围,声明某一世界的"某物"的不可知性,从而使物质的存在和宇宙的存在隔离开来,

① 吕克迪:《论逻辑学原则》,第39～40页。

在个别科学所给予的每一片断中，有其不可知宇宙的小块，而宇宙的最后联系也是我们所不可知的。

以佛锐堡学派和马堡学派这两个新康德主义的主要派别为代表，我们看到新康德主义在19世纪后半叶到现在，是一种丧失了进步哲学思想能力的资产阶级的反动的哲学，致力于为资本主义和帝国主义服务的，可是毫无前途的。

韦卓民

72.1.12于政治系宿舍

三大批判后的总批判

我们关于康德批判时期的晚年四部主要著作，即《纯粹理性批判》、《实践理性批判》、《道德形而上学基础》和《判断力批判》，都已粗浅地涉猎过一遍，而且在简介中据笔者的低下思想水平，在重要而明显的地方，作过一些批判，可是这远远是不够而恐怕还有些批评是不正确的。现在在结束这次简评之先，再次试图提出几点批评的意见，以就正于读者。

首先，我们得要承认，康德在其《纯粹理性批判》里的认识论是从感性出发，这是正确的而符合于马克思列宁主义、毛泽东思想的认识论学说的。但是还得要看康德从感性出发是如何发展他的认识论的。在他以前，英国哲学家培根和洛克不也是从感性出发来探究人类的认识过程吗？但是他们两人在认识论的唯物主义立场上仍然没能贯彻始终，而另两个专谈认识论的英国哲学家贝克莱和休谟继洛克之后，依然是从感性出发而终之发展为贝克莱的唯心主义认识论，滑到唯我论的边缘，而休谟的认识论则以其臭名远扬的不可知论为结束，始终不能从唯心主义的怀疑论自拔出来。康德是认识到这两人的哲学为前事可鉴而且在其第一部《批判》的第二版中增加一节是针对他们的批评从而企图和他们划清界线的，可是依然对于物本体陷入不可知论泥沼中去。其原因就是，他虽然在中、少年时代是个较为敏锐而有贡献的自然科学家、逻辑家和数学家，然而由于他的形而上学观点和坚信宗教的立场，把人类的知识理解得太窄隘、太死板了，认为要认识一个事物，首先必须能对该事物具有直接的感性直观基础，从而运用知性的机械性先验范畴来理解这些事物，而且认为这种知识是对现象性的事物才有其功用，对于物自身则是完全无效的，其结果就是认识论的二元论，人类知识属于此岸的现象界，而物自身则永远是属于彼岸，不是我们所能达到的。据此，则当时他的普鲁士王国的专制虐政全都是现象，因而并非是本质，所以瞬息间就要过去而可忍受的，这不是欺骗劳动人民的哲学思想又是什么呢？难怪继他的哲学而在 19 世纪 70 年代兴起的新康德主义，一贯主张康德的先验论和不可知论，但是却要取消他的物自身，消除彼岸而以观念，感觉来代换知识，甚至代换人类的知识来代换掉客观事物了。可见在哲学思想上失之毫厘，就谬以千里的。

诚然，康德在他的第二部《批判》即《实践理性批判》里，是论证说，没有道德律的意识，则没有实践的理性，就没有使人成为人的要素，无异于禽兽了，正所谓“人之所以异于禽兽者几希……君子存之”。这种我国封建社会的儒家伦理的说法，所以在道德律的意识里，人是以本体出现的，但是康德却认为在这里，人依然不能作为认识的对象而被认识的，因为人们对于人所能接触的，只是他的道德行动而不是他的道德本质，只是他的现象而不是他的所谓“基质”。对于这基质，人们作为有限的存在者是无法有感性直观的认识的，因而就理论的知识来说，是一无所知的。这岂不是为要维持他的狭隘认识观，就陷入这种背理的谬论，认为人竟然不能知道人吗？

何以康德是要坚持这种关于认识论的谬误主张呢？答案就是在他《纯粹理性批判》第二版的序言里之一句话：“扬弃[有中译为‘取消’]知识，而为信念[有中译为‘信仰’]留有余地。”这就一语道破他的“批判”哲学的主要动机了，统观他的三部《批判》，这是很明显的，司马昭的野心是不能掩尽人的耳目的。康德虽然出身于普鲁士 18 世纪王国的一个小资产阶级的家庭，而这家庭，尤其对他的教养影响很大的母亲，是笃信当时基督教新教派的虔诚教的，而他自己是终身自认为一个虔诚教的虔诚信徒，而且毕生充当政府委任的教师、讲师、教授，并一度虽然是很短的时间被大学选为校长。他在讲课、研究和讲学中，全是作为一个官吏式的学人、作为一个御用的学者为普鲁士王国服务的，他怎能不“扬弃”知识而为信赖当时的统治政治留余地呢？因而在《纯粹理性批判》里所否定的意志自由、灵魂不死和上帝存在这三个理念，就在《实践理性批判》里全都作为道德行动的公设肯定下来了。

不但如此，在明白表示他的世界观的第三部《批判》，即《判断力批判》里，康德并反复论证他的目的论，认为不借助于目的论就不能完全理解自然中的有机体，在这些有机体中，自然科学的工作者，必须跟着最后原因这个概念作为引线来推进关于自然特定形式的知识，从而得到关于自然的完整解释的，因为机械的因果律只适用于物理现象的，而自然的超感性根据是纯然理性的现象的超感性的东西，是得要利用最后原因这个观念来协调这两者的。他认为机械的原理和目的论的原理是彼此不冲突的，因为前者适用于纯然作为现象来看的对象，而后者是有关于超感性的感性的可能和谐的。但是他却没看到，或者有意地卖弄玄虚，模糊了自然因果律的意义而是客观的规律从实践的反复总结出来的规律，是在反复实践之后而得出的，不是什么人制造出来的，而目的论是先验的，是某一个唯心主义的哲学家自行捏造而强加于对客观事物的观察，从而歪曲事物的。可见，从第一部《批判》开始到第三部《批判》的终结，康德一直是在感性事物和理智事物之间划定一条不可逾越的鸿沟来欺骗广大的劳动人民和一般的知识分子，从而为反动的统治阶级服务。后面我们还要简单地介绍一下 19 世纪 70 年代以来的新康德主义，那关于这点，就更加明显了。

韦卓民

72.1.4. 华师政史连

研究康德哲学所要注意、要弄清的几个主要问题

(1)上次谈到他在《纯粹理性批判》一书中他主要是弄清楚的是科学知识的本质，究竟通过科学我们能知道的是什么？康德认为只是现象，而不是自在之物。自在之物本身——出现、感觉、知觉、概念——现象。

(2)知识既是主观(在意识中的)，而自然界的一切，我们所接触到的一切，都是这样主观的东西，那么，按照这些主观的东西来对付一切，与知道自在之物，又有什么分别？康德所以认为可不去理会自在之物。

(3)这是在自然科学方面说的，但在实践的行为上，在审美上，在看整个世界(即人生观与世界观上)，康德是否仍保持不可知论的态度？这是第二、三两种批判的问题，但在《纯粹理性批判》一书上有无涉及？

(4)康德所谓“观念论”和我们称为“唯心论(唯心主义)”有什么不同？主要批判贝克莱。在《纯粹理性批判》一书里(先验分析论第二卷第二章第三节有“驳斥观念论”一段(蓝译第197～205页)，同卷第三章有“现象与本体的分别”(蓝译第209～223页)。

(5)康德的不可知论是否忽视了相对真理与绝对真理的关系？我们如何理解相对真理？在什么条件下才有绝对真理？关于“绝对的”这词的意义，看第259～260页。

(6)康德在《纯粹理性批判》一书中，着重分析研究认识能力(不只一种，哪几种?)和认识的过程，他的研究方法是否脱离实际？什么叫做研究中脱离实际？康德怎样脱离实际而企图研究认识的过程？

(7)康德是否说只有主观而无客观？主观与客观应作何解？

(8)康德在第二版序文中(蓝译p.19)说，“故我发见其为信仰留余地，则必须否定知识”。(第29页)“我所以必须扬弃知识，使得留信念有其余地，而形而上学的独断论(即没有纯粹理性的批判而有形而上学的这种成见)乃是反击道德的，而且一直就很独断的一种无信念的态度的真正

根源。”这句话是在一段谈道德问题里出现的，并无涉到宗教的信仰。那么能据来说，康德是保卫宗教吗？北大和苏联两书都是这样说的。我并不断言康德没有保卫宗教的意图，但须另找证据。我们在研究中能发现这种证据吗？

(9)名词的解释——讲稿第24～38页。

(10)空间与时间问题，但先看先验感性论。

空间与时间是什么？看北大本第17～29页。主要是“说明”与“结论”。

康德的《纯粹理性批判》——“德国哲学”节录

一、绪论

(一)纯粹知识与经验知识的分别

1. 一切知识都以经验开始，但不是都来自经验。

2. 经验知识＝印象(感觉素材)—认识能力作用(识知)。

3. 先验的；后验的—经验知识。

4. 纯粹知识的经验知识。

(二)我们实具有验前(纯粹)知识

1. 验前知识的试金石：

a. 必然性 }二者不可分
b. 普遍性 }

严格的普遍性VS比较的普遍性(归纳得来的)

有效性

2. 例证：

严格普遍性的概念。

纯验前原理(原则)是经验成为可能所必具条件(预先要假定它)，否则，经验就不一定是这样(“偶然的——老鸦一般黑”)。

3. 除去经验的颜色等，剩下空间是除不掉的。

4. 实体概念带有必然性，迫使我们不得不承认它在验前知识能力中有地位。

(三)哲学需要一门科学来决定验前知识的可能性、原理与范围

1. 康德对于形而上学的定义

a. 何以有形而上学？理性的推动知性向前。

b. 不知知识从何来，就不使用它。那么，科学(知性)的知识有何保证？

c. 康德承认数学知识的确定性可靠性，数学如何独立于经验？

d. 直观如何在被思想时，本身能验前出现？但能否有真正验前的直观？

2. 分析判断——演绎推理

与综合判断——归纳推理。

(四)分析判断 VS 综合判断的分别

1. sap(1)凡人都是动物：动物＋b＝人（类＋种差＝种）

∴凡种是类

同一性：种与类部分同一

(2)华师是在桂子山上

“华师”与“桂子山”毫无同一性

2. 经验判断全部是综合的，∵验前判断无须经验，验前知道的(这种判断不是纯粹验前的)经验自身乃是直观的综合联系。

3. 验前综合判断以什么为依据？不能是经验，是以单纯的概念为根据。

(五)理性的一切理论科学中有验前综合判断为原理

1. 数学：

7＋5＝12

两点之间直线是最短的。

2. 自然科学＝物理学：纯粹部分

3. 形而上学

a. 失败了。

b. 但由于人类的本性，它是免除不了的。

c. 应该有验前综合知识，且能扩充验前知识(如世界必须有最初开头)。

(六)纯粹理性的一般问题:验前综合判断何以是可能的

1. 休谟接近这问题,但局限于原因联系(?)

2. 纯数学何以可能? (空间、时间)

3. 纯自然科学何以可能? (果因作出)

4. 形而上学有无可能? (不是何以是可能?)人类本性所使。形而上学作为科学何以可能? (康德认定可能)

5. 只研究理性自己与从而发生的问题,不是研究无穷的对象。分析理性的概念只是准备工作,主要是扩充关于理性的知识。

6. 须用崭新的方法。

先验感性论

1. 和对象发生关系的知识＝直观

心被对象刺激而来的表象:接受力＝感性

知性思维直观,产生概念。

2. 经验直观的纯直观(空、时)

3. 经验直观的未曾确定的对象＝出现

4. 确定出现中的杂多,使其能被安排在一定的关系里的＝出现的形式

形式不会是感觉

表象中如无感性成分＝纯粹表象

＝纯形式＝纯直观

5. 除掉属感觉的种种性质,剩下广延与形状

作为单纯验前存在心中

6. 先验感性论的内容

一、空间与时间

1. 外感觉中表现的对象都在空间里

内感觉中表现的对象都在时间里

2. 空间与时间是什么?

可能是:(1)实在(实有)的东西(牛顿)

(2)事物的确定或关系(莱布尼茨)

(3)只直观的形式(康德)

3.形而上学的阐明(说明)与先验的阐明(说明)

(1)“阐明”VS“定义”

(2)形而上学的阐明:空时间是在验前给予的,不是由经验中抽象出来的。

∵a)空间中的表象须以空间为预先假定(先决条件)。

b)空间必是验前的表象,是在一切外部直观基础上的,是外部直观的条件。

c)空间不是由推理(论证)得来或抽象而得来的“类”概念(如人、鸟、兽等),∵只有一个空间。

d)空间是无限的量。

不能设想概念包含无限多的表象(这里康德错误使用亚里士多德的类概念定义:类包含一定多的种;表象是个体,而种可有无数个体)。

4.先验的阐明

(1)先验阐明

说明验前综合知识可能的原理。即(a)这种知识必从所与的验前概念而来,而且(b)这只是之可能,是因我们采取一定方式。例如几何的命题都是必然的,∴不是经验的,不属经验判断一类。

(2)空间表象的直观形式验前处在主体感性里=外直观形式。

5.所得结论

甲、空间不是事物属性或关系(驳莱布尼茨):

∵为任何属性,关系不能先于所属的事物而被直观。

乙、空间只是外直观的形式(康德说),是空间条件。这样就可了解验前形式(空间)存于心(感性)里面。

6.但空间这直观的形式只限于人类的感性,∵可能有他种能感觉、思维的主体。

(1)限于人类经验,空间有实在性。

(2)以自在之物本身而言,空间不成其为什么(=0)。

(3)空间属于主观条件,但不能以色、声、热等(第二性质)作比方(同口语),∵这些不是验前的,只是主体中的变化(因人而异)。

(4)物自身(自在之物本身)有无空间? 既不到经验中来,这问题无从发生,故不去管。

二、时间是内感官的形式

1. 内感官直观到我们自己的内心和内心的状态(如表象的发生消灭,感情的喜、怒、哀、乐、爱、恶、欲等七情)。

2. 内心不是内感官的对象,只有内心的状态,而必须有一定的形式,即时间:同时或相续(继起)(不是继续)。

3. 时间(与空间一样)是:

(1)实在的东西? (牛顿)

(2)事物的属性(确定)或关系? (莱布尼茨)

(3)直观的形式? (康德)。即离开主观认识,不成什么。

4. 时间的形而上学阐明

(1)时间不是从经验得来的经验概念(驳莱氏)。没有预先假定时间,就没有经验的同时或继起,故时间是在经验的基础上(不是它的基础)。

(2)在直观(内部直观)基础上的时间是必然的。这种直观不能没有时间,而且时间不能除掉。

(3)时间只是一个向量。这不是从经验得来,∵经验不是必然、普遍的,这原理是在一切经验前的。

(4)时间不是归纳推理产生的(不是类概念)。"不同的时间不是同时的"是综合判断,不是从一个概念演绎出来的分析判断。不同(地位的)≠不同时的。因为不同地位的空间可以是同在一空间。

(5)时间必须无限制地被给予出来,某时间是这个无限时间的限定。

5. 时间的先验阐明

(1)改变,地位的改变(=移动)只在时间里才可理解。

Jeno 之谜:

运动之物是在它原来的地位上
或不在它原来地位上 } 矛盾述项

只时间使之可理解。

6. 所得的结论

甲、(1)时间不是独自存在的东西。∵如果这样,就是实在的对象,但流转的,∴不是实在的。

(2)不是事物属性,∵时间是能先于对象而借助综合命题[4(4)]。验前被认识是只一个向量的,不同时间不是同时的,等。

乙、(1)时间是内感官的形式

(a)与形状、位置无涉,但以直线来描写时间。

(b)可是不同于直线,∵直线各部分同时存在。

丙、时间是一切出现的形式的验前条件。

(1)空间东西必通过内感官,∴有时间的条件(如屋的上下部在表象中)。

(2)以对象为事物本身,就无时间。时间只对出现才有效。∴时间=人类直观的纯粹主观条件。

(3)∴时间只有经验的实在性,但没有绝对的实在性(因非独自存在的),即构成时间先验理性(观念性),∵不就感性直观来说,离开经验就无时间,∴只是观念而已。

7. 解释(对反对意见的解释)

(1)反对意见之一:改变是实在的——一切出现都是流动,但改变(流动)只是时间中才可能。∴时间是实在的。对!但是时间只作为内直观的形式才实在。时间不在对象里,而是在直观对象的主体里(即主观条件)。

(2)∴空、时是知识(以直观为基础的知识)的两种来源,从他们能得不少验前综合知识(如纯数学等)是使验前综合命题成为可能的,但不呈现自在之物本身,∴观念性(离开验前而言)。这观念性不影响经验知识的确定性。

(3)有人主张空、时的绝对实在性的(牛顿学派)。

a)空、时的独立存在,是与经验原理冲突的(主要是研究数学的人),即:承认两个永恒的、无限的自存的无。把一切实在东西包含于其内。

b)优点是:使出现的境界(敞开)能有数学的应用。

缺点:但另一方面,企图用知性超出出现境界,就于他们有碍(因知性不能适用于永恒、无限的东西——实在性空、时)。

(4)又有人主张空、时是附属于事物的(莱布尼茨派)。

(形而上学的研究者):也与经验原理冲突。认为:空、时是彼此依靠或相继的出现的关系,这些关系出自经验,但在经验中是模糊的表现着的(莱氏说)。

因之(a)否认验前数学(纯数学)理论对于实在事物的有效。

(b)或否认空、时的必然性确定性,因为实在事物(在经验中)无必然的确定性。

这派认为空、时乃是想象力的产物,∴要在经验中求之。(用归纳概括方法得出空、时)而抽去自然所加的限制——概括——所得出的东西(空、时)就不存在。

优点:空、时可用于知性的对象,虽不适用于出现。

缺点:缺乏直观条件,故不能使验前(纯)数学与经验命题一致。

(5)故牛顿说与莱氏说均有缺点,不能与经验相一致,唯有空、时的先验说(直观形式说)才能避免这些缺点。

1. 康德哲学概论

(1)康德和他的时代

(2)康德的著作

(3)康德思想修养

2. 康德的纯粹理性批判——认识论之一——先验感性论

(1)几个名词的翻译和解释

(2)空间与时间

(3)感性论的总结

3. 康德纯粹理性批判——认识论之二——先验分析论

(1)先验分析论在康德认识论中的地位

(2)范畴

(3)图型论

(4)判断的最高原理

(5)现象与本体

4.康德的纯粹理性批判——认识论之三——先验辩证论

(1)康德的所谓辩证

(2)幻相和它的根源

(3)理性的辩证推理

(4)二律背驰

(5)理想

5.康德的实践理性批判——道德论

(1)实践理性的优先性

(2)善意与自由

(3)至善

(4)实践理性的信念

6.康德的判断力批判——世界观

(1)审美判断

(2)美与崇高

(3)目的论的判断

(4)概论目的

(5)康德世界观的评论

1.康德的哲学二元论

主观先验唯心论

不可知论

2.目的在保卫宗教和信仰

[宗教与信仰区别何在]

[如何保卫了宗教?]

3.何以说康德承认自在之物是“对唯物主义让步”?

4.认为认识要有经验内容和先验形式何以就是调和宗教和科学、信仰和知识?

5.康德判定什么世界的不可知?(第4页)何以“这种判定对科学和哲学具有巨大的破坏作用”?(第4页)

6. 康德所说的“唯物主义”涵义是什么?

7. 康德是如何“在认识过程之外,在认识能力之外,脱离现实的认识、脱离实践抽象地来考查、确定认识的能力,这种做法本身就是唯心主义和形而上学”? (第5页)

8. 如何把分析与综合生硬地拼凑在一起? 难道所举的数学、物理等例是生硬拼凑的吗? (P.7)

9. “形而上学才有可能”——何所据而言?

10. 康德在哪里说过“纯粹理性具有绝对的、先天的能知任何事物的能力”? (第8页)

11. 何以说康德的“验前综合”是唯理主义的“天赋观念”的继续? (第8页)

12. 何以说“康德只是把这两个矛盾对立的理论(唯理主义与经验主义)折中地综合在自己的哲学体系中”? (第8页)

13. 第10页所用“能力”、“对象”(第二行),“现象”、“经验”、“后天”、“先天”、“意识”(第六行)。

14. 如何“这种证明不仅与事实相违背,而且在逻辑上就是荒唐的”? (第10页)

15. 第11页“一般与个别”一段——再仔细看蓝译第50页(四)“无一概念……能思维为包有无限表象”一句作何解?

16. 第12页前段与康德对时、空的论断毫无关系。

17. 第13~14页关于数学一段是和康德的论证不相涉的。

18. “限制知识的范围,为信仰留下地盘”——何所据而言然? (第15页)

19. 康德的“自然界”(第19页)指什么说的?

20. “他否认因果性的客观性”——解释“客观性”。(第20页)

21. 康德的二律背驰。

图型法(心译图型说)

1. 康德的哲学体系中有许多地方是求体系各部分的对比的。根据传统逻辑,他常爱用“统摄”或“包摄”这个概念。所谓“统摄”就是把某特殊或个别东西包括在另一比较普遍的东西之下的意思。例如某人是包括在人类之下的，故可说张三是人，即把“人”这个概念用于张三。又如“马”是“走兽”，即把“马”包括在“走兽”之下，即把“走兽”这概念用于“马”这个特殊一种动物。可是“人”与“张三”，“马”与“走兽”是有其共同之点的，因“走兽”是从马、牛、羊、虎、豹等动物概括出来的，所以是同值的（不同质，拉丁语称为异质）。不能把异值的特殊或个别包摄在一个概念之下，如不能说葡萄是石、枣树是飞鸟等。

2. 依康德说，范畴（即纯知识性概念）乃是知性所产生，不是经验概括出来的，他们是不会有感性成分的。而对象是由感性直观而来的，所以是和范畴不同质的。那么，怎能把对象属于即包摄在范畴之下？亦即如何把范畴应用于对象？

3. 康德认为这问题只在先验哲学、先验逻辑中才出现，因为在其他科学部门里，对象归属于从经验而来的概念是不发生问题的，如植物学之以桃树归属于果树，岩石归属于石类。

4. 但是在这点上可以提出问题来批评康德的，因为康德不是首先把经验分为两个部分，即感性对象是从直观的感觉联系而成，和联系感觉的关系的范畴，而这部分是不属于感性的，乃是非感性的吗？例如把因果应用于A与B之间的联系，而非用于A或B。A与B才是属于感性，从感觉来的，但A与B的关系（联系）不是从感觉而来，不属于感性的。换言之，这联系不是直觉对象，乃是属于知性的，故须有知性概念（范畴）来说明它。这问题是康德没考虑到的，而明显是他的思想中前后不一致的。

5. 肯定感官对象，个别事物须要包摄于范畴之下，而二者是异质的，故包摄不成，因之得要有他所谓“第三者”为之媒介。这第三者一方与范畴同质一方又与现象同质，而使前者（范畴）能应用于后者（对象、现象）。这第三者即他所谓之图形。

6. 怎样获得这样的图形？（蓝第143页第一段）

知性概念（范畴）包含一般杂多的形式上（纯粹的）综合的统一，盖范畴是要起综合统一的作用的。时间是起杂多的综合统一作用的，而时间又是一切内外直观的形式，不像空间只限于外直观。所以在纯粹综合统一这一方面范畴是和时间同质的。但是时间却包含在杂多的一切经验的表象之中,故又和经验的对象(即感性的对象)同质的,∴范畴之应用于经验的对象是由时间的先验规定而成为可能的。这种时间的先验规定就是知性概念(范畴)的图型,使经验对象能通过它被包摄于范畴。范畴是不能用于自在之物的。

7. 范畴不用于直观对象是没有意义的,“知性而无直观是虚空”的(蓝译本第 143 页,第二段),多以必须有图型使范畴应用于直观对象。

8. 图型是想象力所产生的(同上第三段),但与意象(心象)有别。例如五点……是意象。但数目(不管是 5 或 1000),即表现意象的方法才是图型。没有意象能适合于一概的三角形。但依据某一定规则而产生想象中的一类意象,这种规则所指导而产生的一般结果乃是图型(第 144 页,第一版),是一种略图。数是一种图型,五点……只是一个意象。

图型举例:(第 145～146 页)

范畴	图型
实在	存在于时间中
不定(不存在)	非存在在时间中
实体	时间中实在东西的持久性
原因	在时间中有事物随之而起
相互关系	实体间互为因果
可能性	不同表象的综合与一概时间条件一致
现实性	在某一定时间的存在
必然性	对象在一切(任何)时间中的存在

故图型不过依据规律的时间之验前规定——时间系列,时间内容,时间顺序,时间范围。

三、自在之物与自我

1. 康德的哲学思想深深受过伏尔夫的影响的,而伏尔夫是曾把莱布尼茨的一元精神论体系改变回复到笛卡尔和洛克的宇宙二元论的,因之他的宇宙是

宇宙

意识　　　自在之物

但是康德觉得非感性的空、时、实体与因果关系等范畴都是主观的、观念性的(不属于“物”的),所以人们意识到的对象乃是来自主观的关系所安排好的感觉杂多。

因之康德的宇宙是

宇宙

意识　　　　　　自在之物

自我　　　　　　对象

但是康德的自我又分为:

(1) 先验的自我和经验的自我——主体的能知的自我。

(2) 先验的自我和经验的所知的自我。

对象又分为:

(1) 我之外的事物。

(2) 我意识中的事物(即个别的观念、表象)。

2. 康德认为自在之物,先验的自我都是无所不知的。

3. 自在之物,即物的在其自身来看而不是在我们所意识到的来看,当然是不在意识之中,所以是我们所不知的。意识中之物是表象所呈出的现象。而既是现象,则当有其所表现的物自体。关于这物自体,我们只能思维到它的存在,而不能认识到(知道)它的性质,因为知识必须有直观材料的基础,而自在之物本身不能到直观中来,一到直观便不是其自身,是已为空、时所综合统一成为意识的对象的了。

4. 何以康德坚持自在之物的存在?

(1)伏尔夫二元论的深刻影响,视为当然的。

(2)既有现象,则必有所表现的物。

(3)感性是被动的,故感觉必定是来自外物。

5. 我们的思维是通过范畴,但范畴无直观是空洞的,不能应用于无直观基础的东西,∴虽能思维到自在之物,而不能认识其本身是怎样。

6. 但除我意识到的对象(知觉、意象)之外,还有我之外的对象(事物)。例如你看见的这树不是“你之外的树”,“你觉得(这次)这东西是重的”和“这东西是重”有别,你对这东西的意识不等同于这在你之外的东西(对象)。

而在你我之外的事物不同于自在之物,因你我之外的事物是在空间的,而自在之物则不是。空间之事物(非一人一时所意识的事物)却仍是意识的事物,康德认为是先验自我的对象,不同于一人一时的意识中的经验对象。

7. 我们所知的只是经验的自然,而先验的自我是不可知的。

纯粹理性的谬误推理

一、辩证的三种理念:灵魂、世界整体、上帝

1. 何以理念只有三种? 即认识的主体,认识的对象,一切存在的总体。

2. 凡一切经验必定随着"我思"即思维活动的本体,因凡是知性的活动都是联系→综合→统一。但理性不满足于不完全的统一,故要求有绝对的统一。思维主体的经验性统一以统觉为终极。但统觉(原始统觉是在经验范围内的)超出经验范围,便是不可知的灵魂(我)的本身。这只是一个理念。

3. 如我们知道这是不可知的理念,可思维是不可认识的,还可作为推进知性的目的。但若以之为可通过思辨而可知的,便成为幻相。何以成为幻相,是由谬误的推理。

4. 谬误在形式逻辑称为 fallaeg(从拉丁文的"欺骗")是有意的。

5. 以纯粹理性为根据而超脱感性直观基础的知识是虚妄的。关于认识主体的这种知识就是理性心理学有别于以经验为依据的普通心理学。

6. 理性心理学的唯一根据是"我思",但"我思"是以所思的内容为其内容,而本身是毫无实际内容的,是空洞的。故康德说"从最贫乏的还不是称为概念的'我思'为基础以构成理性心理学是令人惊异的"。

7. "我思"→意识的同一→统觉的统一,这是一个分析判断。但以为"我思"的"我"是"实体"而且"单一的"单纯的(不是组合的)实体,这是一个综合判断,∴谬误(幻相)。

二、理性以知性的纯粹概念(范畴)用于经验

1. 以外的理念,已得到思辨的知识。

a. "我思"的"我"是实体。

b. 这"我"是单纯的(非组合的)。

c. 这“我”是自同一的(即单一性)。

d. 这“我”是不同于我的身体,但能够与身体有相互影响的。

这四种命题表示关于“我”(灵魂)的四个谬误推理。

2. 谬误推理的逻辑形式:

大前提:凡只能作为主体而被思维的东西必是实体(根据定义)。

小前提:思维的主体只能作为主体而被思维,∴思维主体是实体。

大前提的 M 是指存在东西中有一个,其本质乃是只能作为主体而不能作为形容词用的,故可能为感性直观对象的。

小前提的 M=思维的主体,即意识到其自身,作为思维着的,而且只限于此。故为四名词谬误。

3. 思维的意识是同一的,否则思维前后不一致,但意识的主体本身是否因之就是同一的? 康德以弹子为喻:A 以运动传于 B,B 于 C,C 于 D,而 D 这表象是同一,但 A、B、C、D 不同一,非一而是多。

三、心与身的互相影响,互相作用。笛卡尔的问题。康德认识“心”与“身”同是表象(非自在之物本身)。

四、自我意识到自我是单纯,不等于就有一个独立存在为实体的“我”(灵魂)是单纯的(非组合的),逻辑的单纯≠客观实在的单纯。驳斥灵魂的不死。

五、谬误的根源在于以“出现作为自在之物本身”,把现象与本体混淆起来。

先验辩证论

一、批判的目的是在于

(1)确定人类理性的范围与其限度。

(2)在先验感性论与先验分析论(先验逻辑)里,已确定感性与知性的官能、条件、限度。心从外界接受刺激,形成对象(表象)。加以了解,构成知识而为经验的体系。其方式是通过一步一步地不断联系以达到综合的统一。

(3)但理性不满足于必须以感性为基础(即有待于外界所与)的一直不能完成最高的无条件的统一这种知识。因之就冒昧前进,超出经验的范围,这就是理性的突进。其所要求的是统一、总相、完整、绝对。而其方法是以知性的范围用于无感性基础的思辨上面。这一切是表示理性不满于纯是关于现象的知识而企图达到本体的知识。但达到本体就得打破知性的限制。结果不是知识(有客观根据的)而是主观的幻相。

(4)先验辩证论就是要揭露这种幻相的。

二、先验幻相

1. 称为先验的,因是起源于理性的企图想要从不依靠经验,只通过纯粹概念而得到本体(即最后实在)的知识的。

2. 先验幻相不同于

(1)想象产生的幻相(如三头六臂)。

(2)逻辑的幻相(谬误)。

3. 先验幻相的原因是错误地以内在性的原理作为超验用,既无具体经验作为试金石,就是此一是非,彼一是非。

三、纯粹理性是先验幻相的根源

1. 知性是寻找推理的联系(范畴)的,称为规则的能力。理性进一步企图找到最完整的联系,以达到完整的系统——联系所根据的基本原理,∴理性称为原理的能力。

2. 知性活动通过三段论式的统摄过程

M—P	范畴
S—M	事例
∴S—P	事例统摄于范畴

即特殊统摄于一般,但理性企图离开特殊而只以一般为其对象,知性活动是由因索果——前进、下降,而理性活动是要由果求因——后溯、上升,以至其极就是无因之因(不定条件限制的始因),亦即穷追验前的综合——批判的总问题。

3. 在数学以及自然科学已发现验前综合的知识,问题是能否有形而上学的验前综合知识,即能否有形而上学(形而上即经验之上)。

4. 范畴是在判断的形式中发现的,能否在推理的形式发现更高的综合形式(理念)?

(a)直言推理:实体(S)与属性:即实体的肯定:主体统觉(意识)→灵

魂→灵魂不死。

(b)假言推理：如A是P，则C是D(如A，则C)。

A是D(A)原因

C是D(C)结果

如因果作用是普遍的，则无道德可言，因无自由。如有所谓道德，则必有自由。如有自由，则必有自然律以外的因果作用。所以自由VS自然，但不是否定因果律。故有意志的自由作为道德律的设定，选言推理：A是b，或c或d，b+c+d=A，穷尽一切，包罗万象。宇宙中是否有包罗万象的存在体？上帝(符号，名称)黑格尔的绝对。灵魂、自由、上帝是纯理性的理念。知其为理念；以之作为求知的方向是有助于知识的推进。以之为实存的东西，在其纯概念中钻研。便成为心理学、宇宙学、神学。

5. 先验辩证论是揭露这三种伪科学以奠定真科学的。

康德与观念论："康德对观念论的反驳"

蓝译本第197～200页

《解义》第327～349页

谈到本题之前，必须预先说明欧西哲学史对于观念论，也就是唯心与唯物的分别。

1. 欧西哲学划分为：

(a)认识论；

(b)宇宙论；

(c)本体论。

统称为形而上学，而逻辑只是认识论的初步。

2. 唯心唯物是从认识论而谈到本体论的，哲学的类型(不是派别)是根据认识的对象属于什么性质而决定的。

(a)认识是一种关系，即主体对对象的关系。

(b)主体是意识，属于心理范围的，即所谓"心"。主体所认识的对象也就是所谓世界。这个或这些对象是属于什么性质的？是实在的或者只是现象？如认为是实在的，即世界是客观存在的；如认为是现象的，即世界是主观的东西,那就是现象主义。

(c)如世界是客观存在而其实在性是属于非意识一类的,就称为唯物主义。如属于意识一类的,不占空间的,则称为唯心主义或说观念论。

(d)这些构成世界的观念是多或一? 数目上之分。

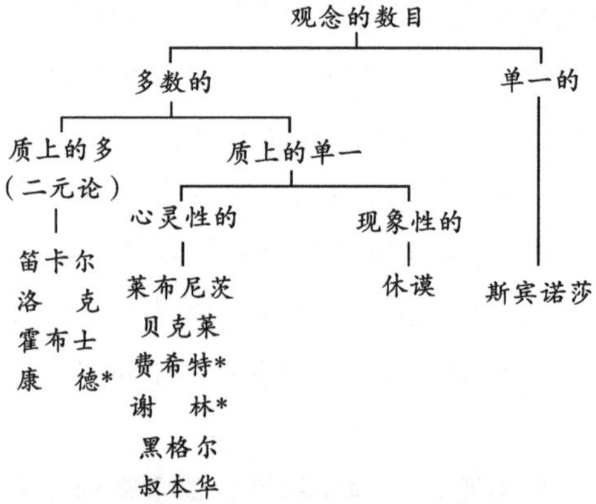

※康德、费希特与谢林是不自能一致的。

3. 康德为驳斥的观念论是取消了自在之物的观念论,即由本体论二元论归结为本体论一元论,即唯心主义一元论的哲学。

(a)他分这种唯心主义一元论分为两派:(1)怀疑派;(2)独断派。

笛卡尔属于怀疑派,因他从"我思"出发。"我思"是直接认识到的,"我思"的对象的实在性是推论出来的,故不可靠的。贝克莱属于独断派的,因他独断地否定认识对象的实在性的,存在的对象只是观念。

(b)康德认为对象的实在存在是经验所证明的,而不是我们想象的产物,因为他认为没有外感觉的空间为条件的感觉,也就没有内感觉,即"我思"的可能。

(c)他们要证明的论题(见蓝译本第198页,《解义》第338页),"关于我自己的存在,在经验上确定的意识,证明对象在我之外的空间而存在"。

证明:

我意识到我自己的存在是在时间中确定的,时间的确定是假定先有某一永恒东西之被知觉。但是在经验的自我中,没有什么永恒的东西是可直观到的。在认识方面只是表现(出现),而出现必须有永恒的,不同于我们自己的东西,由于和这东西的关系,出现的变动,因此我自己在出现变动的时间中的存在，就可以确定下来。可见这永恒东西的被知觉，其可能只是通过一个外界的东西，而不是只通过一个外界的东西的出现，关于我在时间中的存在只确定，也是如此，因为这里也是依靠永恒东西之被领悟的。那就是说我的存在的意识，同时也就是其他在我之外的东西之存在的一种直接的觉知。

谬误推理及二律背驰

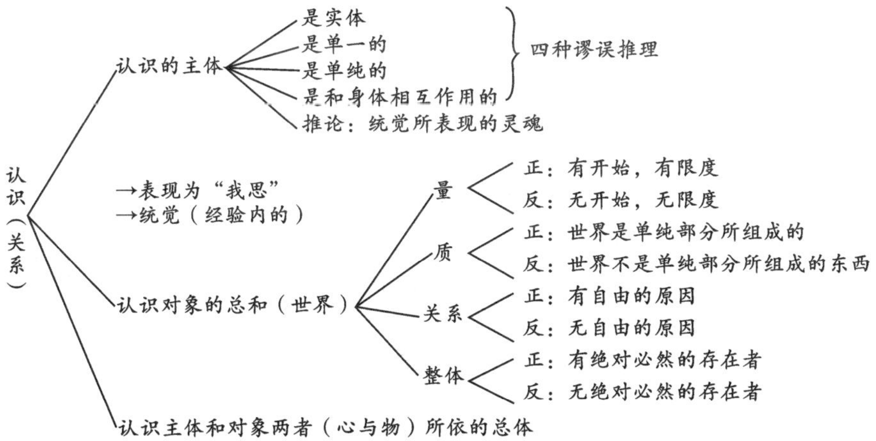

一、1. 二律背驰和谬误推理一样，同是由于理性不满足于感性与知性所提供的受条件限制，因而是不完整的对象，而极力追求完全是完整的对象，即绝对的对象。但是经验范围以内的对象（即表象）都是有限制的，∴理性就超出经验的范围。

2. 谬误推理的谬误是由于理性把经验范围内的“自我”（认识主体）当作超经验的自在之物本身。同样地，理性地看世界和知性所知的世界冲突，故有理性与知性的冲突，亦即理性的自相冲突。

3. 关于同一对象在同一情况下，有两个相互矛盾的命题，则必有其一是错的，另一是对的（排中律）。但二律背驰的正反两面是可以同时错，或同时对的，其原因何在？必不是逻辑的问题。

二、1. 第一个冲突：

正题：以时间论，世界有一个起头（即非永恒的）。

以空间论，世界有其限度的（即非无限的）。

反题：以时间论，世界并无所谓起头（即是永恒的）。

以空间论，世界并无所谓限度(即是无限的)。

2.正反的证明同是用归谬法，即先假定所要证的反面而让明其谬。反面既谬，则按排中律，正面必真。问题是要看这所谓正反是否真正反，否则排中律不适用，那就是正反可以同时是真，或同时是假，或同时不定。

3.第二冲突的正题：

(a)如世界没有起头，则过去是已完成的无穷，因为过去是现在的条件系列，如果条件未完成，结果(即现在)何以产生？但是无穷的完成是自语相达。∴世界不能有其起头，∴世界是永恒的。

反题：

(b)如世界没有限度，则不能出现于直观，因为一个为无数组成部分所组合的整体(世界)不能在有限的时间中作为同时存在的表象出现，∴世界不是无限的，∴世界是有限度的。

4.第一种冲突的反题：

(a)如果世界是有起头的，那么在其起头的前一个时间，是无世界(事物的总和)，故是一个空洞的时间。但是无一切都没有，又有什么来决定世界的起头呢？∴世界是没有起头的，即永恒存在的。

(b)如世界是有限度的，即世界周围都空无一物，那么，世界岂不是为空无所限制？∴世界不能有其限制，是无限的。

三、第二个冲突：

正题：凡组合的实体都是单纯的部分所构成的，而且世界中只有单纯的东西以及由单纯东西所构成的东西。

反题：世界没有是单纯的东西所构成的东西，而且没有单纯的东西。

(a)如世界组合的东西即实体不是单纯的部分构成的，那么所谓组合不是实体的必然的关系，是可有可无的。∴设想世界有实体而无组合，则实体依然存在，否则一无所有。那么存在的实体必是单纯的，如果有组合的实体，则必为单纯部分所构成的。

(b)如实体是单纯部分所构成的，但是单纯的部分是也占住空间，而空间是更小的空间所构成的。由此类推，最小的部分也不是单纯的(不可分割的)，即令内部的出现(由感官的对象)也是杂多的，占住时间的，∴世界没有什么是单纯的。

四、第三个冲突：

正题：除自然的机械的因果作用外，还有自由可以为原因，即无因之因。

反题：自由是没有的，一切都是按照自然的因果律的。

(a)如果没有自由，而一切都是按照自然的因果律，那么，凡发生的必有在它前面的一种状态作为其原因，而这又有其原因……穷追到最起头，必有无因之因，即所谓自由。

(b)如果有绝对自发的事物，即无外因而发生的。但是何以它又会发生呢？何以不一直就不发生呢？是说不通的。

五、第四个冲突：

正题：属于世界的或在世界之外必有一个绝对必然的存在者为其原因。

反题：绝无这种的存在者。

(a)世界一切都是有其条件的，∴一切都是有其完整的条件系列，以无条件的为开始的。∴凡一切事物究其终极，必有必然而然，不靠条件的存在。而且这个必然而然的存在是属于事物的条件系列，作为其始因的。

(b)如果有这样的一个始因是在世界之内的，这始因或是无因之起头，或者全系列本身。但无因的起头是在起头之前面，一无所有，又有什么决定其在哪时起头？如果是全系列，如何有一项不是自然而然的，而全系列是必然而然的？如这个必然而然的世界原因是在世界之外的，那么，它发动事物的系列时，必在时间之内，那就必在经验之内，那就不是在世界之外了。

六、四种冲突的解释与其原因

1. 何以有这种冲突？所谓二律背驰，二律是什么？何以背驰？我们先分析四种的冲突。

2. 第一种冲突是谈世界在时间上是否有其开始，在空间上是否有限制。有无是矛盾的，非此即彼的。但是所谓开始，所谓限制，由现在或此处推溯，一直到极点的。从理性说，是可一直推至极点，但这极点是达不到的，即不是知性在经验中可达到的。∴理性推论说是无起头、无限制，而知性说，以经验论，只能说无限地上推，但不是能推到无限，∴不能说是有限或无限。一个问题从两个不同的观点看而得出相反的结论,这不是实在的矛盾。因之,二律是理性与知性所遵守的不同规律,而背驰(背反)是所得出的结论表面上的冲突。

世界若无限,以知性说,是太大了。世界若有限,以理性说,就太小了。

3.第二个冲突是谈世界的分割可否到不可分割的部分。可再分割与不可能再分割也是矛盾的。从理性说,凡实体必占空间,而无论如何小的空间,总是空间,而是可再分割的,故没有不可再分割的实体。但是从知性在经验上来看,实体不是先有部分而是先有整体的。既它有整体而进行分割,分割的过程是可以无止境地进行,但是实际上不是已分割为无限多的部分。不是无限的系列的不可能,而是完成了的无限系列是知性所不能理解的,因它是自相矛盾的。所以这个冲突也是理性与知性的不一致。以理性说,再不可分割是不合理。但以知性说,一直分割下去是做不到的,再不可分割这个限制为理性是限制过多,一直可分割下去,这个要求,为知性是太大了。

4.第三个冲突是自由(无因之因)之有无。前两冲突是关于一个同质的系列,是各项在同一的空间或时间的,康德称为数学性的冲突。第三、四两冲突是关于不同质的东西的相互影响,故康德称为力学性的。数学的各项既是同质的,所以3∶6∷4∶8。如有3∶6∷4∶x,即知x是8。但不同质的东西的互相影响,如因果,由因可推果,但只知应有果,而不知那果是什么,只通过经验的观察才知道,由果求因亦然。

第三个冲突是由果求最初的因。以理性说,凡因都是果,必有其因,以至无穷。以知性来说,在人类行为上看,又有选择的自由,否则无道德可言,但如有自由,则打破自然的因果律,打破自然的规律性。理性设定两种性质不同的原因,一种全属于自然的,一种是由自然之外参加进来作为原因的。其结果是以自然的因果律表现的,但其原因是不受这自然律的限制的。∴自由与自然是并存的,不是矛盾的,各有其范围的,因为人是同时属于两个境界的。

5.第四个冲突是关于一个必然的存在者的存在;第三个冲突是关于一个事物的原因的;第四个冲突是关于一切事物作为宇宙看的原因。问题是:宇宙是自发的,自生的,或有其另一原因的? 但这只是理性的理念,不能由知性论明的。请看下一节。

先验分析论

一、思维与感性的关系

1. 思维的性质。

2. 思维是判断。

3. 判断是联系:s 与 p。

4. 综合判断——通过范畴。

二、范畴是什么? 纯粹知性在范畴里就是一切出现的综合统一的规律,从而第一次而且原始地把经验在形式上变成为可能的。

三、1. 范畴通过图型才能用于经验的对象。

2. 图型是什么? 以三角形为例。

3. 范畴与图型都是概念,但可以用原理来表达。

判断的形式　知性的纯粹概念:范畴　图型　所证明的原理

4. 举例说明

量:(a)凡实体皆有量。

质:(b)凡质皆有多少。

关系:(c)在出现的变化中实体是不变(永恒)的——断言。

(d)变化皆按照因果律——假言。

(e)实体在空间共存,是相互作用的——选言。

模态:(f)可能——盖然

——实然

——必然

知性纯粹概念的演绎

一、1. 事实与法律(权利)问题的分别。

事实是如此,但有何法律根据?

2. 某些概念是验前有效而用于对象的——这就是他们的先验演绎的意思。

3. 经验两要素:(1)质料,(2)形式(即质料的安排使之成形,∴名形式)。

4. 知性的纯粹概念是在普遍方式上与对象发生关系:思想的主观条件(三角形只与有这种形状的对象发生关系)。那么问题是:思想的主观条件如何有客观上的有效性? 答复:感性对象必与感性主观条件符合才能成为我们的对象,为我们所接受。同样,感性对象必须符合知性思维的综合统一的条件,才能为我们所理解,纳入我们知识系统中来。例如因果:普遍必然的相继续,不能从经验而得出。

5. 使综合表象成为可能的有两要素:(1)对象(客观);(2)表象(主观)。我们的表象不能产生对象的存在,但是验前确定对象的因素。

6. 关于感性对象的接受,直观是必要的。

问题:关于知性对象的被理解(纳入我们系统中来)验前知性概念(范畴)是否同样是必需的条件? 范畴=在一切经验知识基础上的验前条件。只有通过范畴(知性的纯粹概念)才能思维经验。

7. 洛克企图从经验得到这种知性纯粹概念,而因不知经验的局限性,故失于过度地使用这种概念而想入非非——左倾。休谟知道这局限性,因而陷入怀疑论(取消主义)——右倾。

问题:验前概念(纯粹概念)是否只是一般对象能被思维的先行条件? 作为思维对象的必需条件? 康德称洛克的看法和休谟的看法为哲学的两大暗礁。我们要小心安全驶过当中航线。

二、如何能有完全验前产生的概念和对象发生关系?

1. 纯粹概念是什么? 问题提出。

2. 答复前考虑:

表象必通过三种综合才成为我的表象:

(a)领会——属于内感官,在时间中的。

(b)抓住想象力中被再生——。

(c)被认识为从前所领会过的。

3. 表象的对象是什么?

对象必不同于我们的表象。它是我们的表象所表现的(表象是表现它的)。我们只能说它=x(不是我们知识所能达到的,即事物本身)。

4. 但对象(我们不知的时象)是使我们表象有其统一性的,而不是乱杂无章的。但这我所知的统一性只是我的意识的统一性,这种统一性是按照某一定规划的。而这个统一性的概念=对象(x)的表象。

5. 如果这统一性是必然的,它必定是先验的。∵经验东西无必然性,∴先验必然性必有意识的先验根据。这种原始的先验的条件=先验的统觉,但常住固定的自我总是在流动中出现,这是经验性的统觉,∴必须有一切经验以前的条件。既然原始的先验条件不能得自经验的对象,又不能得自经验的主体(我),这个纯粹的原始的不变的意识各为先验的统觉。空、时以此为先决条件,纯粹概念亦然。

一、二律背驰,顾名思义,乃是两种不同的规律,即知性的规律和理性的规律两者的作用与所得的结果,从而产生叫人思想发生幻相的。知性是必须以感性材料为基础从而通过以范畴综合表象以求得经验的统一而成整体的。理性是一直推动知性不断向前综合统一,要求达到最后的统一的。

在理性脱离了感性的基础而在其超出现象界的时候,还是使用只能在感性的基础上,即只能在现象界才能使用的知性范畴,结果就是产生没有感性基础的理念。这种绝对的综合统一,即不管知性的条件而只凭思辨的作用而得到的绝对统一,在主观方面,也就是在统觉方面,就得到心灵(自我)的统一,那就是"灵魂",而把"实体"这范畴用在这灵魂上去,便是所谓"灵魂不死"这种当时流行的信念。

灵魂是康德的理性作用所产生的一种理念,这和当时流行的而为康德证明不能成立的"灵魂不死"这种说法是两件事,不可混为一谈。灵魂是理性绝对化的统一所产生的结果,而"灵魂不死"是独断说的主张。

这是康德的一种理念,而不是今天所要谈的正题,正如"上帝的存在"这个理念(第三个理念)不是今天要谈的一样。"上帝存在"的谬误主要是把思辨结果认为是存在的根据。

二、我们今天着重地谈谈二律背驰。如上面已提到,二律背驰是知性与理性根据两种不同的思路背道而驰,使人错误地在表面上认为是人的理性(广义的理性)本身的矛盾,而对于理性发生疑惑,这是康德一方面揭露独断论的必然陷入矛盾,我批判怀疑论的看不清楚问题的本质,而指出两者都是由于不先弄清楚理性的各方面和它的能力限度的。二律背驰主要是由于把现象看作自在之物，把现象界的东西看为是说自在之物的。

三、先看看第一种冲突所暴露的二律背驰。

正题：

(a)世界在时间上是有一个起头的。

(b)在空间中是有限的。

反证：

(a)如果认为世界没有时间上的起头，那么到任何一个时间之先，必须经过无始的时间，那就是世界已经经过了事物状态的无限数系列，也就是这目前的状态是无限继续的综合，但是无限综合是不能完成的，∴世界必有一个起头。

(b)假使世界在空间中是无限的，而世界乃是指事物的全体说的，如何能在直观中有无限的事物之全体给与出来？势必以单位逐一重复增加而使之完成其综合，可是这样的综合需要无限的时间，而这是不可能的。

我们须注意到：

(c)康德所用的反证只是证明时间是没有起头的。如何从时间的没有起头而证明世界的在时间上没有起头。

(d)第二点的反证，如何由主观上的不能把握一个无限的世界而证明客观上世界是无边际的？显然第一种冲突的正题是从以直观为基础的知性按其规律而论证的。

反题：

(a)世界在时间上没有一个起头。

(b)世界在空间中是无涯岸的。

反证：

(a)假定世界确有一个起头，那么在世界存在之先就有一个空洞的时间。空无一物的时间，有什么条件叫世界开始出现？

(b)假定世界是无边的，那它就存在于无边际的空洞空间之中，岂不是世界和“无”有关系的吗？这是不可能的。

世界存在之先必有空洞的时间，但在世界存在之先是直观不到的。因之知性的“关系”这个范畴是不能使用的，只是理性的绝对化活动，是从理性观点看世界,∴与知性的看法是矛盾的——二律背驰。

四、第二种冲突所暴露的二律背驰。

正题:

一切复合物实体是由单纯的部分构成的,故一切都归结为单纯的(不可再分割的)事物。

反证:

如果实体不是单纯部分构成的,那么就是没有复合,没有复合物,既无复合,即无构成复合物的单纯部分,因之既无复合物而又无单纯物,即无一物,故无实体。

注意:康德假定实体都是物质的,是以有延扩的物质实体作为唯一的实体。这反证是从经验的观点看世界的,是知性按其直观的材料和知性的规律所得出的结论。

反题:

世界的事物不是由单纯(不可再分的)部分构成的,故没有单纯不可分割的事物。

反证:

如果复合物是单纯的部分构成,而单纯的部分必须占住空间,可是空间中的实在事物必包含着杂多,故又为复合的为种种实体所构成——这是自相矛盾的。

理念是没有感性的对象的,所以不能说明现象,即不能在直观中出现,∴世界中无绝对单纯物。

注意:康德在这证明中是把事物纯粹看为经验直观的延扩物的。这里,正题所指的复合物及单纯部分是自在之物,而反题所指的是感官世界之物。所指的对象不同,故冲突是幻相。

正题是根据单子论的立场,而反题是根据数学的物质可无穷分割这种说法的,两者据康德看来都是独断论的臆说,不能予以证明的。纯粹思辨和感性存在形式的不能一致。

五、第三种冲突所暴露的二律背驰。

正题:

一切现象不能由自然因果作用来说明,必须假定另外一种因果作用,即自由。

反证：

如果一切都出于自然的因果作用，那么就不能有绝对的起头，于是就不能有条件系列的绝对完成，那就是不能有其结果出现，即无任何事物。∴必须有无因之因，即自由的因果作用。

注意：康德未注意到所谓充分的原因乃是在事物发展过程中能产生结果的原因，其原因(即条件)系列的无限性不等于某一具体原因的不充足性。

反题：

自由是没有的，一切都遵照自然的因果作用。

反证：

无因之因是意味着一种原因，它是和其前面的状态毫无关系的，而这是反乎因果关系这个概念的。∴自由只是思辨的幻相，不能在经验中实现的。

注意：康德的“世界”与“自然”这两个名词是在不同的意义上使用的，因之也引起了分歧，它主要是把它们用来指机械作用所控制着的世界，即自然事物的先体，而在这个“世界”里当然是不可能有实践理性所谈的自由的。如果从知性所关的现象界来讲第三种冲突的反题是对的，但是如果从理性所思辨的自在之物即本体世界来讲，其正题是对的。

这题目本不能在纯粹理性批判里讲得清楚，有待实践理性批判来解决。

例如：(1)何以道德须肯定有自由(道德律是绝对的命令)应该，∴能够。

(2)但自由的因果作用如何影响现象界人的行为?

(3)因果关系能用于非感性的东西吗?

六、第四种冲突所暴露的二律背驰。

正题：

有一绝对必然的存在，作为现象总和感性世界，是意味着一系列的先行条件的。依这种推理，在第三冲突中就导致自由因果作用，而在第四冲突中则导致“绝对必然的存在者”的存在。

证明：

条件必另一条件，因而推论到不受条件限制者即绝对必然者的存在。

反题：

世界没有什么绝对必然的存在者。

证明：

这种存在者的存在只有两种可能：

(a)变化系列中有一绝对必然的开头，因而是无因的。

(b)这整个系列自身没有任何开头，但以其整体而言是绝对必然的。

但是前者(a)是与力学规律相违的，而后者(b)是自相矛盾的，因为如系列中无一项是必然的，则系列之存在决不是必然的。如绝对必然存在者是在世界之外为其原因，那么这个原因必须自身开始活动，则其因果作用当在时间中，∴属于现象总和而非在其外边了。其实第三、第四种冲突是同一的冲突，即条件系列必须上升到无条件者，其实自由与绝对必然存在者只是证明为可能而不是存在的，是信念而非知识。

第三和第四种冲突的起源是在于把限制原理误作组织性原理，把理性的理念当作了对象的表象，其实与经验无关的，因之是科学知识所不必问的。科学只问现象而不问本体，说明现象的出现才要知道其条件(原因)，而这条件必是直观所能给与经验的，直观既不能以时空形式加于本体(一加上时空便是现象而不是本体，即自在之物，物之如其本身)，所以本体不能导入经验。二律背驰的关键是在于为分清楚现象(出现于人们意识的东西)与自在之物(不能纳入人们意识的东西)。其问题的解决有待于理想的研讨，故二律背驰是不完整的康德思想。

先验理念的第四种冲突

正题：

世界有一个绝对必然的存在。

反题：

世界没有一个绝对必然的存在。

一、1. 第一、二两种冲突是由于系列的综合的无限延长到无条件的最终一项——(1)世界是有开始的，有限度的；(2)世界是不可分割的单位所组成的。

2. 这两种冲突的正反两面都可能是错的，只要看这所谓综合的延长是“无限的延长”抑或是说“无限可以延长下去”。

以经验而论，既不能“有无限的延长”，也不能“无限的延长下去”，∴正反都可能是不可证明的。

3. 在这两种冲突里，系列的一切项是同质的，因之称为数学的二律背驰。下两种冲突所说的关系最后是推到原因与结果的同质的，即不属于同一个经验境界的，因之称为力学的二律背驰。

4. 第三种冲突是关于任何一个事物的有无最后的始因，即无因之因，即自由所起作用的原因。以事物作为现象看，在自然里，自由是没有的。但是推到现象界以外，可能是有自由的。换言之，自然科学知识里无自由，但是自然科学的知识不能穷尽一切的知识，故在那以外，是可能有自由的原因的。∴第三种冲突正反两面都可能是真的。

二、1. 第四种冲突是和第三种冲突同一类型的，所谈的是整个世界有无所依据的一个绝对必然的存在者?

2. 如果没有，则理性的对于完整性要求不能满足，但是如果有的话，知性又没有范畴可以用来了解它。因之就有两条原理的冲突——二律背驰。

3. 可是如果说世界所依的绝对必然的存在都是在经验范围以外的，则可能有这个绝对必然存在者，那么理性和知性都各自得到满足了。

纯粹理性的理想

一、1. 知性有其纯粹的概念(不是从经验概括出来的，而是在经验之先，为经验所必需的)——先验的概念即范畴，这是需要感性材料也起作用的。

2. 理性树立一个理想，为整个存在所依据，并且用来说明所有的存在，使一切得到丰富的意义的。这个理想是不能在经验里实现的，只能作为经验知识向前推进而永不能达到的目标。因之作为一条限制性的原理是有价值的，起鼓舞和推动作用，使知性绝不满足于目前的成就。

3. 但是理性不以此为自足，它不但要求有经验的完整的体系，而且要求有一个实在是涵盖一切实在的总体的。这就是在经验范围以外，是超验的。也就是上面第四种二律背驰所谈的绝对必然存在者。但是在理想中不但是要肯定或假定它的存在，并加以理论上的证明，而且证明它是什么东西。

二、先验理想

1. 我们能够知道这样的一个理想吗？

2. 康德继承斯宾诺莎和莱布尼茨的思想，认为一切有限的即具体的事物的性质都是由否定(即限制)而确定的。拿一切可能的述项(即可用来说到一种东西的述项)类说，对于任何事物都可作肯定或否定，即它有无这种述项。肯定越多，则事物越是实在(实在的反面即空虚)，因之，必须有一个包含一切实在，一切述项的实在，即最实在的实在，最高的存在者，其他事物都是由这最实在的实在加以某种否定(即限制)而来的，故这最实在的实在为万有之源，原始存在者。它是唯一的、单纯的、无所不是的、永恒的存在者，亦即所谓上帝。

3. 这是逻辑推理的必然结果。但以之实体化，则理性是没有根据的。因为具体的实在的存在必须有直观为基础或从直观基础推论出来的。

三、最高存在者存在的证明

1. 证明在三种：

(1)从具体事物而推出的证明——自然神学的证明。

(2)从世界第一原因而推出的证明——宇宙论的证明。

(3)从上帝这个理念而推出的证明——本体论的证明。

2. 本体论的证明：

(1)这是从纯粹概念的推理的证明。

所谓绝对必然的存在者，就是其不存在是不可能的，但是这只是一个观念。何以它是必然的，绝对必然的？

(2)一个三角形必有三个角。

必然的存在者是必然存在的，但否定的 s 不能否定 p，然而可否定 s 而否定 p 并不矛盾。

(3)笛卡尔说只有一个概念，其对象是不能予以否定而不矛盾的，即具有一切属性(述项)的存在者，即最实在的实在者。可是它的存在是分析命题或综合命题? 上帝是存在的。这里的“是”不是述项,而是系词。100 元是一百元,(存在)是(概念),在述项上是相等,否则命题不正确。但存在不在其概念之内,须说存在的上帝是存在的,∴存在是加在概念之上的。

3. 宇宙论的证明

(1)最实在的存在者乃是最高的实在存在者。

(2)如果任何东西存在,推到它所依据的根据,必有一个最实在的实在而是不依据其他根据的。这是从纯粹理论推出的,只有小前提是经验性的,∴是本体论证明的变态、伪装。

(3)而且逻辑上是遁辞(不识真假,鱼目混珠),因表面上以经验为基础而实是由概念的推论。

(4)从结果推到原因,总是靠不住的,而且是系列的无限综合(推到第一因),其第一因是抽象的。

4. 自然神学的证明

所见的事物大都像是有目的(意图)性的,如眼、身的各部分。既有目的,则有计划,有设计。这些目的性不是事物本身所表现的,是其用途所汇集的。

可是,即令是如此,证明的至多是工程师,不是创造者。

一、知性通过图型而把范畴应用于经验的对象以达到综合的统一,这是有一定的原理的。

分为

(1)知觉的公理

(2)观察的预测

(3)经验的类比

(4)经验性思维的公准

二、知觉的公理:一切知觉都是延扩的量

1. 什么叫做延扩的量?

如线的引长通过各段的相继续,这是数的图型。如……是由部分到整体的。

2. 几何以这是基本原理，而适用于对象，但算术的 7+5=12，不是由概念的分析得来，而是综合的判断，且是单称判断，也是通过数的图型的。

三、观察的预测：在一切出现中，其实在的东西作为感觉对象的有其强弱的量或等级。

1. 什么叫做强弱的量？如色的深浅，是关于个别的感觉的。强弱是从零到无限或递减至零，这是关于个别感觉的内部结构的。

2. 既是从零到无限，强弱量是连续的，一切质都是连续的，逐渐的。

四、经验的类比：只有通过感性知觉的必然联系，这种意识才能有经验。

1. 上述公理是关于知觉的量，预测是关于知觉的质，而类比是关丁知识对象的彼此关系。

2. 关系图型是永恒，时间上的固定次序，在时间中的相互作用。∴有实体、因果和共存。

3. 前二项只关于对象作为知觉，∴有量与质。这一项关于感官对象的存在与其相互关系，∴前二项称为数学的范畴，而此与后一项称为力学范畴，因为不是确定知觉的内容而是关于对象的关系的，不告诉我们构成个别对象的是什么东西，只告诉我们这些对象是必然属于一个系统的，不是孤立的。∴前二项是组织性的，后二项是限制性的。"限制"从 negulal=规则，即对象所从而统属于一定系统的规则，如因果作用，"限制"，因无之则无经验的可能性。

4. 第一类比：实体的永恒性原理。在出现的变化中，实体是不变的，而且其量不增亦不减。

(a)变化是相继续，但相继续不就是变化，必有种差，而这种差是在永恒中有其不同状态的相继续。

(b)这永恒标为基体。

5. 第二类比：因果相继的原理。

一切变化都是依照因果相连的规律。

(a)休谟的问题，如上述。

(b)康德认定出现前后相随必按一定的规则，如屋之上下，船之在上下游。这是否窃取论点？作为假设而由经验证实，没有这假设，则没有经验的可能。

6. 第三类比:交互作用原理。

凡是共存于空间的各实体都是彻底相互起作用的。

(a)共存∨相继续。共存可由 A……B……C……D,亦可由 D 转到 C……B……A,但相继续则不能倒过来。

(b)共在一个系统则必相互影响。

7. 三种类比是物理的基本原理,如前二项是几何与算术的基本原理一样。

五、经验性思维的公准

客观世界是思维主体所领会的,二者不能割裂(康德基本原理,决定他的唯心主义)。

(1)可能、现实、必然都是关于主体的认识的。

(2)可能性:不只可想象(可设想),而且符合于经验成为可能的条件。

(3)现实=与感性有关系,不是一定要直接知觉到,也可能是从所知觉的推论出来。

(4)必然:逻辑必然性与实质必然性,实质必然性定以因果律为基础的。

整理者后记

本卷主要涉及韦卓民先生的康德哲学研究以及其他各卷中没有录入的论文、讲稿等。收录的内容包括韦卓民先生关于康德哲学的六次演讲，关于康德哲学研究的论文及讲稿和讲稿提纲。全卷由四部分组成，卷名和部分论文、讲稿名称为整理者所加。

整理分工如下分工：王杰负责第一部分第一讲、第二讲和第三讲；周俊负责第一部分第四讲和《纯粹理性批判出现的东西与自在之物》；郑肖波负责第三部分以及《三大批判后的总批判》；万维负责第四部分；赵凤臣负责《探究康德哲学所要注意弄清楚的几个问题》；王世鹏、陈丽负责其余部分并对全书进行统稿。

这次整理在尽可能地理解韦先生的思想和尊重其创作风格的前提下，对下述方面作了订正、修改：(1)对不符合现代汉语习惯和现代人阅读习惯的表达作了必要的调整；(2)按现行规范对标点符号作了改动；(3)对过时、不通行的人名、地名、术语根据新的规范作了必要的改动；(4)增加了少量的整理者的注释，删去了一些不必要的中英文注释；(5)花较大气力对繁体字和连写的且不清晰的外文单词作了规范处理。

王世鹏

2016 年 1 月 30 日

出版后记

韦卓民先生(1888—1976),广东珠海人,我国著名的翻译家、哲学家、教育家,曾长期担任华中大学校长(1929—1951年)。韦先生毕业于文华大学,曾留学美国、英国,先后获哈佛大学哲学硕士学位和伦敦大学哲学博士学位,精通英、德、法、俄等多种外语,学贯中西,尤其是在康德哲学、黑格尔哲学、逻辑学、宗教学方面造诣很深。他毕生致力于沟通中西文化,在西学东渐、弘扬中国传统文化方面作出了巨大贡献。整理、出版《韦卓民全集》(11卷)对全面展示、传承韦卓民先生的学术成就,弘扬他的爱国精神和教育思想具有重要的文化价值和现实意义。

华中师范大学有一批富于抢救保护学术珍品责任感的领导和学者,一直在不计得失地付出。如上世纪八九十年代,以章开沅教授为首的校领导组织成立了韦卓民遗著整理小组,与韦先生一同工作过的曹方久(已去世)教授,敬仰韦先生学问与人品的唐有伯、高新民、王宏维等教授,一直在搜集、整理韦先生的遗著。华中师范大学出版社从20世纪90年代起就开始陆续编辑出版韦卓民先生的译著系列及相关研究,出版有"韦译哲学名著研究系列"及关于韦卓民研究的重点图书260多万字,包括《康德哲学讲解》、《康德〈纯粹理性批判〉解义》、《康德哲学原著选读》及《韦卓民学术论著选》等书。其后,由于经费和人手的紧张,仍有约700万字的译稿和文章等未能整理出版。所幸2013年湖北省新闻出版广电局启动了湖北省学术著作出版专项资金资助项目,11卷本的《韦卓民全集》获得资助;一贯重视韦卓民著述出版的珠海市委宣传部对该套书的出版也给予了高度重视和经费上的有力支持;还有马敏、余子侠、高新民、刘家峰等老师也为全集的出版不计名利地做了大量工作。特别要说明的是,韦卓民先生的后人对全集出版给予了无私的帮助,他们承诺放弃稿酬。根据他们的建议,出版社和他们商定全集出版后开付的稿酬,将作为"韦卓民奖励基金",用于研究韦卓民先生著述的出版及相关的学术活动。在此,对这些一直关心、支持全集出版的所有同仁一并致以诚挚的谢意！

《韦卓民全集》的书稿形式繁多而复杂，除有大量手稿外，还有一些是从图书馆和档案馆拍摄的图片资料；手稿的大部分存放于华中师范大学档案馆，少部分保存在韦先生亲属手中，还有部分资料被收藏在英国和美国的大学图书馆。韦卓民遗著整理小组力求尽量把海内外所藏相关文献搜罗完备，整理出版。此次出版的《韦卓民全集》包括韦卓民生前已公开出版的各类作品和从未刊发的手稿、书信等，总体上分为翻译书稿和研究论著两大类，并按照哲学、逻辑、教育、宗教及文化等板块进行分卷，共11卷。

由于《韦卓民全集》绝大部分为翻译作品，如康德的《纯粹理性批判》、《康德的经验形而上学——〈纯粹理性批判〉上半部分注释》、《判断力批判》及卡斯拉的《康德〈判断力批判〉解义》、《康德哲学原著选读》，斯密的《康德〈纯粹理性批判〉解义》等，都是深奥难懂的哲学著作；加之韦卓民先生生活的年代和当时的行文习惯，书稿中有些说法和表述与现在的语言文字规范及出版规范有较大出入，但又不能按现在的要求径改，只能采取尊重历史、适当变通的原则进行特殊处理，现分述如下：

1. 关于标点符号。书稿中有很多不是分句而使用分号，不必断句而使用逗号，在“与”、“和”等之前使用标点的情况，还有在破折号前使用逗号和句号，以及括号中的内容单独列出并在句末用句号的情形等。这是当时的行文特点及作者的表达习惯，只要不影响对文意的理解，一律保持原貌；但如果导致无法理解，甚至是明显的错误，才按现在的规范予以改正。

2. 对书稿中的有些字词与现在的说法有出入的处理。如把“钥匙”写作“锁钥”、“介绍”写作“绍介”、“终究” 写作“终久”等，都一仍其旧；还有一些不符合现在的用词规范的，如“已曾”、“看成是”、“涉及到”等，只要不影响对内容的理解，亦未作改动。

3. 全集的注释很多，且形式繁杂。有大量简写的，如“A713 即 B741”是指康德《纯粹理性批判》两个不同版本的页码；有很多注项不全的，如“见书之第 12 节”；同一文献资料有多种说法的，典型的如华特生的 The

Philosophy of Kant Explained 一书，韦先生有时简译为《解康德》，有时译为《释康德》，更多的时候译为《康德解》等等。编审人员不宜按照现有的规范统一，注项不全的也因资料有限而没法补充完整。为了尽可能保持原貌，更为避免造成新的错误，只能大致统一。

4. 正文内容的层次复杂，很多并没按现在通行的层次表达形式。同一层次的内容，有用 A、B、C…… 表示的，也有用 a、b、c…… 表示的，还有用(1)、(2)、(3)……表示的等，甚至同一层次的内容，其表现形式也不统一。考虑到没有错误，均未径改。

5. 有些表述虽不合适，但明显属于个人的写作习惯。如书稿中经常用“而”表递进关系，还有很多“是……的”句式，但有的“是……”后面没有“的”字等。虽然改了更符合现在的规范，但文中此类表述甚多，考虑到这种表述不影响读者的理解，亦未擅改。

6. 全集中还有少部分英文内容，原稿中同一个英文单词既有英式拼写，也有美式拼写，专用词的大小写亦不统一，同一地名的写法不尽相同，还有作者在书信后的署名写法不尽一致，为了保持作品原貌，亦未全书统一，仅在同一篇章或同一书信中统一。

韦卓民先生行文的特殊性还有不少，书稿的编校需要特别对待之处也很多，在此不一一赘述。

与大多数 20 世纪上半叶人物文集整理出版的难度大一样，《韦卓民全集》书稿的整理、编审难度远远超乎我们的想象。书稿除了少部分成书外，绝大部分都是图书馆和档案馆存放多年的手稿，编校这类书稿的难度有三：一是书稿中有大量非规范的简化字、繁体字、异体字，并夹杂有德文、英文、法文、拉丁文、希腊文等外文，且字迹难以辨认；二是书稿存放时间太久而导致的字迹脱落或模糊不清；三是由于书稿的专业性太强而难于理解。这不仅给书稿的收集整理增加了难度，对编审和校对人员也是极大的挑战。为了使文集尽量保持韦先生写作的原貌，也为了最大限度减少书稿的差错，编校人员反复查阅原件，并多次到图书馆、档案馆通过复印、拍照等方式获得资料进行核对和辨认。这仅仅有负责、敬业的精神和认真、细致的态度是不够的，编辑同人是怀着对韦先生的景仰之情和对学术的敬畏之心来做这套书的。我们有理由相信,《韦卓民全集》的出版将为学术界提供一个全面研究韦卓民先生的最佳文本,也将为西方哲学、教育学和宗教学等的研究提供重要的学术资源。同时,韦卓民作为研究中西方文化的先贤,其全集的刊行也将进一步推动中西方文化的交流与合作,为我国当下的学术发展与文化建设起到积极作用。

本社

2016 年 3 月 10 日